Rainer Harter
Gebet nonstop

Rainer Harter

Gebet nonstop
Die Gebetshausbewegung

Copyright © 2011 ASAPH-Verlag

1. Auflage 2011

Wenn nicht anders angegeben, wurden die Bibelstellen der Revidierten Elberfelder Übersetzung entnommen.
Hervorhebungen in Bibelstellen stammen immer vom Autor dieses Buches.

Umschlaggestaltung: joussenkarliczek, D-Schorndorf, unter Verwendung eines Fotos von photocase.com, una knipsolina
Satz/DTP: Jens Wirth
Druck: Schönbach-Druck, D-Erzhausen
Printed in the EU

ISBN 978-3-940188-46-5
Best.-Nr. 147446

Für kostenlose Informationen über unser umfangreiches Lieferprogramm an christlicher Literatur, Musik und vielem mehr wenden Sie sich bitte an:

ASAPH, Postfach 2889, D-58478 Lüdenscheid
asaph@asaph.net – www.asaph.net

Inhalt

VORWORT 9

EINLEITUNG 11

Teil 1

GRUNDLAGEN FÜR EINEN LEBENSSTIL DES GEBETS 27

Berufung als Grundlage 27

Die Salbung der Hanna 28

Der Aufruf zu einem Lebensstil des kontinuierlichen Gebets 31
  Das falsch verstandene „Gleichnis" • Glaube, den Jesus sucht: Menschen, die Tag und Nacht beten • Der Herr weiß, dass wir mit Entmutigung kämpfen

Das Joel-2-Mandat 34
  Wer aber kann am Tag des Herrn bestehen? • Die Vorbereitung auf die endzeitliche Erweckung und den Tag des Herrn • Die endzeitliche Erweckung

Historischer Überblick zu kontinuierlichem Gebet 39
  Die Hütte Davids und die Ordnungen Davids • Die frühklösterliche Tradition des 24-Stunden-Gebets • Graf Zinzendorf und die Herrnhuter • 24-Stunden-Gebet im 20. Jahrhundert

Gebetshäuser heute 54

DIE HÜTTE DAVIDS 59

Die Wiederherstellung der Hütte Davids – Einleitung 59
  Der Zustand des Volkes Israel zur Zeit der Amos-Prophetie • Die Geschichte der Hütte Davids • Die Hütte Davids • Das Zelt der Begegnung • Ein Ort des freien Zugangs • Eine neue, revolutionäre Ordnung für die Begegnung mit Gott • Vierundzwanzig Stunden Anbetung und Lobpreis • Eingesetzte Sänger und Musiker folgten der Ordnung Davids • Der prophetische Dienst in der Hütte Davids • Die Leviten

Die Prophetie des Amos im Neuen Testament 89
Das Apostelkonzil in Jerusalem • Anbetung in Geist und Wahrheit

Vier Dimensionen der Wiederherstellung der Hütte Davids 93

Die Auswirkungen der Anbetung nach den Ordnungen Davids 94
Ein starker evangelistischer Effekt • Geistlicher Kampf • Gottes Gegenwart und seine Hilfe • Befreiung • Salbung für Prophetie • Machttaten Gottes und Bekehrungen

Die drei Hauptanliegen in einem Gebetshaus 101

Teil 2

PERSÖNLICHE VORBEREITUNG 109

Intimität in der Beziehung mit Gott 109

Autorität durch Intimität 118

Die Bedeutung unserer Zeit erfassen 119

Ein neues Verständnis von Gebet 121
Freude im Gebet • Anbetung und Gebet

Das Bewusstsein, ein „Vorläufer" zu sein 132

PRAKTISCHE VORBEREITUNG 135

Aufbau eines Leitungsteams 136

Festlegen der Vision 137

Externe Berater 139

Einbeziehen der lokalen Leiter 140

Ein- und Unterordnung in bestehende Strukturen 142

Aufbau von Beziehungen und Abbau von Ressentiments 144

Dem Leib Christi in der Stadt dienen 147

Unterschiedliche Frömmigkeitsstile 148

Die Mitarbeiter 150

Geeignete Räumlichkeiten 154

Teil 3

PRAKTISCHE UMSETZUNG 161

Das Leitungsteam 162

Beziehung: eine dienende Haltung behalten 166

Mitarbeiterbetreuung 167
    Fortbildung für Mitarbeiter

Finanzen 169
    Finanzielle Freisetzung von Mitarbeitern

Wie wird im Gebetshaus gebetet? 172
    Die Frage nach der Einheit • Gebet nach Gottes Willen • Stille • Wachen •
    Prophetisches Gebet • Ringendes Gebet oder leidenschaftliche Fürbitte
    • Die Bibel lesen, beten und singen • Die apostolischen Gebete des Paulus •
    Jesus lehrt uns beten • Das große Gebet der ersten Gemeinde • Harp & Bowl
    • Musikalische Anbetung

Struktur und Leitung der Gebetsstunden 196

Gebetsstunden leiten oder Vision teilen? 200
    Der Segen der Einheit im Haus des Gebets

Fasten: echter Zündstoff 204
    Warum sollen wir eigentlich fasten? • Wann sollen wir fasten? • Wie können
    wir fasten? • Weg vom Leistungsdenken! • Lohnt es sich zu fasten?

Was tun in Zeiten von Frustration und Enttäuschung? 210
    Die richtige Motivation behalten • Wenn die Gebetsstunden weniger
    werden • Wahrhaftig leben und arbeiten

SCHLUSSGEDANKEN 215

DANKE 217

Vorwort von Mike Chance

Zum ersten Mal hörte ich von Rainer Harter, als meine Frau Kay auf einer Konferenz über das Hohelied predigte und er den Lobpreis leitete. Sie war sehr ermutigt, dass dieser junge Mann nicht einfach nur sang und seinen Dienst ableistete, sondern den Gott, den er verehrte, auch wirklich anbetete. Sie sagte zu mir: „Er ist nicht nur ein Anbetungsleiter, sondern auch ein wahrer Anbeter, durch den die Gegenwart Gottes auf mächtige Weise freigesetzt wird." Inzwischen haben wir dieselbe wachsende Gemeinde wie Rainer als Basisgemeinde und sind mit ihm und seiner Frau gut befreundet. Wir hatten schon öfters das Vorrecht, mit ihm zusammen Anbetungs-Events zu veranstalten, und erlebten, wie die Herrlichkeit Gottes als mächtige Realität durchbrach. Meine Frau und ich schätzen Rainer sehr, denn wir wissen: Wenn er als Lobpreisleiter auf der Bühne steht, möchte er die Blicke aller auf den König der Majestät lenken, damit sie seine Größe, Herrlichkeit und seine erstaunliche Liebe und Heiligkeit erkennen.

Seit zehn Jahren hat sich Rainer dem „Haus des Gebets" verschrieben und jeder, der seine Entwicklung beobachtet hat, weiß, dass er es liebt! Er liebt es zu beten und Gott anzubeten und er liebt es zu sehen, dass andere das auch tun. Das „Haus des Gebets" in Freiburg ist ein Ort für die Gemeinde Jesu, wo sie ihr Mandat als Könige und Priester erfüllt, nämlich mit dem Reich Gottes in die Stadt einzudringen.

Jetzt, nach vielen Jahren im Verborgenen und einer Menge Arbeit, teilt Rainer seine Vision und sein Herz ebenso mit wie die Lektionen, die er am Ort des Gebets und Lobpreises gelernt hat. Dieses Buch ist tief geistlich und außerordentlich praktisch. Es zeugt von einem großen Verständnis dessen, was Gott heute auf der Erde tut, denn wir müssen von der tiefen „Theologie" dessen durchdrungen werden, was überall in der Welt geschieht. Gott ist gerade dabei, in jeder Nation die „Hütte Davids" wieder aufzurichten. Nie zuvor in der Geschichte gab es eine solch gewaltige Gebets- und Anbetungsbewegung wie gerade jetzt. Die Worte des Propheten erfüllen sich direkt vor unseren Augen: „Denn vom Aufgang der Sonne bis zu ihrem Untergang ist mein Name groß unter den Nationen." Als David auf dem Berg Zion sein Zelt aufschlug und die Anbetung revolutionierte, rief er eine 24-Stunden-Anbetungsbewegung ins Leben, die vierzig Jahre lang andauerte. Gott war entschlossen, dies zu einem Prototypen des weltweiten Vorstoßes zu machen, die Herrlichkeit des Himmels auf diese Erde zu bringen. Jetzt ist er dabei, die „zerstörten Ruinen Zions" in „jedem Stamm, jeder Sprache und jedem Volk" wieder aufzubauen, um den Weg zu bahnen für die Ernte aus den Nationen und seine glorreiche Wiederkunft.

Wir müssen die Bedeutung unserer heiligen Berufung als königliche Priesterschaft begreifen. Aber wir müssen auch „Nägel mit Köpfen" machen. Hier kommt die praktische Seite dieses Gebetshandbuchs der Gemeinde Jesu zum Zug, denn wir sollen nicht nur darüber reden, wie es geht, sondern es auch tun. Ich wünsche, dass dieses Buch großen Erfolg hat. Damit meine ich, dass es inspiriert, d. h. einen Geist des Gebets überträgt, dass es zahlreiche Gebetshäuser in Städten und Regionen des ganzen Landes ins Leben ruft und dass es ein Feuer anzündet, das auf dem Altar brennt und niemals mehr erlischt.

Lass es bei dir anfangen. Wenn du dich jetzt auf dieses neue Buch einlässt, dann lass den wunderbaren Vater, der die Seiten dieses Buches gefüllt hat, auch dich mit seinem Licht, seinem Leben, seinem Herzen, seiner Liebe, Kraft und Weisheit füllen. Lass auch dein eigenes Herz ein Altar sein, auf dem sein Feuer brennt.

Mike Chance

Einleitung

Es war eine echte Überraschung für mich, als Gott mir Ende der 90er-Jahre den Impuls gab, der schlussendlich dazu führen sollte, in unserer Stadt ein überkonfessionelles Haus des Gebets zu gründen – einen Ort, an dem vierundzwanzig Stunden am Tag, an sieben Tagen in der Woche und an jedem Tag des Jahres Menschen zusammenkommen, um Gott anzubeten und Fürbitte zu tun. Zuerst verstand ich nur wenig davon, was dies bedeuten könnte, welche Ziele Gottes hinter einer solchen Vision stehen, und wie so etwas in der Praxis überhaupt verwirklicht werden könnte.

Gottes Impuls erreichte mich in einer Zeit der Zurückgezogenheit und der Neuorientierung. Nach vielen Jahren intensiver Mitarbeit in meiner Heimatgemeinde wollte ich mir über meine Motive dafür klar werden und neu von Gott hören, wo er mich in Zukunft gebrauchen wollte. Damals ging ich öfter in den Wäldern um Freiburg wandern und hörte mir unterwegs mit dem Walkman Predigten oder Musik an, betete, war still oder war mir einfach der Gegenwart Gottes bewusst. Nach einem starken Sturm, der in den Wäldern Baden-Württembergs große Schäden verursacht hatte, war ich einmal im Winter auf einem kleinen, von umgestürzten Bäumen blockierten Pfad unterwegs, den ich noch nicht kannte. Plötzlich lichtete sich der Wald und ich stand unversehens vor einer alten, vom Wildwuchs des Waldes umgebenen, stark beschädigten Wetterschutzhütte. Von dort aus hatte man einen atemberaubenden Blick über die am Fuß des Berges liegende Stadt. In diesem Augenblick hörte ich in meinem Inneren die Worte, die sich im Alten bzw. im Neuen Testament finden:

> „An jenem Tag richte ich die verfallene Hütte Davids auf, ihre Risse vermauere ich und ihre Trümmer richte ich auf und ich baue sie wie in den Tagen der Vorzeit, damit sie den Rest Edoms und all die Nationen in Besitz nehmen, über denen mein Name ausgerufen war, spricht der Herr, der dies tut" (Am. 9,11–12).

> „Nach diesem will ich zurückkehren und wieder aufbauen die Hütte[1] Davids, die verfallen ist, und ihre Trümmer will ich wieder bauen und sie wieder aufrichten; damit die Übrigen der Menschen den Herrn suchen und alle Nationen, über die mein Name angerufen ist, spricht der Herr, der dieses tut" (Apg. 15,16–17).

Die Schutzhütte war in einem erbärmlichen Zustand. Zum Teil fehlten Wände oder das Holz war verkohlt. Im quasi ungeschützten Innenraum lag Müll und die noch stehenden Wände waren mit obszönen Sprüchen, mit Namen und Telefonnummern beschmiert. In meinem Inneren spürte ich, dass ich hier vor einem Bild der Kirche in unserer Zeit stand. Die Kirche soll ein Ort des Schutzes, der Heilung und der Gemeinschaft sein, vielfach ist sie jedoch in einem ähnlichen Zustand wie diese verfallene Schutzhütte: Es mangelt uns als Kirche an Stabilität, wichtige Teile fehlen, innerlich gibt es manchen Müll und manche Sünde. Aber Gott liebt seine Kirche und will sie wieder aufbauen, und ein wesentliches Mittel dazu soll Anbetung und Gebet sein. So viel – aber auch nicht mehr – war mir damals spontan klar. Berührt von dem, was ich erlebt hatte, trat ich den Heimweg an; ich wusste, dass ich mich ernsthaft mit diesem Reden Gottes würde auseinandersetzen müssen.

Bill Hybels sagt sehr richtig: „Die Ortsgemeinde ist die Hoffnung der Welt. Es gibt nichts, was mit der Ortsgemeinde zu vergleichen ist, vorausgesetzt, sie funktioniert richtig. Ihre Schönheit ist unbeschreiblich. Ihre Kraft ist atemberaubend. Ihr Potenzial ist unbegrenzt. Sie tröstet die Trauernden und heilt die Zerbrochenen durch die Gemeinschaft. Sie baut Brücken zu Suchenden und bietet denen, die sich nicht mehr auskennen, die Wahrheit an. Sie hilft denen, die in Not sind, und breitet ihre Arme für die Vergessenen, die Unterdrückten und die Desillusionierten aus. Sie bricht die Ketten der Abhängigkeit, befreit die Gefangenen und gibt denen ein Zugehörigkeitsgefühl, die am Rande dieser Welt stehen. Egal, wie groß die Kapazität für menschliches Leid ist, hat die Kirche doch eine größere Kapazität für Heil und Heilung."[2]

Es lohnt sich, kontinuierlich für die Gemeinde Jesu zu beten, sowohl für die Ortsgemeinden in ihren vielfältigen Formen und Ausprägungen als auch für die Kirche in ihrer Gesamtheit. Die Heilung der Gemeinde hängt natürlich von mehr ab als von möglichst viel Gebet. Mit den Jahren aber hat sich mein Verständnis dessen, was ein „Haus des Gebets" ist und wie es zur Heilung der Gemeinde beitragen kann, verändert und erweitert. Als ich den Impuls Gottes empfing, kannte ich niemanden persönlich, der sich mit dem Thema „Wiederherstellung der Hütte Davids" beschäftigt hatte, und wusste nicht einmal, was es konkret a) mit der Hütte Davids oder b) mit ihrer Wiederherstellung auf sich hatte. Zu Anfang war mir nur klar, dass die Geschehnisse rund um die Hütte Davids Grundlage des neu entstehenden Dienstes sein sollten. Offenbar würde Anbetung eine wichtige Rolle spielen und die Gemeinde Jesu durch Dienste, die mit der „Wiederherstellung der Hütte Davids" in Zusammenhang stünden, wieder mehr zu einem Ort des Schutzes, des Lebens und der Begegnung mit Gott werden. Nicht nur zu einem Ort der Begegnung sollte sie werden, sondern auch zu einer Gemeinschaft von Menschen, die sich der Vergebung, der Gnade und Liebe Gottes bewusst sind, von Menschen, die in unserer Gesellschaft durch ihr konkretes Leben mit Gott einen Unterschied zu den Menschen ohne Gott sichtbar machen und so auf ihn hinweisen.

Es blieben Fragen über Fragen, nicht nur theologischer, sondern auch ganz praktischer Art: War vielleicht alles nur die verrückte

Idee eines Musikers? Hatte ich Gott falsch verstanden? Was sollte ich tun? Wo konnte ich verlässliche Informationen finden, die mir zu einem besseren Verständnis verhelfen würden?

Anscheinend blieb nur ein Weg: Ich musste mich selbst aufmachen, um herauszufinden, was es mit der „Wiederherstellung der Hütte Davids" auf sich hat und welche Relevanz die Wiederherstellung für unsere heutige Zeit besitzt. Um zu verstehen, was Gott wollte, nahm ich mir im Verlauf eines Jahres Zeit, um primär durch die Bibel, aber auch durch Veröffentlichungen von fast ausschließlich englischsprachigen Autoren zu einem theologischen Verständnis und einer biblischen Grundlage in Bezug auf die Wiederherstellung der Hütte Davids zu gelangen. Im Jahr 2001 wurde die als Ergebnis entstandene Studie zum ersten Mal veröffentlicht, sie ist in Auszügen im Buch „Praise Prayer"[3] erschienen.

Die im vorliegenden Buch enthaltene und komplett überarbeitete Studie zur Hütte Davids soll zeigen, welches biblische Beispiel es für ein 24-Stunden-Haus der Anbetung und des Gebets gibt, was in der Hütte Davids eigentlich vor sich ging und wie wir als Christen die biblischen Aussagen zur Hütte Davids und das, was dort geschah, in unserer Zeit und Kultur umsetzen können. Immer wieder stieß ich in den letzten Jahren auf Webseiten, auf denen die erste Version meiner Studie aus dem Jahr 2001 veröffentlicht wurde. Dies machte mir zum einen nochmals sehr deutlich, wie wichtig es ist, biblisch fundiert zu arbeiten und gründlich zu recherchieren – auch für dieses Buch. Es zeigte mir aber auch, dass offenbar ein Bedarf an Informationen und Hilfen zum Thema besteht, denn aktuell sprießen Gebetshäuser allerorten wie Pilze aus dem Boden. Leider ist aber auch selbst bei Gruppen mit den besten Absichten immer wieder eine Art geistlicher Wildwuchs zu beobachten, der zu vermeiden wäre, wenn biblische Gesichtspunkte beachtet würden und solche Pioniere auch in menschlicher Hinsicht rücksichtsvoll und weise vorgingen.

Ist es vielleicht nur eine fixe Idee einiger weniger „Gebets-Spezialisten", wenn an den unterschiedlichsten Orten auf der Welt

24-Stunden-Gebetshäuser entstehen? Oder liegt diesem Anliegen nicht doch ein Impuls aus dem Herzen Gottes zugrunde, der sein Volk ja ohnehin durch die gesamte Bibel hindurch immer wieder ermutigt und auffordert, seine Gegenwart zu suchen und zu ihm zu beten? Ich glaube von ganzem Herzen, dass Letzteres zutrifft. Gott ruft uns Christen in seine Nähe. Er will uns seine Gegenwart offenbaren und Orte der gemeinschaftlichen Begegnung schaffen. Wir sollen mehr und mehr sein wahres Wesen erkennen und uns vom falschen Bild des pedantischen „Buchhalter-Gottes" lösen. Wir sollen ihn als den erkennen, der er wirklich ist und immer sein wollte: der Vater-Gott. Wir sollen erleben, dass unser Gott Gebet erhört.

Gebet aber scheint ein schwieriges Thema zu sein. Ich meine damit die beiden Elemente Anbetung und Fürbitte in all ihren Ausprägungen und Formen. Wer von uns träumt nicht von einem Gebetsleben, zu dem er sich hingezogen fühlt, von einer Gebetszeit, auf die er sich freut? Aber wer hat nicht auch schon die Erfahrung gemacht, dass sich Beten auf der Prioritätenliste immer weiter nach hinten verschoben hat? Wir leben in einer Zeit, in der die Entwicklung und der Einsatz von Lobpreis, Anbetung und Fürbitte an einem kritischen Punkt angekommen ist. Die meisten Christen wissen zwar um die Bedeutung des Betens, aber sie schaffen es irgendwie nicht, ein regelmäßiges, erfülltes oder sogar schönes Gebetsleben zu führen. Die größte Macht, die uns als Christen zur Verfügung steht, unser effektivstes Werkzeug und unsere schärfste geistliche Waffe bleibt oft ungenutzt.

In den 70er- und 80er-Jahren des vergangenen Jahrhunderts entstand die „Lobpreisbewegung" und die Gottesdienste in vielen Kirchen wurden lebendiger, tiefgehender und auch emotionaler. Im Lobpreis zeigte sich ein neuer, frischer Weg für die gemeinschaftliche und persönliche Begegnung mit Gott, welcher für viele zum Segen wurde. Die neuen Lieder und die neue musikalische Ausdrucksform gaben vielen Christen Worte an die Hand, mit denen sie Gott ansprechen konnten, um ihre Gedanken und Empfindungen zum Ausdruck zu bringen. Es fand eine echte Belebung in diesem Bereich des Gebets statt. Heute sieht es leider wieder anders aus: Die immer gleichen Bilder und Vergleiche in den Texten und die oft ähnlichen Melodien sind für viele langweilig geworden, in der christlichen Szene spricht man schon von einer „Lobpreismüdigkeit". Eine gewisse Konsumhaltung hat sich in den Gemeinden breitgemacht. „Lobpreis" ist für viele zum Synonym für einen musikalischen Stil geworden, die Inhalte werden fast sekundär. Andere Autoren haben sich mit der Frage beschäftigt, warum dem so ist,[4] deshalb möchte ich dieses Thema hier nicht eingehender betrachten, sondern vielmehr nur kurz den Status quo aufzeigen.

Doch Gottes Geist ruft weiter nach Anbetern und Betern; die Worte der Heiligen Schrift stehen unverändert da. Und so hat sich – fast im Verborgenen – in den letzten Jahrzehnten des zwanzigsten und in den ersten Jahren des einundzwanzigsten Jahrhunderts eine weltweite Gebetsbewegung formiert. Beispiele dafür sind die Fürbittebewegung um John Mulinde[5] in Uganda, der Gebetsberg in Seoul in Südkorea, das „International House of Prayer" in Kansas City oder die „Fürbitter für Deutschland" und der „Wächterruf" in Deutschland. Gebetsbewegungen wie diese haben dazu beigetragen, Gebet wieder mehr in den Fokus der Christen zu stellen und eine geistliche Veränderung in Bezug auf Gebet zu bewirken. Meiner Beobachtung nach scheint sich seit einigen wenigen Jahren und fast im Verborgenen ein Paradigmenwechsel zu vollziehen: Früher war das gängige Verständnis, dass wir uns den Weg zu Gott durch Lobpreis und Anbetung bahnen, um so zu ihm zu kommen. Früher sahen wir uns als Beter in der Position „hier unten" und beteten zu Gott „dort oben", um ihn irgendwie dazu zu bringen, „seinen Arm zu bewegen".

Heute ordnet der Heilige Geist die Beziehung zwischen Gott und uns neu, darauf werde ich später genauer eingehen. Das betrifft auch, wie wir unsere Begegnung mit Gott, unsere Anbetung und unsere Fürbitte verstehen. Pastoren, Gebets- und Lobpreisleiter werden von Gottes Geist inspiriert und suchen nach neuen, eigentlich jedoch alten Wegen, die den Wahrheiten der Bibel entsprechen und deshalb auch erfüllend sind, nach Möglichkeiten, sowohl in den Gemeinden als auch allein zu beten, Gott anzubeten und ihn wieder ins Zentrum der Aufmerksamkeit zu stellen. Weiterhin entstehen seit einigen Jahren überall auf der Welt Gebetshäuser, in denen Menschen sich intensiv dem Thema Gebet widmen. Es ist fantastisch, diese Entwicklung zu beobachten! In erster Linie versuchen die Mitarbeiter in den Gebetshäusern, sich zwei großen und aktuellen geistlichen Herausforderungen zu stellen: der dringenden Notwendigkeit unserer Fürbitte und der lebensnotwendigen Intimität (im Sinne von „vertrauter Nähe") in der Beziehung zu Gott.

Wie wir noch sehen werden, ist die Stärkung einer vertrauensvollen und somit intimen Beziehung zu Gott enorm wichtig, da wir in einer bedeutsamen Periode der Menschheitsgeschichte leben. Die aktuellen weltpolitischen Ereignisse zeigen das deutlich. Wer weiß: Vielleicht kommt unser Erlöser und König Jesus sogar bald wieder. Fast täglich werden wir mit neuen Katastrophenbotschaften konfrontiert und kontinuierlich versucht der Feind Gottes, der Teufel, unsere Nachfolge zu einem Ritual verkommen zu lassen, uns unsere Schlechtigkeit vor Augen zu führen, um uns so die Freude an Gott und schließlich gar die Beziehung zu ihm zu nehmen. Gelingt ihm dies, verlieren wir das Wichtigste, was der Mensch haben und was ihn letzten Endes als Einziges retten kann. Nur die vertrauensvolle, nahe Beziehung zu Gott kann uns letzten Endes dauerhaft und nahe an seinem Herzen halten. Nur sie kann uns helfen zu stehen, wenn eines Tages persönliche Not oder gar die Gerichte[6] Gottes über die Welt kommen werden und Dinge geschehen, die wir nicht zu fassen vermögen. Die zentrale Frage ist: Werden wir dann Gott fluchen und ihn verlassen oder werden wir aufgrund unserer gewachsenen Liebesbeziehung weiterhin zu ihm stehen und ihm weiter vertrauen können? Wir wissen alle, dass nicht Werke uns retten werden, sondern allein der Glaube – dass also am Ende die vertrauensvolle Beziehung zählt:

> „Es sprach aber jemand zu ihm: Herr, sind es wenige, die gerettet werden? Er aber sprach zu ihnen: Ringt danach, durch die enge Pforte hineinzugehen; denn viele, sage ich euch, werden hineinzugehen suchen und werden es nicht können. Sobald der Hausherr aufgestanden ist und die Tür verschlossen hat und ihr anfangen werdet, draußen zu stehen und an der Tür zu klopfen und zu sagen: Herr, öffne uns!, wird er antworten und zu euch sagen: Ich kenne euch nicht und weiß nicht, woher ihr seid. Dann werdet ihr anfangen zu sagen: Wir haben vor dir gegessen und getrunken, und auf unseren Straßen hast du gelehrt. Und er wird sagen: Ich sage euch, ich kenne euch nicht und weiß nicht, woher ihr seid. Weicht von mir, alle ihr Übeltäter! Da wird das Weinen und das Zähneknirschen sein, wenn ihr Abraham und Isaak und Jakob und alle Propheten im Reich Gottes sehen werdet, euch aber draußen hinausgeworfen" (Lk. 13,23–28.)

Sicher sind nicht alle Gebetshäuser gleich, aber ich persönlich kenne keine anderen Orte, an denen sich Menschen mit solch großer Hingabe und Leidenschaft und vor allem mit solcher Kontinuität ihrem Gott „an den Hals werfen", seine Nähe suchen, sich an ihm freuen, ihn genießen und die Aussagen Gottes über seine Kinder in Liedern und Gebeten so stark betonen. Die Beziehung zu Gott bedeutet ihnen alles, sie wollen das erste Gebot wirklich an die erste Stelle in ihrem Leben setzen. Unter ihnen findet sich die Erkenntnis, dass ihre Liebe und ihr Dienst an Gott und Menschen letztlich aus der Erfahrung seiner Liebe gespeist wird und gleichzeitig eine Antwort darauf ist. Sie haben verstanden, dass sie zerbrochene Menschen sind, dass Gott sie aber mit einer unfassbar großen Liebe liebt und sie für die Hochzeit mit seinem herrlichen Sohn vorbereitet.

Eine ebenso große Herausforderung wie die Intimität in der Beziehung zu Gott ist die Fürbitte. Immer wieder diskutiere ich mit einem Freund über die Frage, ob es denn wirklich eine „Dringlichkeit zum Gebet" gibt. Tatsächlich stellen sich viele diese Frage. Im Einklang mit dem Rufen des Heiligen Geistes im Alten und im Neuen Testament und im Blick auf den Zustand unserer Welt ruft mein Herz: Ja, ja, ja! Fürbitte ist keine Option, sie ist eine Notwendigkeit. So hart es klingen mag, so deutlich und wahr ist, was Jakobus sagt: „Ihr habt nichts, weil ihr nicht bittet" (Jak. 4,2b).

Aber kann man es – im Licht der biblischen Gesamtaussage zum Thema Gebet – denn besser, schlichter oder treffender sagen? Wir sind aufgerufen zu beten. Ein Gebetshaus ist ein Ort, an dem Tag und Nacht kontinuierlich gebetet wird. Hier investieren Menschen wie Sie und ich ihre Zeit und ihre Kraft in die Fürbitte für andere. Auf diese Weise geben sie sich den Anliegen Gottes hin, sie unterstützen die Ortsgemeinden, sie flehen für die Verlorenen, sie geben den unterschiedlichsten Diensten und Einzelpersonen geistliche Unterstützung und Rückendeckung. Wie Aaron und Hur es mit Mose taten (2. Mo. 17,10–3), stützen sie die Arme der vor Ort Verantwortlichen, um ihnen im geistlichen Kampf beizustehen. Und sie dienen Gott in der Anbetung, bestaunen seine Schönheit und proklamieren seine ewige Treue, Gnade und Herrschaft. Sie stimmen ein in das Rufen des Heiligen Geistes: „Komm, Herr Jesus!"

Ich bin zu der festen Überzeugung gelangt, dass Fürbitte und Anbetung zusammengehören, dass kontinuierliches Gebet beide Elemente beinhalten muss. Fürbitte allein ist auf Dauer zu schwer. Aber aus einer intimen Beziehung mit Gott heraus Fürbitte zu tun, ist etwas ganz anderes. Anstatt von „unten" nach „oben" zu beten, genießen wir Gottes Liebe in seiner Gegenwart. Wir sind uns unserer Schwächen und unserer Zerbrochenheit bewusst – aber eben auch seiner großen Liebe! Wir hören seinen Herzschlag und seine Stimme und beten dann aus dieser herrlichen Position der Nähe zu ihm, inspiriert durch den Heiligen Geist. Mike Bickle hat es einmal sehr treffend so formuliert: „Wenn Anbetung bedeutet, anzuerkennen, wer Gott ist, bedeutet Fürbitte, anzuerkennen, was er verheißen hat. Fürbitte kommt zum Ausdruck, wenn Gottes Wille proklamiert wird. Wenn wir in der Anbetung verkünden, wer Gott ist, wächst unser Glaube, und wir können uns seinem Anliegen anschließen – das ist Fürbitte."[7]

Nach einer intensiven Zeit des Flehens, also der Fürbitte, wieder in die Anbetung und zurück in die Arme des Vaters zu sinken und ihn zu genießen, lässt unseren „Gebetstank" wieder voll und unsere Leidenschaft groß werden – für eine neue, weitere Zeit der Fürbitte. So wird wahr, was Paulus an die Korinther schrieb (2. Kor. 5,14): „Denn die Liebe Christi drängt uns."

Die Anbetung im Haus des Gebets besteht nicht nur aus „fertigen" Liedern, sondern aus neuen, spontanen Melodien und Worten. Es geht nicht um schöne Songs, sondern darum, einen Ausdruck für die Regungen des Herzens zu finden und Impulse des Heiligen Geistes im Lied aufzugreifen. Aber das sind nicht ausschließlich neue Worte – oft sind es auch die alten Worte eines Psalms. Wie Wellen wechseln sich Anbetung und Fürbitte ab – so macht Gebet wirklich Freude! Während ich diese Zeilen schreibe, wächst meine eigene Sehnsucht und ich bin begeistert davon, dass Gott Gebetshäuser baut! Nun aber möchte ich mich der Frage widmen, ob es für die weltweite Gebetshäuser-Bewegung biblische Modelle gibt, an denen sie sich orientieren kann.

Auf den ersten und vielleicht oberflächlichen Blick scheint man in der Bibel kein Vorbild für ein „Gebetshaus" in der Art und Weise zu finden, wie wir sie heutzutage an vielen Stellen entstehen sehen. Mit dem Neuen Testament hat schließlich das Zeitalter der Gemeinde begonnen und augenscheinlich ist nirgendwo von Häusern die Rede, in denen man sich ausschließlich dem Gebet widmen würde. Als Gläubige verstehen wir uns ja selbst als „das Haus des Gebets". Dennoch sind die eingangs erwähnten Worte des Alten Testaments nicht ungültig geworden und die Verheißungen des Alten Bundes gelten nun auch für uns Christen. Wenn es

Gott wirklich wichtig ist, dass heute Gebetshäuser entstehen – wo finden wir dann ein biblisches Beispiel, ein Modell, an dem wir uns tatsächlich orientieren können?

Es gibt nicht nur *ein* Modell, sondern sogar drei faszinierende, reale Heiligtümer und gleichsam Orte des kontinuierlichen Gebets, von denen in der Bibel gesprochen wird. Diese drei Orte sind gleichzeitig auch Bilder für drei wesentliche Abschnitte der Menschheitsgeschichte. Als ich damals den Impuls von Gott bekam, der schließlich zur Gründung des Freiburger Gebetshauses führen sollte, bezog sich dieser Impuls auf ein ganz besonderes dieser drei Heiligtümer: auf die „Hütte" (eigentlich ein Zelt) Davids. Ich verstand Gott so, dass er in meiner Stadt ein Gebetshaus nach einem bestimmten Vorbild aufbauen möchte, nämlich nach dem Vorbild der Hütte Davids. Gott gab eine Vision in mein Herz – und eine Leitlinie zur Umsetzung gleich mit dazu.

Mike Chance[8] fasst die prophetische Bedeutung der drei Heiligtümer folgendermaßen zusammen: „Ich verstehe die drei Behausungen (Moses Zelt der Begegnung, Davids Zelt auf Zion und den Tempel Salomos) als prophetische Bilder für den Alten Bund, den Neuen Bund und für das zukünftige und ewige Zeitalter. Davids Zelt ist das Bild für den Neuen Bund bzw. für die Zeit zwischen der Auferstehung Jesu und seiner Wiederkunft, die Zeit also, in der wir jetzt leben, in der Jesus zur Rechten Gottes sitzt, aber noch nicht wiedergekommen ist. Diese Phase der Geschichte ist revolutionär, aber eine Zwischenphase!"

Was Mike sagt, kann ich nur unterstreichen. Wir leben in einer Zeit des „Bereits jetzt" und des „Noch nicht". Das Reich Gottes ist gekommen, aber erst mit Jesu Wiederkunft wird es alles völlig durchdringen. Bei der Betrachtung der Hütte Davids dürfen wir nicht vergessen, dass es sich um eine Übergangszeit handelte, in der es dieses Zelt auf dem Berg Zion gab. David selbst träumte ja davon, Gott eine feste Wohnung zu bauen, nämlich den Tempel, der schließlich dann von seinem Sohn Salomo errichtet wurde.

Aber in genau so einer Übergangszeit leben wir heute, zwischen dem ersten und dem zweiten Kommen Jesu! Als ich begann, mich intensiv mit der Hütte Davids zu beschäftigen, konnte ich sehr schnell feststellen, dass sie etwas ganz Besonderes war. Sie ist ein ausgezeichnetes Modell und Beispiel für die Gebetshäuser unserer Zeit. Das prophetische Reden Gottes machte mir klar, dass damals und an diesem Ort Dinge geschehen sind und Werte gelebt wurden, die Gott heute „wiederherstellen" möchte. Die Wiederherstellung dieser Werte und Inhalte und nicht zuletzt eines vertrauensvollen Glaubens an Gott sind gemeint, wenn ich aus meinem Blickwinkel als Anbetungsleiter und Beter über die Hütte Davids spreche.

Von ganzem Herzen bete ich, dass der Heilige Geist eine Belebung des Gebets und der Anbetung in unserem Land bewirkt. Ich sehne mich danach zu sehen, dass Christen ein Gebetsleben führen, das eine leidenschaftliche Reaktion auf die berauschende Liebe Gottes zu uns Christen und zu den Verlorenen ist.

> „... und goldene Schalen voller Räucherwerk; das sind die Gebete der Heiligen" (Offb. 5,8b).

Dieses Buch soll einerseits zu einem fundierten Verständnis des Themas „24-Stunden-Gebet und -Anbetung" verhelfen und andererseits eine praktische Hilfe zur Umsetzung darstellen. Darüber hinaus soll es all denen, die das aktuell von Gott initiierte Entstehen von Gebetshäusern verstehen wollen, eine theologische Grundlage vermitteln und denen helfen, die sich von Gott zur Mitarbeit in einem bestehenden oder Gründung eines neuen Gebetshauses berufen wissen. Dazu ist das Buch in drei Teile gegliedert. Im ersten Teil werden Grundlagen vermittelt. Sie sollen einerseits helfen zu verstehen, warum Gott Menschen in einen Lebensstil des kontinuierlichen Gebets ruft. Andererseits wird genauer beleuchtet, in welcher Tradition die weltweit entstehende „Gebetshaus-Bewegung" steht und was ihre historischen und prophetischen Grundlagen sind.

Im zweiten Teil werden wir uns anschauen, welche Voraussetzungen für einen persönlichen Lebensstil des Gebets im Kontext eines Gebetshauses oder -dienstes gelten und welche praktischen Vorbereitungen für die Gründung eines Gebetshauses unbedingt notwendig sind. Im dritten Teil schließlich geht es um die praktische Umsetzung der Vision eines Gebetshauses. Es werden sowohl allgemeingültige Punkte angesprochen als auch am Beispiel von *open skies* beschrieben, wie sich solch ein Dienst entwickeln kann – wobei die Geschichte von *open skies* und des Gebetshauses in Freiburg nicht als „Rezept" verstanden werden soll.

Dieses Buch erhebt auch nicht den Anspruch, alle theologischen oder praktischen Fragen zu beantworten, die das Thema Gebetshaus betreffen. Der vorliegende Text ist in verschiedene Abschnitte aufgeteilt, von denen der Abschnitt der praktischen Umsetzung sicher weiter entwickelt wird und die Vorschläge dazu an verschiedenen Orten auch unterschiedlich umgesetzt oder durch neue Ideen ergänzt werden können. Ich wünsche mir aber, dass dieses Grundlagenbuch vor allem Folgendes erreicht: Der Leser soll ermutigt werden, denn noch immer wird jemand, der sein Leben vorrangig ins Gebet und in die Anbetung investieren möchte, von vielen als Exot angesehen.

Ich hoffe, zumindest die wichtigsten Fragen beantworten zu können, und möchte praktische, aus eigener Erfahrung stammende Tipps weitergeben, die helfen können, Fehler und Missverständnisse zu vermeiden. Ich habe längst nicht alles verstanden, was es zu diesem Thema zu verstehen gibt, ich bin ein Lernender. Aber ich glaube, dass durch die Zusammenarbeit mit insgesamt elf Freunden aus verschiedenen christlichen „Ecken" ein ausgewogenes Buch entstanden ist, das dem einen oder anderen eine Unterstützung auf seinem persönlichen Weg in ein erfüllendes Gebetsleben sein kann.

Dieses Buch soll Sehnsucht wecken oder stärken, Sehnsucht, die letzten Endes über die Entstehung eines Gebetshauses hinausgeht und sich direkt auf Gott richtet, der sich seinerseits nach uns sehnt.

Ohne Intimität in der täglichen Beziehung zu Gott wird auch der Dienst in einem Haus der Anbetung und des Gebets irgendwann statisch und droht zu einem reinen Ritual ohne Leben zu verkommen. Ich bete für all diejenigen, die in ihrem Herzen die Berufung spüren, Gott im Gebet zu lieben, ihm zu dienen und in der Fürbitte zu ringen. Ich selbst gehöre dazu. Der Schöpfer, der Liebhaber der Menschen, der Vater aller Vaterschaft, er feuert uns an.

„Und die Fremdlinge, die sich dem Herrn anschließen, um ihm zu dienen und des Herrn Namen zu lieben, … die will ich … in meinem Bethaus erfreuen" (aus Jes. 56,6–7).

Anmerkungen

1 oder: das Zelt

2 Bill Hybels: *Mutig führen*, Gerth Medien, Asslar 2002, S. 25–26.

3 Der Wächterruf (Hrsg.): *Praise Prayer*. Das kreative Gebetshandbuch, BGG-Christliche Medien GmbH Stuttgart 2002.

4 http://www.worshipworld.de: Guido Baltes: Höher, tiefer, weiter: Wege aus der Lobpreismüdigkeit, erschienen in *AufAtmen 2/2009, S. 28–33*.
Nick Page, Andreas Malessa: *Lobpreis wie Popcorn*, R. Brockhaus im SCM-Verlag, Witten 2008.

5 http://www.worldtrumpet.com/

6 Mehrzahl im Sinne von Ps. 119,75; Jes. 26,9; Hes. 14,21 oder Röm. 11,33

7 http://www.charismamag.com/index.php/features/2010/november/29498-what-god-calls-his-house

8 Mike Chance war viele Jahre der Leiter des Glaubenszentrums Bad Gandersheim und steht heute dem Dienst „Arise" vor: http://www.arise-chance.com/.

Teil 1

Grundlagen für einen Lebensstil des Gebets

Berufung als Grundlage

Manchmal macht mir die große Anzahl von neu entstehenden Gebetshäusern nicht nur ungeteilte Freude, denn ich sorge mich, dass wir aus einem Impuls aus Gottes Herzen eine neue geistliche Mode machen könnten. Solche Trenderscheinungen können leicht dazu führen, dass Menschen frustriert werden, weil kein ausreichendes theologisches Fundament gelegt wurde oder die persönliche Vorbereitung und das wichtige „Überschlagen der Kosten" zu kurz gekommen sind. Begeisterung allein reicht als Grundlage nicht aus. Die Begeisterung muss verstanden, hinterfragt und vor Gott ausgebreitet werden. Im Lauf meines Christseins habe ich einige solcher Wellen kommen und gehen sehen und manchmal war es so, dass Menschen sich mit voller Kraft in sie hineingestürzt haben, vielleicht sogar einseitig geworden sind, um sich einige Zeit später dem nächsten Trend hinzugeben. Leider blieben, wenn die Welle dann abflachte und sich schließlich zurückzog, auch „Leichen" zurück: wertvolle Menschen, die alles in diese eine Welle investiert, sich dem Trend völlig hingegeben hatten und schließlich ausgebrannt waren und zusehen mussten, wie sich die Masse der nächsten „Mode" zuwandte, während sie frustriert und einsam zurückblieben. Mancher von ihnen kapitulierte auch ganz in Bezug auf den Glauben.

Gott selbst ist es, der Menschen beruft, Gebetshäuser zu gründen. Dieser Ruf muss aufmerksam gehört und immer wieder geprüft werden. Nehmen wir ihn und seinen Auftrag, ein Gebetshaus zu bauen, ernst, dann stellt sich Gott dazu, selbst bei anfänglichen Schwierigkeiten. Wer sich also auf das Abenteuer „Haus des Gebets" einlässt, muss von vornherein wissen, dass er es nicht mit einer geistlichen Mode zu tun bekommt, sondern im Begriff ist, eine in der Regel für den Rest seines Lebens gültige Verbindlichkeit einzugehen: dem Herrn der Herren und König der Könige, unserm Gott und Vater im Gebet zu dienen und ihn in der Anbetung zu lieben – Tag und Nacht, Woche um Woche, Monat für Monat und Jahr um Jahr. Im „International House of Prayer" in Kansas City, Missouri, habe ich eine Umschreibung für diese Hingabe gehört, die es aus meiner Sicht am besten trifft. Sie beschreibt ausgezeichnet, was dort, was in Freiburg und an anderen Orten geschieht: *Menschen gießen ihr Leben aus ins Gebet.*

Es ist keine Kleinigkeit, sein Leben als Beter oder Anbeter in ein Haus des Gebets zu investieren oder gar ein solches Haus in Existenz zu rufen. Voraussetzung ist ein Ruf von Gott. Manch einer beginnt mit viel Elan, stellt aber nach einer Weile fest, dass ein solches Leben viel Hingabe und Ausdauer erfordert. Diese Hingabe und Ausdauer müssen aus Gottes eigener Leidenschaft gespeist und von seinem Herzen initiiert werden. Wenn Gott Menschen in eine solche Berufung stellt, tut er dies nicht selten für den Rest ihres Lebens. Im Neuen Testament können wir über eine Frau lesen, die eine solche Berufung hatte: Hanna.

Die Salbung der Hanna

In unserer Zeit ruft der Heilige Geist immer mehr Menschen in ein Leben, das den meisten von uns Christen eher fremd ist. Weltweit lassen sich Menschen in einen Lebensstil von Gebet und Fasten rufen, sie scheinen fasziniert von dem Gedanken zu sein, sich Gott bis zum Ende ihres Lebens auf dieser Welt völlig hinzugeben, um ihm mit Gebet und Fasten zu dienen. Solch ein Lebensstil ist eigentlich nicht neu, allerdings war er in den vergangenen Jahrhunderten fast ausschließlich im klösterlichen Umfeld zu finden, welches vor der Öffentlichkeit weitgehend verborgen war.

Ein erstaunliches Beispiel für einen solchen Lebensstil finden wir jedoch bereits in Lk. 2, 36–38 (Einheitsübersetzung):

> „Damals lebte auch eine Prophetin namens Hanna, eine Tochter Penuëls, aus dem Stamm Ascher. Sie war schon hochbetagt. Als junges Mädchen hatte sie geheiratet und sieben Jahre mit ihrem Mann gelebt; nun war sie eine Witwe von vierundachtzig Jahren. Sie hielt sich ständig im Tempel auf und diente Gott Tag und Nacht mit Fasten und Beten. In diesem Augenblick nun trat sie hinzu, pries Gott und sprach über das Kind zu allen, die auf die Erlösung Jerusalems warteten."

Zur damaligen Zeit heiratete eine junge Frau ungefähr im Alter von sechzehn Jahren. In ihrem hohen Alter blickte Hanna also auf über sechzig Jahre Gebet und Fasten zurück. Obwohl ihr sicherlich andere Optionen offengestanden hatten – Hanna stammte aus dem Stamm Ascher, der traditionell für seine schönen und begabten Frauen gerühmt wurde, Ehefrauen für Könige und Hohepriester[1] – und sie beim Tod ihres Mannes mit Mitte zwanzig noch immer eine junge Frau gewesen war, hatte sie sich für ein Leben des Gebets entschieden. Warum bloß? Denken wir daran, dass Hanna als *Prophetin* bezeichnet wird. Aus der Bibel wissen wir, dass Gott nichts tut, ohne es zuvor seine Propheten wissen zu lassen (Am. 3,7). Zwar erfahren wir nicht, wann Gott zu Hanna gesprochen hat und was. Wir wissen auch nicht, ob Gottes Wort sie zu ihrer Entscheidung für einen radikalen Lebensstil der Hingabe geführt hat oder ob Gott ihr erst Gewaltiges anvertraut hat, nachdem und eben weil sie für sich ein Leben von Fasten und Gebet gewählt hatte. Jedenfalls trifft diese Frau in einer sehr schmerzhaften Phase ihres jungen Lebens die weiseste Entscheidung, die ein Mensch treffen kann: Sie gibt sich Gott ganz hin.

Aus dem, was ich über sie lese, vermute ich, dass der Herr über das Kommen des Messias zu Hanna gesprochen hatte und ihr Fasten und ihr Gebet auf dieses lang erwartete Ereignis ausgerichtet war. So ergriffen war sie von Gott, dass sie den Tempel tatsächlich überhaupt nicht mehr verließ. Ihre ganze Kraft floss ins Gebet.

Ihre Entscheidung für einen Lebensstil des Fastens und Betens war kein momentaner Impuls, er galt lebenslang. Stellen wir uns vor, wie es für diese Frau gewesen sein muss, nach sechzig Jahren Fasten und Beten dann im hohen Alter die Erfüllung ihrer Gebete mit eigenen Augen zu sehen, als Simeon das Kind Jesus in die Arme nahm, Gott pries und prophetisch die Wahrheit über dieses Kind aussprach (Lk. 2,27–35)!

Über die geistlichen Entwicklungen der Jahre vor dem öffentlichen Auftreten von Johannes dem Täufer und Jesus wissen wir kaum etwas. Es ist nicht bekannt, ob es große Durchbrüche gab oder ob Hanna persönlich große Gebetserhörungen erlebte. Sie fastete und betete ein Jahr, dann zwei, dann fünf, dann zehn, dann zwanzig und schließlich sechzig Jahre, bis sie den Messias – und damit wahrscheinlich die Erfüllung all ihrer Gebete – mit eigenen Augen sah.

Nach ihrer Begegnung mit dem Messias, nachdem all ihre Hingabe ein Ziel gefunden hatte, war Hannas Herz erfüllt von Begeisterung und dem Wunsch, allen Menschen weiterzusagen, dass der Messias gekommen war:

> „Und zu allen, die auf die Erlösung Jerusalems warteten, sprach sie über dieses Kind" (Lk. 2,38b).

So wie Gott Hanna die Gnade gegeben hat, ihr Leben lang zu fasten und zu beten, dass der Messias kommen möge, inspiriert der Heilige Geist heute eine ganze Generation von Christen, dasselbe im Blick auf das zweite Kommen Jesu zu tun. Überall auf der Welt entscheiden sich Menschen, gemäß dem Vorbild von Hanna ihr eigenes Leben niederzulegen, um Gott zu suchen. Diese Hingabe wird die Entwicklung der bedeutendsten Meilensteine der Menschheitsgeschichte beschleunigen: nämlich der größten Erweckung aller Zeiten, einhergehend mit den größten Leiden und Gerichten, bis dann schließlich Jesus zum zweiten Mal auf die Erde kommt.

Noch immer wird der Dienst des kontinuierlichen Gebets in der Gemeinde Jesu heute als etwas Exotisches angesehen. Die Aussage der Heiligen Schrift zeigt uns jedoch, dass Gott Hannas Hingabe als Dienst an ihm selbst angesehen hat, denn dort heißt es:

> „Sie ... diente Gott [Tag und Nacht mit Fasten und Beten]" (Lk. 2,37b).

Und noch zwei weitere Wahrheiten können wir aus Hannas Geschichte lernen. Erstens: Beten bedeutet, Gott um die Erfüllung der Dinge zu bitten, die auf *seinem* Herzen sind. Auf diese Weise beten wir seinem Willen gemäß, wie Jesus es uns gelehrt hat (Mt. 6,12): „Dein Wille geschehe, wie im Himmel so auch auf Erden." Zweitens: Fasten und Beten gehören zusammen, sie stellen eine Einheit dar und sind so ein wohlgefälliger Dienst für Gott. Hanna hatte das verstanden – auch darin ist sie ein Vorbild für jeden Beter. Das faszinierende Thema Fasten werden wir uns im dritten Teil dieses Buches noch genauer ansehen.

Auch in den Gebetshäusern weltweit treffen wir auf Menschen, die beten und fasten wollen, bis ihr Leben endet oder sie das Angesicht Gottes sehen – wenn Jesus wiederkommt.

Der Aufruf zu einem Lebensstil des kontinuierlichen Gebets

> „Er sagte ihnen aber auch ein Gleichnis dafür, dass sie allezeit beten und nicht ermatten sollten, und sprach: Es war ein Richter in einer Stadt, der Gott nicht fürchtete und vor keinem Menschen sich scheute. Es war aber eine Witwe in jener Stadt; und sie kam zu ihm und sprach: Schaffe mir Recht gegenüber meinem Widersacher! Und eine Zeit lang wollte er nicht; danach aber sprach er bei sich selbst: Wenn ich auch Gott nicht

fürchte und vor keinem Menschen mich scheue, so will ich doch, weil diese Witwe mir Mühe macht, ihr Recht verschaffen, damit sie nicht am Ende komme und mir ins Gesicht fahre. Der Herr aber sprach: Hört, was der ungerechte Richter sagt! Gott aber, sollte er das Recht seiner Auserwählten nicht ausführen, die Tag und Nacht zu ihm schreien, und sollte er es bei ihnen lange hinziehen? Ich sage euch, dass er ihr Recht ohne Verzug ausführen wird. Doch wird wohl der Sohn des Menschen, wenn er kommt, den Glauben finden auf der Erde?" (Lk. 18,1–8).

Die Kernaussage des Textes ist die Ermutigung Jesu an uns, dass wir Tag und Nacht beten sollen. Mehr noch, es ist die Herausforderung zu einem Lebensstil des kontinuierlichen Gebets. In seinem Buch „Until He Comes"[2] äußert Billy Humphrey, Leiter des IHOP Atlanta[3], ausgezeichnete Gedanken zum Gleichnis vom ungerechten Richter, die mich inspiriert haben.

Das falsch verstandene „Gleichnis"

Das Gleichnis vom ungerechten Richter ist wahrscheinlich eines der am häufigsten missverstandenen, die wir im Neuen Testament finden.

Wir wissen zwar, dass es uns zu kontinuierlichem Gebet ermutigen und herausfordern soll, bei vielen von uns bleibt jedoch nach dem Lesen der Geschichte aus Lukas 18 eher Entmutigung und das schale Gefühl zurück, dass Gott sich vielleicht wie der ungerechte Richter verhalten könnte. Das deutsche Wort „Gleichnis" scheint mir an dieser Stelle auch nicht besonders hilfreich zu sein, denn es impliziert ja geradezu, dass wir die beschriebenen Personen mit Gott bzw. mit uns *gleich*setzen.

Wenn wir diese Geschichte allerdings im Licht der Wahrheiten anschauen, die Jesus insgesamt über Gott, über sich selbst und über uns als seine Nachfolger gelehrt hat, wird schnell klar: Hier geht es nicht um ein „Gleichnis", sondern eher um die Erklärung einer Tatsache am Beispiel ihres Gegenteils. Im Vers 6 zieht Jesus den Vergleich zwischen dem Negativen (dem ungerechten Richter) und dem überwältigend Positiven (unserem Gott). Wir dürfen ermutigt sein, kontinuierlich zu beten, denn Jesus verspricht uns hier, dass Gott eben nicht so ist wie der ungerechte Richter, sondern dass er „seinen Auserwählten zu ihrem Recht verhilft". Jesus sagt aber auch, auf welches Gebet der Vater schnell antworten wird: auf das Gebet derer, „die Tag und Nacht zu ihm rufen".

Die Gläubigen, die Gemeinde wird im Neuen Testament nie als „Witwe" bezeichnet, sondern im Gegenteil als Braut, der eine herrliche Hochzeit mit einem wunderbaren Bräutigam – dem Sohn Gottes – versprochen ist. Der „Ehemann" der Gemeinde ist nicht tot, sondern er lebt ewig und verzehrt sich nach uns. Diese Liebesbeziehung mit Gott ist nicht durch einen schrecklichen Tod beendet, sondern durch Jesu Auferstehung möglich geworden. Wie sollte Gott uns durch Jesus nicht all das schenken, was wir gemäß seinem Willen erbeten:

> „Er, der doch seinen eigenen Sohn nicht verschont, sondern ihn für uns alle hingegeben hat – wie wird er uns mit ihm nicht auch alles schenken?" (Röm. 8,32).

Glaube, den Jesus sucht:
Menschen, die Tag und Nacht beten

In diesem Gleichnis werden wir zweimal aufgefordert, Tag und Nacht zu beten. In Vers 7 geschieht dies zum ersten Mal. Noch herausfordernder – und ermutigender – ist die Aussage von Vers 8b: „Aber wird der Menschensohn wohl *solch einen Glauben* auf der Erde finden, wenn er kommt?" Jesus spricht hier mit Sicherheit nicht davon, ob bei seiner Rückkehr überhaupt noch Menschen übrig sein werden, die an ihn glauben. Stattdessen bezieht er „solch einen Glauben" auf die Menschen, die einen Lebensstil des kontinuierlichen Gebets führen. Jeder von uns kennt die Geschichte der Begegnung Jesu mit der Frau am Jakobsbrunnen (Joh. 4), in deren Verlauf Jesus sagt, dass der Vater Anbeter sucht. Im Gleichnis vom ungerechten Richter zeigt uns der Herr, der Sohn, was er sucht: Fürbitter.

Der Vater sucht Anbeter, der Sohn sucht Fürbitter! Ich bete, dass viele die Herausforderung annehmen und sich finden lassen.

Der Herr weiß, dass wir mit Entmutigung kämpfen

Jesus ist nicht verborgen, dass wir Menschen leicht zu entmutigen sind. Möglicherweise trifft das auf uns, die wir in der sogenannten Neo-Postmoderne leben, mehr zu als auf alle Generationen vor uns. Wir sind es nämlich gewohnt, schnell zu Ergebnissen zu kommen und greifbare Resultate sofort zu sehen. Nicht nur im Bereich des Essens – Fast Food ist zum Teil unserer Kultur geworden –, sondern auch in allen anderen Lebensbereichen gilt heute, was ich einen Prediger einmal so treffend habe sagen hören: „We want it here, we want it hot, and we want it now."

Weil Jesus um unsere menschliche Tendenz zum Aufgeben weiß, hat er seinen Jüngern das Gleichnis vom ungerechten Richter erzählt. Es ist richtig, dass manche Durchbrüche im Gebet ihre Zeit und eine gewisse Qualität von Gebet erfordern. Die Gründe dafür sind ganz unterschiedlich und für uns oftmals auch nicht ersichtlich, weil wir in der Regel nicht wissen, was in der geistlichen Welt durch unser Gebet in Bewegung gesetzt wird (siehe Dan. 10,1–13). Aber selbst wenn uns der Einblick fehlen mag, ruft Gott uns zu: „Ich will dir antworten! Gib nicht auf, hör nicht auf zu beten, bis der Durchbruch kommt!"

Möglicherweise konnten wir so manche Gebetserhörung schlicht deshalb nicht empfangen, weil wir uns zu schnell haben entmutigen lassen und unsere Fürbitte für das jeweilige Anliegen eingestellt haben.

Das Joel-2-Mandat

Es ist erstaunlich, dass im Kontext von Gebetshäusern oft die folgenden Verse aus Joel 2 eine bedeutende Rolle spielen. Ich weiß noch, mit welcher Heftigkeit mich diese Verse berührt haben, als der Heilige Geist sie vor einigen Jahren zu mir gesprochen hat.

In Joel 2 wird vom „Tag des Herrn", also der Wiederkunft Jesu gesprochen. Einerseits ist vom Abfall der Menschen von Gott und von schrecklichen Gerichten die Rede, andererseits ruft Gott uns in seiner Barmherzigkeit dazu auf, umzukehren – und verheißt in Joel 3 eine gewaltige Erweckung.

Der Tatsache der göttlichen Gerichte[4] müssen wir ins Auge sehen, denn sie werden kommen. Gott wird einmal alles aus dem Weg räumen, was der von Ewigkeit geplanten Vereinigung zwischen dem Bräutigam-Gott und den Menschen, die Jesus folgen und deshalb zu seiner Braut gehören, im Weg steht. Nur wer sich Jesus hingegeben hat, wird am Ende durch Gottes Gnade gerettet werden. Diejenigen, die Gott ablehnen, werden der vollen Härte der Gerichte Gottes ausgesetzt sein. Die Gerichte Gottes sind ein Aufruf zur Umkehr, aber irgendwann einmal kommt auch das letzte Gericht, und dann wird es zur Umkehr zu spät sein. Gott schont dabei auch seine Gemeinde nicht, wenn sie in Lauheit und in Kompromisse gefallen ist.

> „Blast das Horn auf Zion und erhebt das Kriegsgeschrei auf meinem heiligen Berg! Beben sollen alle Bewohner des Landes! Denn es kommt der Tag des Herrn, ja er ist nahe; ein Tag der Finsternis und der Dunkelheit, ein Tag des Gewölks und des Wetterdunkels. Wie Morgengrauen ist es ausgebreitet über die Berge, ein großes und mächtiges Volk, wie es von Ewigkeit her nie gewesen ist und nach ihm nie mehr sein wird bis in die Jahre der Generationen und Generationen. Vor ihm her verzehrt das Feuer, und nach ihm lodert die Flamme; vor ihm ist das Land wie der Garten Eden und nach ihm eine öde Wüste. Auch gibt es vor ihm kein Entrinnen. Sein Aussehen ist wie das Aussehen von Pferden; und wie Reitpferde, so rennen sie. Wie das Rasseln von Kriegswagen klingt es, hüpfen sie über die Gipfel der Berge; wie das Prasseln der Feuerflamme, die Stoppeln verzehrt; sie sind wie ein mächtiges Volk, zum Kampf gerüstet. Vor ihm zittern die Völker, alle Gesichter erglühen. Wie Helden rennen sie, wie Kriegsleute ersteigen sie die Mauer; und sie ziehen, jeder auf seinem Weg, und ihre

Pfade verlassen sie nicht; und keiner drängt den anderen, sie ziehen, jeder auf seiner Bahn; und sie stürzen zwischen den Waffen hindurch, ihr Zug bricht nicht ab. Sie überfallen die Stadt, rennen auf die Mauer, steigen in die Häuser; durch die Fenster dringen sie ein wie der Dieb. Vor ihnen erbebt die Erde, erzittert der Himmel; Sonne und Mond verfinstern sich, und die Sterne verlieren ihren Glanz. Und der Herr lässt vor seiner Heeresmacht her seine Stimme erschallen, denn sein Heerlager ist sehr groß, denn der Vollstrecker seines Wortes ist mächtig. Denn groß ist der Tag des Herrn und sehr furchtbar. Und wer kann ihn ertragen?" (Joel 2,1–11).

„Denn die Zeit ist gekommen, dass das Gericht anfange beim Haus Gottes; wenn aber zuerst bei uns, was wird das Ende derer sein, die dem Evangelium Gottes nicht gehorchen?" (1. Pt. 4,17).

Der Tag des Herrn wird für die Gottlosen große Schrecknisse, für die Gläubigen aber Befreiung bringen (siehe auch 2. Thes. 1,6–10). Die Abkehr von Gott in der westlichen Welt hat heute ein nie da gewesenes Maß erreicht. Sexuelle Perversion, Abtreibung und Sklaverei haben Hochkonjunktur in einer Welt ohne Gott. Er ruft uns zur völligen Hingabe auf. Das Gericht wird kommen, aber wir können durch unseren Lebensstil Einfluss auf die kommenden Ereignisse nehmen, wenn wir uns dem Ruf Gottes entsprechend verhalten.

So wie Israel damals in Reaktion auf Joels Prophetien zu Gott umkehrte und unter König Josia eine Zeit der Erweckung und Heilung für das Land erlebt hat, wird unsere Umkehr und unser Gebet mit Fasten Erweckung bringen.

Wer aber kann am Tag des Herrn bestehen?

Diese große Frage wird uns in Joel 2,11b gestellt: „Ja, groß ist der Tag des Herrn und sehr schrecklich; wer kann ihn ertragen?" Jesus hat sogar gesagt, dass in der letzten Zeit die Liebe der meisten erkalten wird:

Grundlagen für einen Lebensstil des Gebets / 37

> „... und weil die Gesetzlosigkeit überhandnimmt, wird die Liebe der meisten erkalten" (Mt. 24,12).

Auch an anderen Stellen werden wir darauf aufmerksam gemacht, dass viele aufhören werden zu glauben, bevor Jesus wiederkommt:

> „Denn dieser Tag kommt nicht, es sei denn, dass zuerst der Abfall gekommen ... ist" (2. Thes. 2,3b).

> „Der Geist aber sagt ausdrücklich, dass in späteren Zeiten manche vom Glauben abfallen werden" (1. Tim. 4,1a).

Ich bin überzeugt davon, dass wir nur in einer vertrauensvollen, innigen Beziehung zu Gott die Gerichte Gottes geistlich und seelisch unbeschadet überstehen, nur wenn wir in seiner Liebe und Gnade verankert sind. Ein Lebensstil nach Joel 2 ist nicht nur für die Welt um uns herum von größter Bedeutung, sondern wird uns Christen viel tiefer in Gott verwurzeln, als wir es jemals zuvor waren.

Die Vorbereitung auf die endzeitliche Erweckung und den Tag des Herrn

Heutzutage spricht man gerne von den gewaltigen Ereignissen, die in Joel 3 beschrieben sind, aber dabei wird manchmal übersehen, dass es vor Kapitel 3 eben ein Kapitel 2 gibt – und dort ab Vers 12 die Voraussetzungen für die Erweckung beschrieben werden. Aus den Worten von Joel 2,12–17 ergeht ein Aufruf an die Gemeinde als Ganzes: „Kehrt um, mit Fasten und Gebet!"

> „Doch auch jetzt, spricht der Herr, kehrt um zu mir mit eurem ganzen Herzen und mit Fasten und mit Weinen und mit Klagen! Und zerreißt euer Herz und nicht eure Kleider und kehrt um zum Herrn, eurem Gott! Denn er ist gnädig und barmherzig, langsam zum Zorn und groß an Gnade, und lässt sich das Unheil gereuen. Wer weiß, vielleicht wird er umkehren und es sich gereuen lassen und Segen hinter sich zurücklassen: Speisopfer und Trankopfer für den Herrn, euren Gott! Blast das Horn auf Zion, heiligt ein Fasten, ruft einen Feiertag aus! Versammelt das

Volk, heiligt eine Versammlung, bringt die Ältesten zusammen, versammelt die Kinder und die Säuglinge an den Brüsten! Der Bräutigam trete aus seiner Kammer und die Braut aus ihrem Brautgemach! Die Priester, die Diener des Herrn, sollen weinen zwischen Vorhalle und Altar und sagen: Herr, blicke mitleidig auf dein Volk und gib nicht dein Erbteil der Verhöhnung preis, sodass die Nationen über sie spotten! Wozu soll man unter den Völkern sagen: Wo ist ihr Gott?" (Joel 2,12–17).

Gott ruft in diesem Text, der sich wie mit dem Schall von Posaunen an die Gemeinde richtet, verschiedene Gruppen zusammen, um das Mandat aus Joel 2 anzunehmen und gemeinschaftlich zu leben. Vers 17 spricht insbesondere die geistlichen Leiter an, aber niemand ist von diesem Ruf ausgeschlossen.

Die endzeitliche Erweckung

Resultierend aus der Umsetzung von Joel 2 spricht Gott die große Verheißung von Joel 3 aus:

„Und danach wird es geschehen, dass ich meinen Geist ausgießen werde über alles Fleisch. Und eure Söhne und eure Töchter werden weissagen, eure Greise werden Träume haben, eure jungen Männer werden Visionen sehen. Und selbst über die Knechte und über die Mägde werde ich in jenen Tagen meinen Geist ausgießen. Und ich werde Wunderzeichen geben am Himmel und auf der Erde: Blut und Feuer und Rauchsäulen. Die Sonne wird sich in Finsternis verwandeln und der Mond in Blut, ehe der Tag des Herrn kommt, der große und furchtbare. Und es wird geschehen: Jeder, der den Namen des Herrn anruft, wird gerettet werden. Denn auf dem Berg Zion und in Jerusalem wird Rettung sein, wie der Herr gesprochen hat, und unter den Übriggebliebenen, die der Herr berufen wird" (Joel 3,1–5).

Ein Haus des Gebets bietet ein ausgezeichnetes Forum für die gemeinschaftliche und kontinuierliche Umsetzung des Joel-2-Mandats. Hier können sich sowohl berufstätige Menschen ehrenamtlich als auch voll oder in Teilzeit angestellte Mitarbeiter investieren, um gemäß Joel 2 zu fasten und zu beten.

Historischer Überblick zu 24-Stunden-Gebetsdiensten[5]

24-Stunden-Gebetsdienste sind keine Erfindung der Moderne. In vorchristlicher Zeit und durch die gesamte Kirchengeschichte hindurch gab es immer wieder Aufbrüche zu kontinuierlichem Gebet, die jeweils erstaunliche Auswirkungen hatten. Einige davon werden wir uns im Folgenden genauer ansehen.

Die Hütte Davids und die Ordnungen Davids

David war von ca. 1000 bis 962 v. Chr. König von Israel und Juda. Er bezeichnete sich selbst als einen Mann, dem eins wichtig war, nämlich möglichst nah bei Gott zu sein:

> „Eins habe ich vom Herrn erbeten, danach trachte ich: zu wohnen im Haus des Herrn alle Tage meines Lebens, um anzuschauen die Freundlichkeit des Herrn und nachzudenken in seinem Tempel" (Ps. 27,4).

Um das Jahr 1000 v. Chr. befahl er, dass die von den Philistern geraubte Bundeslade in die neue Hauptstadt seines Reiches – Jerusalem – gebracht werden sollte. Dort stellte David ein Zelt für sie auf, in dem sie für ungefähr siebzig Jahre ihren festen Standort fand. David berief Sänger und Musiker, die kontinuierlich vor dem Herrn standen, um ihm zu dienen.

> „Und er setzte einige von den Leviten[6] als Diener vor der Lade des Herrn ein, dass sie den Herrn, den Gott Israels, rühmen, preisen und loben sollten: Asaf, das Oberhaupt, und als Zweiten nach ihm Secharja, nach ihm dann Jeïel und ... mit Harfeninstrumenten und mit Zithern; ... auf Zimbeln musizierend; und die Priester Benaja und Jahasiël, ständig mit Trompeten vor der Lade des Bundes Gottes" (aus 1. Chr. 16,4–6).

Nachdem David die nötigen Baumaterialien für den Tempel bereitgestellt hatte, berief er am Ende seines Lebens insgesamt 288 Sänger und 4000 Musiker für den kontinuierlichen Dienst an Gott (siehe 1. Chr. 25,7 und 1. Chr. 23,5).

David richtete eine neue Art des Gottesdienstes ein, die ich im Folgenden die „Ordnungen Davids" nennen werde. Obwohl die Hütte Davids durch den von Salomo erbauten Tempel ersetzt wurde, übernahmen spätere Herrscher in der Geschichte Israels und Judas die Ordnungen Davids für die Anbetung – und jedes einzelne Mal gingen mit der Einhaltung der Ordnungen Davids geistliche Durchbrüche, Befreiungen und militärische Siege einher!

1. König Salomo ordnete an, dass die Anbetung im Tempel nach der Ordnung Davids geschehen sollte – zu seiner Zeit war Israel eine Weltmacht wie nie zuvor und nie danach:

   „Und er bestellte nach der Vorschrift seines Vaters David die Abteilungen der Priester zu ihrem Dienst und die Leviten zu ihren Ämtern, zum Loben und Dienen vor den Priestern nach der Bestimmung für jeden Tag, und die Torhüter in ihren Abteilungen für jedes Tor; denn so war das Gebot Davids, des Mannes Gottes. Und man wich nicht von dem Gebot des Königs über die Priester und die Leviten ab" (2. Chr. 8,14–15).

2. König Abija von Juda besiegt Israel.

   „Siehe, Gott ist mit uns, an unserer Spitze. Bei uns sind seine Priester und die Lärmtrompeten, um Lärm zu blasen gegen euch. Söhne Israel, kämpft nicht gegen den Herrn, den Gott eurer Väter! Denn es wird euch nicht gelingen. Aber Jerobeam ließ Leute im Hinterhalt eine Umgehung machen, um ihnen in den Rücken zu kommen, sodass sie vor Juda waren und der Hinterhalt hinter Juda. Und als Juda sich umwandte, siehe, da hatten sie den Kampf vorn und hinten. Da schrien sie zu dem Herrn, und die Priester bliesen mit den Trompeten, und die Männer von Juda erhoben ein Kriegsgeschrei. Und es geschah, als die Männer von Juda das Kriegsgeschrei erhoben, da schlug Gott Jerobeam und ganz Israel vor Abija und Juda" (2. Chr. 13,12–15).

3. Während der Amtszeit von König Asa von Juda herrschte in Juda Frieden.

> „Und sie traten in den Bund, den Herrn, den Gott ihrer Väter, zu suchen mit ihrem ganzen Herzen und mit ihrer ganzen Seele. Jeder aber, der den Herrn, den Gott Israels, nicht suchen würde, sollte getötet werden, vom Kleinsten bis zum Größten, vom Mann bis zur Frau. Und sie schworen dem Herrn mit lauter Stimme und mit Jauchzen und unter Trompeten- und Hörnerschall. Und ganz Juda freute sich über den Schwur. Denn sie schworen mit ihrem ganzen Herzen und suchten den Herrn mit ihrem ganzen Willen; und er ließ sich von ihnen finden. Und der Herr schaffte ihnen Ruhe ringsumher" (2. Chr. 15,12–15).

4. König Joschafat besiegte Moab und Ammon und die Bewohner von Seïr, nachdem er Sänger eingesetzt und vor seinem Kriegsheer hatte hergehen lassen.

> „Und er beriet sich mit dem Volk und stellte Sänger für den Herrn auf, die Loblieder sangen in heiligem Schmuck, indem sie vor den zum Kampf Gerüsteten auszogen und sprachen: Preist den Herrn, denn seine Gnade währt ewig! Und zu der Zeit, da sie mit Jubel und Lobgesang anfingen, legte der Herr einen Hinterhalt gegen die Söhne Ammon, Moab und die vom Gebirge Seïr, die gegen Juda gekommen waren; und sie wurden geschlagen" (2. Chr. 20,21–22).

5. König Joasch war ein gesegneter König, solange Jojada Oberpriester war. Während seiner Amtszeit wurden die Anbetungsorte des Baal zerstört und das Haus des Herrn wiederhergestellt. Als Jojada starb, wandte sich Joasch von dem Dienst an Gott ab und wurde von einem kleinen Heer der Syrer besiegt.

> „Und Jojada schloss einen Bund zwischen sich und dem ganzen Volk und dem König, dass sie das Volk des Herrn sein sollten. Da ging das ganze Volk in das Haus des Baal und riss es nieder, und sie zerschlugen seine Altäre und seine Götzenbilder. Und Mattan, den Priester des Baal, ermordeten sie vor den Altären. Und Jojada legte die Ämter des Hauses des Herrn in die Hand der Priester, der Leviten,

die David für das Haus des Herrn eingeteilt hatte, damit sie die Brandopfer des Herrn opferten, wie es im Gesetz des Mose geschrieben steht, mit Freuden und mit Gesang, nach der Anweisung Davids" (2. Chr. 23,16–18, siehe auch 2. Chr. 24,1–15).

6. König Hiskia ließ den Tempel reinigen und reparieren, hieß die Leviten sich für den Dienst heiligen und setzte die davidische Ordnung der Anbetung wieder ein. Als Folge davon wurde sein Königtum gesegnet, z. B. siegte er über Assur.

„Und er stellte die Leviten auf im Haus des Herrn, mit Zimbeln, mit Harfen und mit Zithern, nach dem Befehl Davids und Gads, des Sehers des Königs, und des Propheten Nathan; denn der Befehl war durch den Herrn, durch seine Propheten ergangen. Und so standen die Leviten da mit den Instrumenten Davids und die Priester mit den Trompeten. Und der König Hiskia und die Obersten sagten zu den Leviten, dass sie dem Herrn lobsingen sollten mit den Worten Davids und des Sehers Asaf. Und sie lobsangen mit Freude und neigten sich und beteten an" (2. Chr. 29,25–26,30).

„So machte es Hiskia in ganz Juda. Und er tat, was gut und recht und treu war vor dem Herrn, seinem Gott. Und bei jedem Werk, das er im Dienst für das Haus Gottes und im Gesetz und im Gebot begann, um seinen Gott zu suchen, handelte er mit ganzem Herzen; und er hatte Gelingen" (2. Chr. 31,20–21).

7. König Josia von Juda schaffte den Götzendienst ab; seine Hinwendung wird in der Bibel besonders hervorgehoben.

„Und Josia entfernte alle Gräuel aus allen Ländern, die den Söhnen Israel gehörten. Und er hielt alle dazu an, die sich in Israel befanden, dem Herrn, ihrem Gott, zu dienen. Alle seine Tage wichen sie nicht von der Nachfolge des Herrn, des Gottes ihrer Väter, ab" (2. Chr. 34,33).

„Vor Josia gab es keinen König wie ihn, der zu dem Herrn umgekehrt wäre mit seinem ganzen Herzen und mit seiner ganzen Seele und mit seiner ganzen Kraft nach dem ganzen Gesetz des Mose. Und auch nach ihm ist seinesgleichen nicht aufgestanden" (2. Kön. 23,25).

„Und die Sänger, die Söhne Asafs, waren an ihrem Standort nach der Anordnung Davids und Asafs und Hemans und Jedutuns, des Sehers des Königs" (2. Chr. 35,15).

8. Der Priester Esra und der Statthalter Nehemia setzten nach ihrer Rückkehr aus Babylon die Anbetung nach der Ordnung Davids wieder ein.

„So legten die Bauleute die Grundmauern zum Tempel des Herrn. Dabei ließ man die Priester in ihrer Amtskleidung antreten, mit Trompeten, und die Leviten, die Söhne Asafs, mit Zimbeln, den Herrn zu loben nach der Anweisung Davids, des Königs von Israel" (Esr. 3,10).

„Auch die Sänger und die Torhüter taten Dienst nach dem Gebot Davids und seines Sohnes Salomo. Denn seit den Tagen Davids und Asafs, seit alter Zeit, gab es Häupter der Sänger und Preis- und Lobgesang für Gott" (Neh. 12,45–46).

Die frühklösterliche Tradition des 24-Stunden-Gebets

Über ein Jahrtausend hatte das Mönchtum eine Schlüsselrolle in der Weiterentwicklung von Theologie und Gottesdienst für die ganze Kirche. Seit dem vierten und fünften Jahrhundert waren Mönche und Nonnen, die einem leitenden Abt gegenüber Armut, Ehelosigkeit und Gehorsam gelobten, als Teil der sozialen Gesellschaft geachtet und akzeptiert. In der Geschichte der christlichen Kirche wurde das sogenannte *laus perennis*[7] zunächst in den Klöstern praktiziert.

Einige der Schlüsselfiguren dieser Tradition sollen im Folgenden erwähnt werden, um uns zu ermutigen und aufzuzeigen, in welcher guten Tradition wir stehen.

Alexander Akimites und die schlaflosen Brüder

Alexander, in Großasien geboren und ausgebildet in Konstantinopel, war ein Offizier in der römischen Armee, den die Worte Jesu an den reichen Jüngling stark herausforderten:

> „Jesus sprach zu ihm: Wenn du vollkommen sein willst, so geh hin, verkaufe deine Habe und gib den Erlös den Armen! Und du wirst einen Schatz im Himmel haben. Und komm, folge mir nach!" (Mt. 19,21).

Alexander verkaufte alle seine Besitztümer und zog sich zu einem Leben in der Wüste zurück. Die Tradition überliefert, dass er nach sieben Jahren der Einsamkeit einen heidnischen Tempel in Brand setzte und deswegen ins Gefängnis kam. Dort allerdings bekehrte sich der Gefängnisdirektor und dessen Familie und Alexander konnte wieder an seinen Wohnort in der Wüste zurückkehren. Kurz darauf fiel er in die Hände von Räubern, die er aber durch seinen evangelistischen Eifer zu hingegebenen Nachfolgern Jesu bekehrte. Diese Gruppe bildete schließlich den Kern der von ihm gegründeten Mönchsbruderschaft. Das erste Kloster lag offenbar an den Ufern des Eufrat, wo schließlich einige hundert Brüder lebten, durch deren Wirken sich mehrere arabische Stämme zum Christentum bekehrten. Um das Jahr 400 herum kehrte Alexander mit 300 bis 400 Mönchen nach Konstantinopel zurück, wo er das *laus perennis* einführte, um Paulus' dringenden Rat, ohne Unterlass zu beten, in die Tat umzusetzen:

> „Betet unablässig!" (1. Thes. 5,17).

Nachdem er aus Konstantinopel vertrieben wurde, gründete er ein Kloster auf dem Gordon, einem Berg am Schwarzen Meer. Dieses Kloster wurde das Mutterhaus des Ordens der Akimitäer (vom griechischen „akoimetoi", was mit „die Schlaflosen" übersetzt werden kann). Die Klöster der Akimitäer wurden gewöhnlich in drei Chöre unterteilt, ein Chor löste den vorigen ab, um ununterbrochenes Gebet und Anbetung zu gewährleisten – Tag

Grundlagen für einen Lebensstil des Gebets / 45

und Nacht, rund um die Uhr. Dabei stützten sie sich insbesondere auf Lukas 18,1: Jesus „sagte ihnen aber auch ein Gleichnis dafür, dass sie allezeit beten und nicht ermatten sollten."

Die Zeit außerhalb des Gebets verbrachten die Mönche im Dienst an den Bedürftigen. Alexander starb im Jahr 430. Die Akimitäer hatten jedoch weiterhin großen Einfluss.

Johannes, der zweite Abt des Ordens, gründete ein weiteres Kloster am Ostufer des Bosporus, alte Dokumente sprechen von diesem als dem „großen Kloster" und Mutterhaus der Bruderschaft. Die Bibliothek dort war im gesamten byzantinischen Reich bekannt für ihre Pracht und wurde von mehreren Päpsten besucht.

Der dritte Abt gründete ein Kloster in der Hauptstadt unter dem Schutz des königlichen Konsuls Studius, der das neue Kloster Johannes dem Täufer weihte. Studion – so der Name des Klosters – wurde zu einem bekannten Zentrum der Bildung und Spiritualität und das wichtigste Kloster in Konstantinopel. Studion existierte bis zum Jahre 1453, als Konstantinopel von den Türken bezwungen wurde.

Mit ihrer Art der Anbetung und ihrer Hingabe an die kirchliche Liturgie übten die Akimitäer bleibenden Einfluss aus. Die Klöster, deren Zahl in die Hunderte und zeitweise sogar in die Tausende ging, waren nach Nationalität in Gruppierungen von Lateinern, Griechen, Syrern und Ägyptern organisiert und, wie beschrieben, in Chöre aufgeteilt.

Zusätzlich zum *laus perennis* entwickelten sie den Dienst der wörtlichen Umsetzung von Psalm 119,164:

> „Siebenmal am Tag lobe ich dich wegen der Bestimmungen deiner Gerechtigkeit."

Dies wurde später zu einem integralen Bestandteil der benediktinischen Regel[8] bezüglich der sieben, über einen Tag verteilten Gebetszeiten. Benediktinische Regel, Kapitel 16 – Der Gottesdienst am Tage:

„Diese geheiligte Siebenzahl wird von uns dann erfüllt, wenn wir unseren schuldigen Dienst leisten zur Zeit von Laudes, Prim, Terz, Sext, Non, Vesper und Komplet; denn von diesen Gebetsstunden am Tag sagt der Prophet: ‚Siebenmal am Tag lobe ich dich' (Ps. 119,164).

Von den nächtlichen Vigilien[9] sagt derselbe Prophet: ‚Um Mitternacht stehe ich auf, um dich zu preisen' (Ps. 119,164).

Zu diesen Zeiten lasst uns also unserem Schöpfer den Lobpreis darbringen wegen seiner gerechten Entscheide, nämlich in Laudes, Prim, Terz, Sext, Non, Vesper und Komplet. Auch in der Nacht lasst uns aufstehen, um ihn zu preisen."

Agaunum/St. Maurice d'Agaune

St. Maurice d'Agaune (lat.: Territorialis Abbatia Sancti Mauritii Agaunensis) ist ein Kloster der Augustiner-Chorherren in Sankt Moritz im Schweizer Kanton Wallis.

Durch das Kloster St. Maurice d'Agaune fand das *laus perennis* seinen Eingang auch in die westliche Kirche. Der heilige Sigismund, Sohn des Burgunderkönigs Gundobad, gründete das Kloster am 22. September 515, der heilige Abt Ambrosius errichtete über dem ursprünglichen Heiligtum eine neue Basilika. Im 9. Jahrhundert wurden die Mönche durch Chorherren ersetzt und 1128 übernahmen diese die Augustinusregel[10], die das regelmäßige Gebet einschloss.

St. Maurice wurde unter Sigismund zur bedeutendsten Abtei im Königreich Burgund. Die dort praktizierte charakteristische Liturgie des *laus perennis*, des immerwährenden Lobgesangs, war für die damalige Zeit für Westeuropa eine Innovation, die von Konstantinopel kopiert wurde. Im Jahr 522 führte der Abt von St. Maurice das *laus perennis* nach der Tradition der Akimitäer ein. Chöre von Mönchen sangen abwechselnd, ein Chor den vorigen ablösend, Tag und Nacht. Diese Praxis wurde bis ungefähr zum Jahre 900 fortgeführt, viele Klöster in Frankreich und der Schweiz wurden davon stark beeinflusst. Von St. Maurice aus verbreitete sich diese Praxis in ganz Westeuropa.

St. Patrick, Comgall und Bangor (Irland)

Eine angesehene mittelalterliche Karte[11] enthält den Hinweis auf einen Ort am Ende der damals bekannten Welt: Bangor in Irland. Warum aber war dieser winzige, völlig am Rande liegende Ort, heute ein verschlafenes Küstenstädtchen, fünfzehn Meilen von der nordirischen Hauptstadt Belfast entfernt, im Mittelalter wichtig?

Der Missionar Patrick[12] hatte die Vision, den Iren die christliche Botschaft zu predigen. Unterstützt und begleitet wurde er von einer Anzahl anderer Asketen – Finnian, Bridgid und Ciaran, die alle klösterliche Zentren auf der Insel gründeten. Im Jahr 433, als sich das römische Reich langsam aufzulösen begann, kehrte der heilige Patrick nach Irland zurück, wohin er früher einmal von marodierenden Schotten entführt worden war.

Nach einem Bericht[13] des im zwölften Jahrhundert lebenden anglo-normannischen Mönchs Jocelin[14] rastete Patrick auf einer seiner Reisen in einem Tal am Ufer des Loch Belfast.

Dort hatten er und seine Kameraden eine himmlische Vision. Jocelin berichtet: „Sie sahen das ganze Tal erfüllt mit himmlischem Licht und inmitten einer großen himmlischen Versammlung hörten sie, wie von Engelsstimmen begleitet, das Psalmensingen eines himmlischen Chors." Der Ort wurde bekannt als das „Vallis Angelorum", also „Tal der Engel". Das berühmte Kloster Bangor sollte dann ungefähr ein Jahrhundert später vom heiligen Comgall an diesem Ort gegründet werden.

Comgall[15] wurde 517 in Antrim in Nordirland geboren. Er war eigentlich ein Soldat, legte aber früh die klösterlichen Gelübde ab und wurde für sein neues Leben ausgebildet. In der irischen Geschichte taucht er als Eremit am Loch Erne auf. Seine Lebensweise war so streng, dass sieben seiner Mitbrüder starben. Irgendwann war er überzeugt davon, Loch Erne verlassen zu sollen, um in Bangor im berühmten Tal der Engel ein Kloster zu gründen. Die frühesten irischen Aufzeichnungen geben das Jahr 558 als Bangors Gründung an. Bekannt wurde die Abtei Bangor, weil in ihr Missionare ausgebildet wurden, zum Beispiel der heilige Columban. Durch die Missionsbemühungen ihrer Anhänger gelangte die Benediktinerbewegung von diesem Kloster aus nach Kontinentaleuropa. Viele Neugründungen von Klöstern nahmen hier ihren Ursprung. Die Klöster in Britannien und Irland entwickelten Gottesdienststile, die denen der Wüstenväter des Ostens sehr ähnlich waren.

In Bangor führte Comgall eine strikte klösterliche Regel des ununterbrochenen Gebets und des Fastens ein. Diese asketische Regel stieß die Menschen nicht ab, sondern zog im Gegenteil sogar Tausende an. Wie uns die Geschichtsschreibung berichtet, war Comgall der geistliche Leiter von dreitausend Mönchen, als er im Jahr 602 starb. Bangor Mor, „das große Bangor", wurde die größte klösterliche Schule in Ulster. Die Abtei war bekannt für eine starke Betonung von Lobpreis, Anbetung und Evangelisation. Über einen Zeitraum von über 150 Jahren hörten Lobpreis und Anbetung nie auf.[16]

Auch die alten walisischen Triaden[17] bezeugen die immerwährende Anbetung in diesem großartigen Kloster. Im sechsten Jahrhundert wurde Bangor berühmt für seine Choral-Psalmodierung. „Es war diese Musik, welche in den kommenden Jahrhunderten von den Bangor-Missionaren auf den Kontinent gebracht wurde", sagte James Hamilton, Propst der Abtei Bangor (gest. 1649).[18] Der Gottesdienst, das Sieben-Stunden Gebet, wurde durch die Existenz von Bangor weiter getragen. Möglicherweise gingen die Mönche sogar noch über diese Gebetspraxis hinaus und lebten das *laus perennis*. Im zwölften Jahrhundert sagte Bernhard von Clairvaux über Bangor: „Die Zeremonie der göttlichen Dienste wurde von Gruppierungen aufrechterhalten, die einander in einer Reihenfolge abwechselten, sodass es nicht für einen Moment, Tag und Nacht, eine Unterbrechung ihrer Andacht gab."[19] Allerdings stellt diese Aussage von Bernhard die einzige diesbezügliche Referenz dar.

Dieses kontinuierliche Singen war dem Wesen nach antiphonal, basierend auf einem Rufen und einer Antwort, gemäß der Erinnerung an die Vision des heiligen Patrick. Auch im Kloster St.

Martin's in Gaul praktizierte man es. Viele der dort entstandenen Psalmen und Hymnen wurden später im Antiphonale von Bangor[20] niedergeschrieben.

Das asketische Leben des Betens und Fastens war das ganz Besondere, das Anziehende in Bangor. Mit der Zeit wurde Bangor aber auch ein berühmtes Studien- und Ausbildungszentrum. In Europa sagte man damals über jemanden, der Griechisch sprach: „Er muss wohl Ire sein!", so stark war der Einfluss von Bangor. Das Kloster entwickelte sich zu einer Gemeinschaft, von der Missionare ausgesandt wurden. In der mittelalterlichen Literatur tauchen die Mönche von Bangor immer wieder als eine „Kraft für das Gute" auf. Im Burgund stellte Columban eine strenge klösterliche Regel auf, die die Regel von Bangor widerspiegelte. Von dort zog er weiter nach Bobbio in Italien und gründete das Kloster, welches zu einem der größten und schönsten Klöster in Europa werden sollte.

Columban starb 615. Bis zum Jahr 700 wurden in Frankreich, Deutschland und der Schweiz noch einhundert weitere Klöster gegründet.

Die Größe Bangors fand im Jahr 824 durch die Angriffe von marodierenden Wikingern ein Ende. Allein in einer Attacke wurden neunhundert Mönche getötet. Obwohl es im zwölften Jahrhundert ein Wiederaufflammen der Begeisterung von Comgall gab, ausgelöst durch Malachy, einen engen Freund von Bernhard von Clairvaux, hatte es nie mehr denselben Einfluss wie zu Zeiten der frühen keltischen „geistlichen Flächenbrände", die den Einfluss der Finsternis zurückhielten und dem Kollaps der sozialen Gesellschaft entgegenwirkten, indem sie einer gebrochenen Generation Gott brachten.

Cluny (Frankreich)

Im neunten und zehnten Jahrhundert führten Kämpfer und Siedler der Wikinger einen von Gewalt geprägten Lebensstil in Europa ein. Feudalismus breitete sich aus und das klösterliche Leben wurde erschüttert – nicht nur durch physische Angriffe, wie Bangor sie erlebt hatte, sondern auch dadurch, dass viele klösterliche Häuser plötzlich den Entscheidungen der Klanführer ausgeliefert waren, die das Land besetzten. Als Reaktion darauf entstand aber auch eine Reformationsbewegung, die sich auf unterschiedliche Weise darstellte; u. a. in der Regel von Cluny[21], der wahrscheinlich wichtigsten Auswirkung innerhalb der westlichen Kirche.

Um 910 vertraute Wilhelm I., Herzog von Aquitanien, dem Abt Berno von Baume die Gründung eines Klosters an: die Abtei von Cluny, wo eine noch striktere Form der benediktinischen Regel eingeführt wurde. Die Abtei und die dazugehörigen Ländereien stammten aus Wilhelms persönlichen Besitztümern, und durch seine großzügige finanzielle Unterstützung der Abtei war man dort in der Lage, Gebet und immerwährende Anbetung – eben das *laus perennis* – zu fördern und zu leben.

Der zweite Abt von Cluny, Odo, übernahm das Kloster im Jahr 926. Sein reformatorischer Eifer führte dazu, dass Cluny wesentlich an Einfluss gewann. Bekannt für seine Unabhängigkeit, Gastfreundschaft und sein Almosengeben unterschied es sich stark von der benediktinischen Regel, indem es die Mönche von der praktischen Arbeit freistellte und diese dadurch verfügbar gewordene Zeit verstärkt für das Gebet nutzen konnten.

Die Anzahl der Klöster, die sich an Cluny als ihrem Mutterhaus orientierten, wuchs während dieser Periode sehr stark und der Einfluss des Klosters erstreckte sich über ganz Europa.

Cluny erreichte den Höhepunkt seiner Kraft und seines Einflusses im zwölften Jahrhundert: Es stand 314 weiteren Klöstern in ganz Europa vor. Was seinen Einfluss auf die christliche Welt angeht, wurde Cluny damals nur von Rom übertroffen.

Es wurde zu einem Ort des Studierens und bildete nicht weniger als vier Päpste aus. Dass die Gemeinschaft von Cluny so schnell wuchs, bedeutete aber auch, dass es einen großen Bedarf an Gebäuden gab. Unter Hugh, dem sechsten Abt von Cluny, begann im Jahr 1089 der Bau der Klosterkirche, die 1132 geweiht wurde.

Das Ergebnis galt als eines der acht Wunder des Mittelalters. Mehr als 165 Meter lang, war es das größte Gebäude in Europa, bis im sechzehnten Jahrhundert der Petersdom in Rom gebaut wurde. Bestehend aus fünf Kirchenschiffen, einer Vorhalle, mehreren Türmen und den dazugehörenden sonstigen Gebäuden umfasste es ein Gebiet von 10 Hektar Land.

Bei aller Anerkennung der gewaltigen Bauleistungen ist es interessant festzustellen, dass der Einfluss von Cluny schließlich aufgrund der schwindenden Spiritualität versiegte.

Einzelne katholische Gemeinden und Klöster praktizieren zum Teil seit mehreren Jahrhunderten die sogenannte „ewige Anbetung"[22] vor der Gegenwart Jesu in der Eucharistie.

Graf Zinzendorf und die Herrnhuter

Die Reformation des sechzehnten Jahrhunderts brachte der Kirche Europas dringend nötige Reformen, die auch die Schließung von vielen Klöstern, die im geistlichen Sinne gestorben waren, nach sich zogen. Der nächste große Held der 24/7-Gebetsbewegungen betrat erst im achtzehnten Jahrhundert die Bühne der Kirchengeschichte. Sein Name war Nikolaus Ludwig Graf von Zinzendorf.

Zinzendorf wurde im Jahr 1700 als Kind aristokratischer und frommer Eltern geboren. Er war erst sechs Wochen alt, als sein Vater starb. So wurde Nikolaus Ludwig von seiner Großmutter erzogen, die mit seinem Paten, Philipp Spener, befreundet war, einer anerkannten Leitfigur innerhalb des Pietismus[23], wie sie selber auch. Das Privileg, unter solchen Menschen aufzuwachsen, die voller Leidenschaft für Jesus waren, ließ Zinzendorf seine frühe Kindheit als eine Zeit großer Frömmigkeit beschreiben:

„In meinem vierten Lebensjahr begann ich ernsthaft Gott zu suchen und entschied mich, ein wahrer Diener Jesu Christi zu werden."[24]

Ab dem zehnten Lebensjahr wurde Zinzendorf an der pietistischen Schule in Halle unterrichtet, unter dem wachsamen Auge von August Hermann Francke, ebenfalls eine prägende Gestalt des Pietismus. Dort gründete er einen Schulverein, der zeit seines Lebens bestehen bleiben sollte, den „Ehrenwerten Senfkornorden". Nachdem Zinzendorf einige Jahre in Halle verbracht hatte, entschied sein Onkel, ihn nach Wittenberg zu senden. Er fürchtete, dass Zinzendorf zu sehr zu einem Pietisten werden würde. In Wittenberg sollte er Jura studieren, um sich auf ein Leben am Gerichtshof vorzubereiten. Bald schon war der junge Graf in diversen gesellschaftlichen Kreisen in Europa anerkannt. Er behielt die in dieser Zeit entstandenen Kontakte für den Rest seines Lebens, aber die Stellung am Dresdner Gericht und Pläne, in der Zukunft am sächsischen Gerichtshof als Staatsanwalt zu wirken, waren für ihn nicht zufriedenstellend. 1722 erwarb Zinzendorf von seiner Großmutter das Anwesen von Berthelsdorf und setzte in der dortigen lutherischen Kirche einen pietistischen Prediger ein. Im selben Jahr kam er mit dem Prediger Christian David in Kontakt, der den jungen Grafen von den Leiden der verfolgten Protestanten in Mähren überzeugte.[25] Seit dem 17. Jahrhundert litten diese Gläubigen unter den zunehmenden Repressalien des katholischen Königs. Zinzendorf bot ihnen auf seinem Land Asyl an. Christian David kehrte zurück und brachte viele Böhmen und Mähren dazu, auf Zinzendorfs Land umzusiedeln. Dort formte sich die neue Gemeinschaft der Herrnhuter Brüder. Die Gemeinschaft wuchs schnell auf ungefähr dreihundert Menschen an. Wegen Spaltungen und Spannungen innerhalb der jungen Gemeinschaft verzichtete Zinzendorf auf seine Position am Gericht und wurde zum Leiter der Brüder. Er gab der Gemeinschaft auch eine neue Regel des Zusammenlebens.

Eine frische Spiritualität charakterisierte die Gemeinschaft. Männer und Frauen waren verbindlich in Gruppen oder Chöre aufgeteilt, um sich gegenseitig in ihrem Leben mit Gott zu ermutigen. Der August des Jahres 1727 wird als das „Pfingsten der Mähren" angesehen. Zinzendorf sagte, der 13. August war „ein Tag der Ausgießungen des Heiligen Geistes über der Versammlung, es war ihr Pfingsten"[26].

Grundlagen für einen Lebensstil des Gebets / 53

Innerhalb dieser Ausgießung, die zwei Wochen andauerte, entschieden sich vierundzwanzig Männer und vierundzwanzig Frauen dafür, in „Stündlichen Fürbitten" zu beten und so vierundzwanzig Stunden, Tag und Nacht an den Orten zu beten, wo sie sich gerade aufhielten. Sie verpflichteten sich dem Bibelvers aus 3. Mose 6,5: „Und das Feuer auf dem Altar soll auf ihm in Brand gehalten werden, es soll nicht erlöschen."

Die Anzahl derer, die sich diesem Ziel stellten, wuchs schnell an, bis es etwa siebzig aus der ganzen Gemeinschaft waren. Diese Gebetskette sollte nun ohne Unterbrechung für die nächsten hundert Jahre anhalten und wird von vielen als die geistliche Kraft hinter dem Einfluss gesehen, den die Mähren auf dieser Welt hatten. Aus Herrnhut kam ein missionarischer Eifer, der in der gesamten Kirchengeschichte kaum übertroffen wurde. Der zündende Funke dazu entstand bei einer Begegnung Zinzendorfs mit einem Eskimo in Dänemark, der sich durch Lutheraner bekehrt hatte. Der Graf kehrte mit der Leidenschaft nach Herrnhut zurück, die frohe Botschaft unter den Völkern zu verkünden. Das hatte zur Folge, dass viele aus der Gemeinschaft der Brüder in die Welt hinausgingen, um das Evangelium zu predigen. Einige verkauften sich sogar selbst in die Sklaverei, um auf diese Weise dem Missionsbefehl gehorsam sein zu können.

Bis zum Jahre 1776 waren 226 Missionare aus der Gemeinschaft in Herrnhut ausgesandt worden. Der Einfluss dieser kleinen Glaubensgemeinschaft in Sachsen, die sich selbst verpflichtet sah, Tag und Nacht das Angesicht des Herrn zu suchen, ist wahrhaftig kaum zu messen. So kam zum Beispiel auch John Wesley[27] durch die missionsbewussten Herrnhuter zum Glauben.

24-Stunden-Gebet im 20. Jahrhundert

1973 richtete David Yonggi Cho, Pastor der Yoido Full Gospel Church[28] in Seoul, Südkorea, einen Gebetsberg ein, auf dem Tag und Nacht gebetet werden sollte.

Der Gebetsberg zog schnell über eine Million Besucher im Jahr an, denn viele Christen wollten sich zu längeren Gebetszeiten in die Gebetszellen zurückziehen, die auf dem Berg eingerichtet worden waren. Pastor Cho hatte sich dem kontinuierlichen Gebet verpflichtet, dem Glauben und der Vorgehensweise, in seiner Gemeinde kleine Jüngerschaftszellgruppen aufzubauen. Man kann davon ausgehen, dass Gebet einer der Gründe dafür ist, dass Chos Gemeinde schnell zur größten Kirchengemeinde der Welt anwuchs, zu der mittlerweile über 780.000 Mitglieder gehören.

Am 19. September 1999 begann Mike Bickle mit kontinuierlichem Gebet im „International House of Prayer" (IHOP) in Kansas City[29]. Seit damals findet dort ein Gebets- und Anbetungstreffen statt, vierundzwanzig Stunden täglich, Tag und Nacht. In Kansas City sind mittlerweile viele hundert vollzeitliche Beter und Musiker daran beteiligt, die Vision des kontinuierlichen Gebets zu leben. Das IHOP ist für viele Gebetshäuser weltweit zu einem Vorbild geworden.

In den letzten Jahren pflanzte Gott an vielen Orten auf der ganzen Welt das Verlangen nach ununterbrochenem Gebet in die Herzen vieler Leiter und in unterschiedliche Dienste und Kirchen hinein. Dies führte dazu, dass es mittlerweile auf jedem Kontinent der Erde Gebetshäuser und Gebetsberge gibt. Aktuell findet eine geradezu explosionsartige Vermehrung von Gebetshäusern statt.

Gebetshäuser heute

Nicht nur die Entwicklungen, die durch „The Call2All" angestoßen wurden, belegen, dass es ganz offenbar eine Entwicklung gibt, die von Gott selbst initiiert wurde und die zum Ziel hat, dass weltweit Häuser des Gebets entstehen. Auch unabhängig davon bilden sich an vielen Orten Initiativen, die zur Gründung von Gebetshäusern führen wollen – und sie entstehen in allen Denominationen. Ich bin erstaunt über das, was der Herr tut, und freue mich sehr darüber.

Diese Dienste sind oft geprägt von einem starken Geist der Einheit. Das Ziel ist bei allen gleich: Die Menschen wollen Gott dienen und zu ihm flehen, dass er eine geistliche Erweckung und seine Gegenwart schenkt. Anbetung und Gebet, Einheit und Mission gehören in einem solchen Dienst untrennbar zusammen. Im Laufe der Jahre, in denen ich dieses Buch schrieb, hat sich die Entwicklung unglaublich beschleunigt: Quer durch unser Land haben Menschen den Wunsch, Gebetshäuser zu gründen. Es ist eine herrliche Entwicklung, die unser Land segnen wird.

Gott hat schon immer vorgesehen, dass nicht nur sein erwähltes Volk Israel, sondern auch die konvertierten Heiden ihm im Gebet dienen:

> „Und die Söhne der Fremde, die sich dem Herrn angeschlossen haben, um ihm zu dienen und den Namen des Herrn zu lieben, ihm zu Knechten zu sein, … die werde ich zu meinem heiligen Berg bringen und sie erfreuen in meinem Bethaus … Denn mein Haus wird ein Bethaus genannt werden für alle Völker" (aus Jes. 56,6–7).

> „So spricht der Herr der Heerscharen: Noch werden Völker und Bewohner vieler Städte kommen; und die Bewohner der einen werden zur anderen gehen und sagen: Lasst uns doch hingehen, den Herrn um Gnade anzuflehen und den Herrn der Heerscharen zu suchen! Auch ich will gehen! Und viele Völker und mächtige Nationen werden kommen, um den Herrn der Heerscharen in Jerusalem zu suchen und den Herrn anzuflehen" (Sach. 8,20–22).

Wie in den Aussagen aus Am. 9 und Apg. 15 ist auch in den oben aufgeführten Versen die Verheißung enthalten, dass Menschen „aus den Nationen" oder „die Söhne der Fremde" ebenfalls von Gott eingeladen sind, ihn zu lieben und ihm zu dienen.

Um das theologische Fundament für die Bewegung der Gebetshäuser nochmals ein wenig zu verbreitern, möchte ich anschließend einige Schlüsselverse aufführen, die zur Grundlage für solche Dienste gehören:

> „Auf deine Mauern, Jerusalem, habe ich Wächter bestellt. Den ganzen Tag und die ganze Nacht werden sie keinen Augenblick

schweigen. Ihr, die ihr den Herrn erinnert, gönnt euch keine Ruhe und lasst ihm keine Ruhe, bis er Jerusalem wieder aufrichtet und bis er es zum Lobpreis macht auf Erden!" (Jes. 62,6–7).

„Aber über das Haus David und über die Bewohnerschaft von Jerusalem gieße ich den Geist der Gnade und des Flehens aus" (Sach. 12,10a).

In den obigen beiden Versen wird von „Jerusalem" und der „Bewohnerschaft Jerusalems" gesprochen. Und dabei geht es natürlich wieder in erster Linie um das tatsächliche, irdische Jerusalem. Darf man diese Verse dann überhaupt verallgemeinern und auf andere Orte übertragen? Ich glaube, ja, unter einem bestimmten Blickwinkel: In Hebr. 12,22 wird zum Beispiel vom „himmlischen Jerusalem" gesprochen, zu dem wir als Gläubige gekommen sind.

„... sondern ihr seid gekommen zum Berg Zion und zur Stadt des lebendigen Gottes, dem himmlischen Jerusalem; und zu Myriaden von Engeln, einer Festversammlung" (Hebr. 12,22).

So gesehen gehören auch wir zu den „Bewohnern Jerusalems". Zum anderen decken sich diese Verse mit der Gesamtaussage der Heiligen Schrift zum Thema Gebet:

„Und er spricht zu ihnen: Es steht geschrieben: ‚Mein Haus wird ein Bethaus genannt werden'" (Mt. 21,13a).

Wie schon erwähnt, bringt der Vers aus Offenbarung 5 die beiden sich ergänzenden und zueinander gehörenden Möglichkeiten unserer Hinwendung an Gott – Anbetung und Fürbitte – zusammen. Darin ist für jedes Gebetshaus ein Schlüssel zu finden.

Mike Bickle hat die Synergie zwischen Anbetung und Gebet erkannt, die heute in vielen Gebetshäusern weltweit dazu beiträgt, dass das Gebet nicht einschläft, weil die Beter müde werden.

„Und als es das Buch nahm, fielen die vier lebendigen Wesen und die vierundzwanzig Ältesten nieder vor dem Lamm, und sie hatten ein jeder eine Harfe und goldene Schalen voller Räucherwerk; das sind die Gebete der Heiligen" (Offb. 5,8).

Anmerkungen

1 siehe *International Standard Bible Encyclopedia* (1915)

2 Billy Humphrey: *Until He Comes. Understanding the End-Time Prayer Movement*, Forerunner Books 2010.

3 http://www.ihop-atlanta.com/

4 Mehrzahl i.S.v. Ps. 119,75; Jes. 26,9; Hes. 14,21 oder Röm. 11,33

5 vgl. Mike Bickle http://ihop.org/Articles/10000045365/International_House_of/About_Us/A_Brief_History.aspx (übersetzt, überarbeitet u. ergänzt durch den Autor)

6 „Zur Zeit Davids waren die Leviten über den ‚Dienst des Gesangs' gesetzt und andere waren Türhüter. Einige waren Sänger und wieder andere spielten verschiedene Instrumente (1. Chr. 6,16; 15,16). Die Leviten sind ein Vorbild auf die Christen, die erlöst, gereinigt und geheiligt sind für den Dienst des Herrn und die auf der Erde kein Erbteil haben." (Aus: *Leviten* - Bibel-Lexikon auf www.bibelkommentare.de)

7 immerwährender Lobgesang

8 Die Benediktinerregel (lat.: Regula Benedicti/RB), ist eine von Benedikt von Nursia im 6. Jahrhundert verfasste Mönchsregel; seit dem Mittelalter ist sie die Grundlage des Benediktinerordens (Ordo Sancti Benedicti).

9 Wachen

10 Die Augustinusregel geht auf den Kirchenvater Augustinus von Hippo zurück.

11 „Mappa Mundi"

12 Der heilige Patrick von Irland (* Ende 4./Anfang 5. Jh.; † März 461 oder 493 im County Down, Irland) war ein christlicher Missionar und wird in Irland als Nationalheiliger verehrt.

13 CHAPTER XCVIII of „The Project Gutenberg eBook, The Most Ancient Lives of Saint Patrick, by Various, Edited by James O'Leary": http://infomotions.com/etexts/gutenberg/dirs/1/8/4/8/18482/18482.htm

14 http://en.wikisource.org/wiki/Author:Jocelin

15 http://en.wikipedia.org/wiki/Comgall

16 http://www.westchurchbangor.org.uk/magazine/articles/beannchor.php

17 mittelalterliche Dreizeiler; walisisch: *Trioedd Ynys Prydein*, „Die Triaden der Insel Britannien" (John. T. Koch: *Celtic Culture: A Historical Encyclopedia*, Band 1, S. 166).

18 Hamilton, Rector of Bangor Abbey / http://en.wikipedia.org/wiki/Bangor,_County_Down#cite_note-11

19 http://en.wikipedia.org/wiki/Bangor, County Down

20 Das Antiphonale von Bangor enthält sechs Cantica, zwölf metrische Hymnen, 69 Gesänge für das Stundengebet, Gesänge für besondere Anlässe, siebzig Choräle und Versikel, das Glaubensbekenntnis; das Vaterunser. Berühmtester Bestandteil ist das Kirchenlied „Sancti venite Christi corpus sumite". Dieses Lied findet sich nirgends sonst. Es wurde zur Kommunion des Klerus gesungen. (übersetzt aus http://www.helium.com/items/1685537-antiphonary-of-bangor?page=2)

21 aufgeschrieben von Bernhard von Cluny zwischen 1039 und 1048 im „Ordo Cluniacensis"

22 Die ewige Anbetung wird in Hunderten von katholischen Klöstern und Kirchen praktiziert. Grundlage dafür ist der Glaube an die tatsächliche substanzielle Gegenwart Jesu Christi bei der Eucharistiefeier.

23 Der Pietismus ist nach der Reformation die wichtigste Reformbewegung im kontinentaleuropäischen Protestantismus. Er war eine Bewegung innerhalb der evangelisch-lutherischen Kirche mit Schwerpunkten in Halle an der Saale und Württemberg, die die persönliche Frömmigkeit betonte und sich in Privathäusern versammelte. Aus den Franckeschen Stiftungen in Halle gingen u. a. die Cansteinsche Bibelanstalt (die erste Bibelgesellschaft der Welt) und die Dänisch-Hallesche Mission (die erste lutherische Missionsgesellschaft) hervor. Theologisch verwandt ist die Herrnhuter Brüdergemeine um Nikolaus Graf von Zinzendorf. (de.wikipedia.org/wiki/Pietismus und de.wikisource.org/wiki/Pietismus)

24 Janet & Geoff Benge: *Graf Zinzendorf – was tust du für mich?*, King's Kids Productions.

25 Mähren liegt im Osten der heutigen Tschechischen Republik, ab dem 11. Jahrhundert bildete es eine politische Einheit mit dem benachbarten Böhmen.

26 http://www.jesus-lebt.ch/z_august.htm

27 John Wesley *1703; †1791, englischer Erweckungsprediger und einer der Begründer der methodistischen Bewegung.

28 http://english.fgtv.com

29 http://www.ihop.org

Die Hütte Davids

Die Wiederherstellung der Hütte Davids – Einleitung

Immer wieder werden die Verse aus Amos 9,1 und aus Apostelgeschichte 15 als Grundlage für Gebetshäuser herangezogen. Wie aber sah dieses alttestamentliche Beispiel für den Dienst der ununterbrochenen Verehrung Gottes eigentlich aus? Was geschah in der Hütte Davids und welche der biblischen Aussagen zur Hütte Davids haben für uns in unserer Zeit und Kultur Relevanz? Was können wir von den Geschehnissen aus der damaligen Zeit lernen?

Im vorliegenden Kapitel werden wir uns mit diesen Fragen beschäftigen. Es war mir wichtig, bei der Betrachtung der biblischen Texte zum Thema möglichst genau hinzuschauen und möglichst wenig zu spekulieren. Auch aus diesem Grunde werde ich vielfach die Aussagen der Bibel zitieren. Ich hoffe, dass dies für dich als Leser nicht langweilig, sondern ebenso spannend wird, wie es für mich war. Du wirst Dinge entdecken, von denen du vielleicht noch nie oder bisher kaum etwas gehört hast!

Wie ich einführend erwähnte, hat die Hütte Davids in diesem Buch eine doppelte Bedeutung. Einerseits dient sie uns als Modell für ein Gebetshaus, andererseits gibt es da die prophetische Komponente: Gott möchte die „Hütte Davids" wiederherstellen.

Immer wieder werden wir im Zusammenhang mit der Hütte Davids auf die „Ordnungen Davids" stoßen, die David für den Dienst in der Hütte Davids festgelegt hat. Dem Volk Gottes ging es – wie bereits erwähnt – interessanterweise immer dann geistlich und politisch gut, wenn es sich an die Ordnungen Davids hielt.

Zu unserer neutestamentarischen Berufung als königliche Priesterschaft und zu unserer ewigen Zukunft in Gottes Gegenwart gehört Anbetung untrennbar dazu – und Anbetung, das Lob Gottes, war das markante Kennzeichen der Ordnungen Davids.

> „Ihr aber seid ein auserwähltes Geschlecht, ein königliches Priestertum" (1. Pt. 2,9).

> „… und uns gemacht hat zu einem Königtum, zu Priestern seinem Gott und Vater: Ihm sei die Herrlichkeit und die Macht von Ewigkeit zu Ewigkeit! Amen" (Offb. 1,6).

Bevor wir nun in die Welt der Hütte Davids eintauchen, möchte ich noch einige klärende Worte schreiben. Wenn wir nämlich von der „Hütte" oder dem „Zelt" Davids sprechen, müssen wir verstehen, was Gottes Absichten hinter den folgenden Versen aus Amos 9 und Apostelgeschichte 15 sind, und wie wir diese auslegen dürfen.

„Hütte" oder „Zelt" – die Verbindung der erwähnten Bibelstellen zueinander

In den alttestamentarischen Texten aus Amos 9,11 und in den Aussagen über das zur Zeit vor der Errichtung des ersten Tempels existierende Zelt Davids im 1. Buch der Chronik (besonders 1. Chr. 15,1 und 1. Chr. 16.1) wird in der Septuaginta[1] immer das griechische Wort σκηνην (skänän) gebraucht, welches mit „Zelt" übersetzt wird.

Im Neuen Testament verwendet Lukas in seinem Bericht über das Apostelkonzil (Apg. 15ff) ebenfalls die Septuaginta, als er Amos' Worte in der Rede des Jakobus zitiert. Überhaupt wird im NT beim Zitieren des AT gerne auf die Septuaginta zurückgegriffen.

Die Begriffe „Hütte" und „Zelt" im hebräischen masoretischen[2] Text wurden von den Übersetzern, die den hebräischen Text ins Griechische übertrugen, gleichgestellt. Neben anderem weist auch diese Gleichstellung der Begriffe auf eine direkte Beziehung der Verse zueinander hin. Um keine Verwirrung wegen der beiden Begriffe „Zelt" und „Hütte" zu stiften, wird in diesem Buch wegen der fast durchgehend zu Wort kommenden Revidierten Elberfelder Übersetzung das Wort „Hütte" verwendet, obwohl „Zelt" ebenso korrekt wäre. Die Elberfelder Übersetzung merkt in Vers 16 von Apg. 15 dies sogar explizit an.[3]

Zur Bedeutung der Verse aus dem Propheten Amos und der Apostelgeschichte lässt sich Folgendes festhalten:

1. Die „Wiederherstellung der Hütte Davids" umfasst in erster Linie die Wiederherstellung von Davids Reich. In der Heiligen Schrift wird die Verbindung zwischen David und dem Messias sehr deutlich, sowohl im Alten als auch im Neuen Testament. In manchen prophetischen Büchern wird David geradezu als „Prototyp" und als Bild für den kommenden Messias beschrieben (Hes. 34,23–24; 37,24–25 und Jer. 30,9). Deutlich wird dies auch in den folgenden Versen:

> „Siehe, Tage kommen, spricht der Herr, da werde ich dem David einen gerechten Spross erwecken. Der wird als König regieren und verständig handeln und Recht und Gerechtigkeit im Land üben" (Jer. 23,5).

> „Groß ist die Herrschaft, und der Friede wird kein Ende haben auf dem Thron Davids und über seinem Königreich, es zu festigen und zu stützen durch Recht und Gerechtigkeit von nun an bis in Ewigkeit" (Jes. 9,6).

> „Der Herr hat David einen Treueid geschworen, er wird nicht davon abweichen: ‚Von der Frucht deines Leibes will ich auf deinen Thron setzen'" (Ps. 132,11).

> „Und siehe, du wirst schwanger werden und einen Sohn gebären, und du sollst seinen Namen Jesus nennen. Dieser wird

groß sein und Sohn des Höchsten genannt werden; und der Herr, Gott, wird ihm den Thron seines Vaters David geben" (Lk. 1,31–32).

Dem jüdischen Volk war diese Verbindung völlig klar, und so ist es nicht verwunderlich, dass Jesus immer wieder als „Sohn Davids" angesprochen oder dass ein direkter Bezug zwischen ihm als Messias und dem ewigen König auf Davids Thron hergestellt wurde:

> „Gepriesen sei, der da kommt im Namen des Herrn! Gepriesen sei das kommende Reich unseres Vaters David!" (Mk. 11,9b–10).
>
> „Und es erstaunten die ganzen Volksmengen und sagten: Dieser ist doch nicht etwa der Sohn Davids?" (Mt. 12,23).
>
> „Die Volksmengen aber, die vor ihm hergingen und nachfolgten, riefen und sprachen: Hosanna dem Sohn Davids! Gepriesen sei, der da kommt im Namen des Herrn!" (Mt. 21,9).
>
> „Was haltet ihr von dem Christus? Wessen Sohn ist er? Sie sagen zu ihm: Davids" (Mt. 22,42).

Die Bedeutung des „Reiches Davids" in diesem Buch erklären zu wollen, wäre ein zu umfangreiches Unterfangen und würde den Rahmen dessen sprengen, was ich vermitteln möchte. So viel nur sei gesagt: David war ein „Mann nach Gottes Herzen", der eine leidenschaftliche Beziehung zu Gott hatte. Er war ein großer König und die Verherrlichung des einzig wahren Gottes war ihm ein zentrales Anliegen. Heute und in Ewigkeit sitzt ebenfalls ein „Mann nach Gottes Herzen" auf dem Thron: sein Sohn Jesus Christus, dessen Herrschaftsbereich die gesamte Schöpfung umfasst. Ein König, der sein Volk erlöst hat und für immer in Gerechtigkeit und Frieden regiert. Ein König, der uns zu Söhnen und Töchtern gemacht hat, damit wir ewig mit Gott leben und ihn anbeten können. Alles wird einmal ein Ende nehmen – die Liebesbeziehung zu Gott und die Anbetung werden ewig bleiben.

Interessant ist das Bild des Zeltes oder der Hütte auch in Bezug auf Davids Glauben, der uns ja ein Vorbild ist. So wie ein Zelt, eine Hütte etwas Schlichtes, Einfaches darstellt, war auch Davids Beziehung zu Gott eine schlichte, denn sie gründete sich auf Vertrauen.

In der Hütte Davids war Anbetung der vorrangige Dienst an Gott – und Gott hatte großes Wohlgefallen daran. Stimmen hingegen Leben und Gottesdienst nicht überein, wird der Gottesdienst für Gott zu etwas, was er ablehnt – wie wir später noch sehen werden. Aber die Kombination eines hingegebenen Lebens, einer vertrauensvollen Beziehung zu Gott und Anbetung ist für Gott ein Wohlgeruch – und diese Attribute finden sich bei David, dem Stifter der Hütte Davids.

2. Wenn die Wiederherstellung von Davids Reich durch Jesus Gottes Plan ist, dann beinhaltet diese Absicht auch die Wiederherstellung und Betonung der Anbetung Gottes, denn diese war einer der Schwerpunkte, die König David während seiner Regentschaft umgesetzt und persönlich gelebt hat. Ich konzentriere mich im Folgenden, unter Berücksichtigung der Erstbedeutung und in Ehrfurcht dem Wort Gottes gegenüber, auf diesen zweiten Punkt, der prophetisch zu sehen ist. Gottes Impuls, den ich Ende der 90er-Jahre empfangen habe, zielt auf die Wiederherstellung und Betonung der Anbetung ab und wird ergänzt durch die Dringlichkeit des Gebets, die wir durch die ganze Bibel hindurch immer wieder spüren.

Zusammenfassend möchte ich sagen, dass die Verse aus Amos 9 und Apostelgeschichte 15 allein und für sich gestellt keine ausreichende theologische Grundlage für ein Haus des Gebets bieten können. Ihre Aussagen deuten aber klar darauf hin, dass Anbetung und Gebet zu den Merkmalen des Reiches Davids gehören, die Gott wiederherstellen will, und dass dies in Jesus Christus seine völlige Erfüllung finden wird. Die Errichtung von 24-Stunden-Gebetshäusern steht nicht auf einem wackeligen theologischen Grundgerüst, sondern fußt breit und stabil auf zentralen Aussagen Gottes, die wir in der ganzen Bibel bestätigt finden. Jedem Leser, der sich ein bisschen mit dem Thema Gebet befasst hat, fallen sicher spontan einige Verse aus der Bibel ein, die uns zum Gebet aufrufen. Einige davon werden uns auf den folgenden Seiten begegnen. Wenn wir nun in dieser Studie die Hütte Davids eingehender betrachten, tun wir dies, um Gottes prophetisches Reden zu hören und um von einem Modell zu lernen, welches Gott liebte und das uns in vielen Punkten ein ausgezeichnetes Vorbild sein kann.

Der Zustand des Volkes Israel zur Zeit der Amos-Prophetie

In den prophetischen Worten des Amos über den Zustand von Gottes Volk finden sich Punkte wieder, die mir damals bei der Wetterschutzhütte ebenfalls ins Bewusstsein gekommen sind. Unsere Ausgangssituation ähnelt der in Amos' Zeiten. Das Volk Israel war in Unmoral, Götzendienst und Abkehr von Gott gefallen. Ihre Anbetung geschah nicht mehr in angemessener Art und Weise. Die Anbetung war unrein, zum Beispiel durch götzendienstlichen Einfluss. Es herrschten König Usija in Juda und König Jerobeam in Israel. Als der Prophet Amos davon sprach, dass die Hütte Davids so wie in alten Tagen wiederhergestellt werden solle, sprach er von einem geistlichen Erwachen, einer Erweckung, einer Wiederherstellung der Gott wohlgefälligen Anbetung, wie David sie eingesetzt hatte. Er sprach von einer Zeit, zu der eine heilige Nation, ein königliches Priestertum und ein erkauftes Volk die Gegenwart Gottes suchen würde, um ihm zu dienen (siehe 1. Pt. 2,9). Gott machte das Volk Israel immer wieder auf seinen defizitären Zustand aufmerksam und ließ es wissen, was er von ihrem Verhalten hielt:

> „Ich hasse, ich verwerfe eure Feste, und eure Festversammlungen kann ich nicht mehr riechen: Denn wenn ihr mir Brandopfer opfert, missfallen sie mir, und an euren Speisopfern habe ich kein Gefallen, und das Heilsopfer von eurem Mastvieh will ich nicht ansehen. Halte den Lärm deiner Lieder von mir fern! Und das Spiel deiner Harfen will ich nicht hören. Aber Recht ergieße sich wie Wasser und Gerechtigkeit wie ein immer fließender Bach" (Am. 5,21–24).

Gott wollte und will eben keine schönen Gottesdienste, wenn sein Volk kein gerechtes Leben im Alltag führt (siehe auch Mi. 6,8). Ein weiterer Hinweis auf Gottes Missfallen findet sich in Amos 6,3–7:

> „... ihr, die ihr den Tag des Unglücks hinausschiebt und die Herrschaft der Gewalt herbeiführt. Sie liegen auf Elfenbeinlagern und räkeln sich auf ihren Ruhebetten. Sie essen Fettschafe von der Herde und Kälber aus dem Maststall. Sie faseln zum Klang der Harfe, denken sich wie David Musikinstrumente aus. Sie trinken Wein aus Schalen und salben sich mit den besten Ölen, aber über den Zusammenbruch Josephs sind sie nicht bekümmert. Darum ziehen sie jetzt gefangen an der Spitze der Weggeführten fort, und vorbei ist es mit dem Gejohle der sich Räkelnden."

Was auffällt: Amos ist ganz offenbar über die davidische Tradition bezüglich Lobpreis informiert, sie ist in seinen Gedanken gegenwärtig, als er prophezeit (Vers 5).

In Amos' Prophetie über die Wiederherstellung der Hütte Davids wird der von Gott gewollte zukünftige Zustand bezüglich Anbetung und Gottesdienst deutlich:

> „An jenem Tag richte ich die verfallene Hütte Davids auf, ihre Risse vermauere ich und ihre Trümmer richte ich auf, und ich baue sie wie in den Tagen der Vorzeit, damit sie den Überrest Edoms und all die Nationen in Besitz nehmen, über denen mein Name ausgerufen war, spricht der Herr, der dies tut" (Am. 9,11–12).

Die Geschichte der Hütte Davids

Um Amos' Prophetie verstehen zu können, müssen wir uns ansehen, wie die ursprüngliche Hütte Davids entstand, was dort geschah und was dies für unsere heutige Zeit bedeutet. Alles fing mit der Bundeslade an.

Durch eine militärische Niederlage war sie in die Hand der Philister gefallen. Das Volk dachte, dass sie Gottes Gegenwart im

Kampf und damit einen militärischen Sieg erzwingen konnten, wenn sie einfach die Bundeslade als Zeichen seiner manifesten Gegenwart mit in den Kampf nehmen würden. Aber ihr Verständnis war falsch. Gott lässt sich nicht wie ein Glücksbringer einspannen:

> „Und als das Volk ins Lager zurückkam, sagten die Ältesten von Israel: Warum hat uns der Herr heute vor den Philistern geschlagen? Lasst uns von Silo die Lade des Bundes des Herrn zu uns holen, dass er in unsere Mitte komme und uns aus der Hand unserer Feinde rette! Da sandte das Volk nach Silo. Und man brachte von dort die Lade des Bundes des Herrn der Heerscharen, der über den Cherubim thront" (1. Sam. 4,3–4a).

> „Da kämpften die Philister, und Israel wurde geschlagen, sodass sie flohen, jeder in sein Zelt. Und die Niederlage war sehr groß, und es fielen von Israel 30 000 Mann zu Fuß. Und die Lade Gottes wurde weggenommen …" (1. Sam. 4,10–11a).

David bringt die Bundeslade in die neue Hauptstadt

Die Philister brachten die Bundeslade in den Tempel ihres Gottes Dagon. Dort zeigte sich, dass die Macht Gottes noch immer mit der Bundeslade verbunden war, denn nachts wurde das Standbild Dagons zerstört und Plagen kamen über das Land. Bald wollten die Philister die Lade wieder loswerden. Schließlich stellten sie sie auf einen von Kühen gezogenen Wagen und überließen es den Zugtieren, wohin sie die Lade bringen würden (1. Sam. 6). Von den Tieren wurde der Wagen in Richtung Israel gezogen, wo die Leute von Bet-Schemesch gerade bei der Ernte waren. Die Bethsemiten begingen den Fehler, mit der Lade Gottes nicht in angemessener Ehrfurcht umzugehen, und so starben viele Menschen. Dadurch wurde den Israeliten neu bewusst, mit welcher Heiligkeit sie es zu tun hatten:

> „Und er schlug die Leute von Bet-Schemesch, weil sie sich die Lade des Herrn angeschaut hatten, und schlug im Volk siebzig Mann. Da trauerte das Volk, weil der Herr das Volk so schwer geschlagen hatte. Und die Leute von Bet-Schemesch sagten: Wer vermag vor dem Herrn, diesem heiligen Gott, zu bestehen?" (1. Sam. 6,19–20a).

Nun wollten auch die Menschen von Bet-Schemesch, dass die Lade Gottes wieder aus ihrem Gebiet entfernt würde, weil sie mit ihrer Heiligkeit nicht umzugehen wussten.

> „Und sie sandten Boten zu den Bewohnern von Kirjat-Jearim und sagten: Die Philister haben die Lade des Herrn zurückgebracht. Kommt herab, holt sie zu euch hinauf! Und die Männer von Kirjat-Jearim kamen und holten die Lade des Herrn hinauf, und sie brachten sie in das Haus Abinadabs auf dem Hügel" (1. Sam. 6,21–7,1a).

David hörte, dass die Bundeslade wieder in Israel war, und beriet sich mit den Leitern des Volkes, ob man sie in die neue Hauptstadt Jerusalem bringen könne. Er hatte ein brennendes Verlangen, die Lade Gottes als Zeichen von Gottes Gegenwart bei sich zu haben. Im Unterschied zu den Ältesten und dem Volk, die in 1. Sam. 4 den falschen Rat gegeben hatten, die Bundeslade mit in den Kampf gegen die Philister zu nehmen, war David ein „Mann nach dem Herzen Gottes" – und darauf kommt es Gott immer an.

Übertragen auf uns heute heißt dies, dass religiöse Übung in sich selbst kein Leben trägt. Jesus spricht genau dies an, wenn er über die falsche Art zu beten spricht und damit klar macht, dass es nicht auf möglichst viele Worte ankommt:

> „Und wenn ihr betet, sollt ihr nicht plappern wie die Heiden; denn sie meinen, sie werden erhört um ihrer vielen Worte willen" (Mt. 6,7, Schlachter 2000).

Zurück zu David und seiner Absicht, die Lade Gottes in die neue Hauptstadt zu bringen:

> „Und David beriet sich mit den Obersten über Tausend und über Hundert, mit allen Fürsten. Und David sagte zur ganzen Versammlung Israels: Wenn es euch gut erscheint und wenn es von dem Herrn, unserem Gott, ist, dann lasst uns überallhin senden zu unseren übrigen Brüdern in allen Landen Israels und außerdem zu den Priestern und zu den Leviten in den Städten und ihren Weidegebieten, dass sie sich bei uns

versammeln. Und wir wollen die Lade unseres Gottes zu uns herüberholen; denn in den Tagen Sauls haben wir sie nicht aufgesucht. Und die ganze Versammlung sagte, dass man es so tun solle. Denn die Sache war recht in den Augen des ganzen Volkes. Und David versammelte ganz Israel, vom Schihor Ägyptens bis nach Hamat hin, um die Lade Gottes von Kirjat-Jearim zu holen. Und David und ganz Israel zogen hinauf nach Baala, nach Kirjat-Jearim, das zu Juda gehört, um von dort die Lade Gottes, des Herrn, heraufzuholen, der über den Cherubim thront, dessen Name dort ausgerufen worden ist. Und sie fuhren die Lade Gottes auf einem neuen Wagen aus dem Haus Abinadabs weg; und Usa und Achjo lenkten den Wagen. Und David und ganz Israel tanzten vor Gott mit aller Kraft: mit Liedern und mit Zithern und mit Harfen und mit Tamburinen und mit Zimbeln und mit Trompeten" (1. Chr. 13,1–8).

Erstaunlich ist, dass David schon damals um die Verbindung von Lobpreis und Gottes Gegenwart wusste und die Bundeslade schon während ihres Transportes mit Tanz und Musik ehrte. Nicht alles verstand David sofort, aber wie wir beispielsweise in Psalm 22,4 lesen können, war ihm dieses bereits klar: „Doch du bist heilig, der du wohnst unter den Lobgesängen Israels."

Die Bundeslade war für das Volk Israel sehr wichtig. Über ihr zeigte sich die Gegenwart Gottes in Form einer Wolke. Ohne Gottes Gegenwart war Israel schutz- und orientierungslos. Aus diesem Grund setzte David alles daran, die Bundeslade nach Jerusalem zu holen. Er regierte von Jerusalem über sein Königreich, und deshalb war es ihm besonders wichtig, Gottes Gegenwart in seiner Nähe zu haben. Die Bundeslade

1. stellte die Fülle der Gottheit leibhaftig dar,
2. sie zeigte die Herrlichkeit Gottes,
3. sie stand für die offenbare, sich manifestierende Gegenwart Gottes unter seinem Volk,
4. sie war der Thron Gottes auf Erden.

Auch im Verlauf der Kirchengeschichte gab es immer wieder Aufbrüche und Bewegungen von Menschen, die sich danach sehnten, Gottes Gegenwart zu erleben. Es hat jedoch keinen Sinn, alte Erfahrungen zu kopieren; einzig die aufrichtige Suche nach Gott kann Veränderung bringen. Der naheliegendste Weg scheint also der zu sein, wie David für die Bundeslade einen „neuen Wagen zu bauen" – einen neuen Dienst zu beginnen, um die Gegenwart Gottes in unsere Städte zu bringen. Wir testen neue Formen des Gottesdienstes, feiern mit viel Lobpreis und freuen uns darüber, dass ein Aufbruch geschieht. Plötzlich aber geht etwas schief – wie bei David –, und wir sind perplex. Zwar segnet Gott die beteiligten Menschen oft – aber nicht unbedingt wegen des „neuen Wagens", sondern wegen ihres aufrichtigen Suchens. Auch wer sehr nach ihr verlangt, muss der Gegenwart Gottes in angemessener Art und Weise begegnen.

Sehen wir uns an, welcher Fehler damals begangen wurde:

> „Und sie fuhren die Lade Gottes auf einem neuen Wagen aus dem Haus Abinadabs weg; und Usa und Achjo lenkten den Wagen. Und David und ganz Israel tanzten vor Gott mit aller Kraft: mit Liedern und mit Zithern und mit Harfen und mit Tamburinen und mit Zimbeln und mit Trompeten. Und als sie zur Tenne des Kidon kamen, da streckte Usa seine Hand aus, um die Lade festzuhalten, denn die Rinder hatten sich losgerissen. Da entbrannte der Zorn des Herrn gegen Usa, und er schlug ihn, weil er seine Hand nach der Lade ausgestreckt hatte; und er starb dort vor Gott" (1. Chr. 13,7–10).

David ließ einen neuen Wagen bauen, auf dem er die Bundeslade transportieren wollte. Dabei bedachte er nicht, dass Gott sehr klare Anweisungen für den Transport der Bundeslade gegeben hatte. Usa musste sterben, weil David und seine Männer sich nicht an die Anweisungen Gottes gehalten hatten.

Aus den folgenden Versen können wir entnehmen, dass David klar wurde, worin der Fehler bestanden hatte, und dass es sehr wohl Regeln für einen angemessenen Umgang mit der Bundeslade gab:

„Damals sagte David: Die Lade Gottes soll niemand tragen außer den Leviten; denn sie hat der Herr erwählt, die Lade des Herrn zu tragen und seinen Dienst zu verrichten auf ewig" (1. Chr. 15,1–2).

Den Priestern und Leviten gab er sehr genaue Anweisungen. Und wieder spielte Lobpreis und Anbetung eine wichtige Rolle!

„Und David berief die Priester Zadok und Abjatar und die Leviten Uriël, Asaja und Joel, Schemaja und Eliël und Amminadab und sagte zu ihnen: Ihr seid die Familienoberhäupter der Leviten. Heiligt euch, ihr und eure Brüder, und bringt die Lade des Herrn, des Gottes Israels, hinauf an die Stätte, die ich für sie hergerichtet habe! Denn weil beim ersten Mal nicht ihr es getan habt, machte der Herr, unser Gott, einen Riss unter uns, weil wir ihn nicht nach der Vorschrift gesucht haben. Da heiligten sich die Priester und die Leviten, um die Lade des Herrn, des Gottes Israels, heraufzubringen. Und die Söhne der Leviten trugen die Lade Gottes auf ihren Schultern, wobei die Tragstangen auf ihnen lagen, wie Mose es geboten hatte nach dem Wort des Herrn. Und David befahl den Obersten der Leviten, ihre Brüder, die Sänger, zu bestellen, mit Musikinstrumenten, Harfen und Zithern und Zimbeln, damit sie laut musizierten, indem sie die Stimme erhoben mit Freude" (1. Chr. 15,11–16).

David hatte nach dem ersten Fehler – die Lade war nach den Geschehnissen um Usa drei Monate im Hause Obed-Edoms gelagert worden – offensichtlich in den Schriften geforscht (4. Mo. 4–7).

Nachdem er verstanden hatte, wie die Bundeslade zu transportieren war, konnte David sie endlich an den Ort bringen, den er eigens für sie vorbereitet hatte:

„Und David machte sich Häuser in der Stadt Davids, und er richtete eine Stätte für die Lade Gottes her und schlug ein Zelt für sie auf" (1. Chr. 15,1).

„Und sie brachten die Lade Gottes hinein und stellten sie in die Mitte des Zeltes, das David für sie aufgeschlagen hatte. Und sie brachten Brandopfer und Heilsopfer dar vor Gott" (1. Chr. 16,1).

Die Hütte Davids / 71

David baut eine neue Wohnung für Gott

Kommen wir zu der wichtigen Frage, warum David eigentlich eine neue Wohnung für die Bundeslade bauen wollte. Es gab doch bereits das Zelt des Mose – wir kennen es auch als „Zelt der Begegnung" – was sollte also ein neues Zelt? Als das Volk Israel nach Kanaan kam, wurde das Zelt der Begegnung in Siloh aufgebaut, ungefähr fünfzig Kilometer von Jerusalem entfernt. Dort stand es etwa dreihundert Jahre bis zur Zeit des Propheten Samuel. Dies war die Periode der Richter. Später wurde es nach Gibeon gebracht, nur noch etwa zehn Kilometer von Jerusalem entfernt. Das Zelt der Begegnung bestand noch während der gesamten Regierungszeit Davids und zu Beginn der Herrschaft Salomos. Es wurde sogar ein Priester – Zadok – für den Dienst in der Stiftshütte eingesetzt, der vor dem Heiligtum die vorgeschriebenen Opfer darbrachte, obwohl die Bundeslade nicht mehr dort war.

> „Und David ließ dort, vor der Lade des Bundes des Herrn, den Asaf und seine Brüder, damit sie ständig vor der Lade Dienst täten nach dem täglichen Bedarf; und Obed-Edom und seine 14 Brüder, 68 Mann, und zwar Obed-Edom, den Sohn Jedutuns, und Hosa als Torhüter. Den Priester Zadok aber und seine Brüder, die Priester, ließ er bei der Wohnung des Herrn auf der Höhe, die bei Gibeon ist, dem Herrn regelmäßig Brandopfer auf dem Brandopferaltar darzubringen, am Morgen und am Abend, und zwar nach allem, was in dem Gesetz des Herrn geschrieben steht, das er Israel geboten hat" (1. Chr. 16,37–40).

Obwohl der Gottesdienst im Zelt der Begegnung weiterging, wollte Gott die alten religiösen Strukturen aus der Zeit vor dem Verlust der Bundeslade offenbar nicht in derselben Art wiederherstellen, sondern eine neue Begegnungsstätte mit einer neuen Form der Begegnung und des Gottesdienstes schaffen. Bei all den scheinbar unverständlichen Handlungen Davids und teilweise unerwarteten Reaktionen Gottes müssen wir immer an drei Dinge denken:

1. David wird in der Bibel als Prophet bezeichnet (Apg. 2,30).
2. In Apg. 13,22 heißt es, er sei ein „Mann nach dem Herzen Gottes"; sein schlichter, vertrauensvoller Glaube und sein anbetendes Herz waren Gott wohlgefällig und dienen uns als Vorbild.
3. Wie in der Einleitung bereits erwähnt, ist David als Bild für Christus selbst zu verstehen. Was Davids Leben andeutete, wurde in Jesus vollkommen.

Die Hütte Davids

Noch einmal: Vergessen wir nicht, dass die Zeit der „Hütte Davids" eine Übergangszeit darstellte. David selbst träumte davon, Gott eine feste Wohnung zu bauen, nämlich den Tempel, der schlussendlich aber erst unter Salomo errichtet wurde.

Wie aber sah sie nun eigentlich aus, die „Hütte" Davids? Was war neu und besonders an ihr und dem Gottesdienst, der dort verrichtet wurde? Soweit die Bibel sagt, konnte sie mit der äußeren Pracht des Zeltes der Begegnung offenbar nicht mithalten.

Sie war unserer Kenntnis nach ein einfaches Zelt ohne Abteilungen oder besonderen Schmuck. Gott aber kam (und kommt) es nicht auf äußere Dinge an, er wollte einen Ort der Begegnung zwischen Menschen und ihm selbst haben. Wir wissen nicht einmal, wie groß das Zelt war. In dieses Zelt wurde die Bundeslade gestellt, als sichtbares Symbol für die Gegenwart der Herrlichkeit Gottes. Dieses Zelt bestand ab ungefähr 1050 v. Chr. etwa 40 Jahre – bis zur Einweihung des salomonischen Tempels.

In der Bibel lesen wir sehr wenig über Opfer in der Hütte Davids. Es bleibt offen, ob es dort überhaupt einen regelmäßigen Opferdienst gab. Ausdrücklich erwähnt werden Opfer an zwei Stellen in der Schrift: erstens Brandopfer bei der Einweihung, zweitens scheint Salomo (zu einem viel späteren Zeitpunkt) noch einmal vor dem Altar in der Hütte Davids geopfert zu haben. Ansonsten deuten nur noch Aussagen aus den Psalmen Davids darauf hin, dass in der Hütte Davids solche Opfer dargebracht wurden.

DIE HÜTTE DAVIDS / 73

„Und sie brachten die Lade Gottes hinein und stellten sie in die Mitte des Zeltes, das David für sie aufgeschlagen hatte. Und sie brachten Brandopfer und Heilsopfer dar vor Gott" (1. Chr. 16,1).

„Jedoch opferte das Volk auf den Höhen; denn bis zu jenen Tagen war dem Namen des Herrn noch kein Haus gebaut worden. Da erwachte Salomo, und siehe, es war ein Traum gewesen. Und er ging nach Jerusalem, und er trat vor die Lade des Bundes des Herrn und opferte Brandopfer und bereitete Heilsopfer und bereitete für alle seine Knechte ein Festmahl" (1. Kön. 3,1–2.15).

Vorrangig – und eben das ist das Besondere – wird die Hütte Davids nicht mit Opferdienst, sondern mit Anbetung in Verbindung gebracht, was sich wiederum mit den priorisierenden Aussagen des Neuen Testaments deckt:

„Lasst euch auch selbst als lebendige Steine aufbauen, als ein geistliches Haus, ein heiliges Priestertum, um geistliche Schlachtopfer darzubringen, Gott hochwillkommen durch Jesus Christus!" (1. Pt. 2,5).

Das Wort Gottes gibt uns sowohl schon im Alten als auch im Neuen Testament klare Hinweise, welche Opfer für Gott die wichtigsten sind – erstaunlicherweise geht es dabei um Beziehung und um Lobpreis.

„Loben will ich den Namen Gottes im Lied und ihn erheben mit Dank. Denn es wird dem Herrn wohlgefälliger sein als ein Stier, ein Opferstier mit Hörnern und gespaltenen Hufen" (Ps. 69,32).

„Und nun wird mein Haupt sich erheben über meine Feinde rings um mich her. Opfer voller Jubel will ich opfern in seinem Zelt, ich will singen und spielen dem Herrn" (Ps. 27,6).

„… und ihn zu lieben aus ganzem Herzen und aus ganzem Verständnis und aus ganzer Seele und aus ganzer Kraft und den Nächsten zu lieben wie sich selbst, ist viel mehr als alle Brandopfer und Schlachtopfer" (Mk. 12,33).

Das Zelt der Begegnung

(siehe 2. Mo. 25–27.37–40; Hebr. 9,1–8; 3. Mo. 16)

Die Bundeslade wurde im Allerheiligsten im Zelt der Begegnung aufbewahrt. Es gab dort einen Vorhof, wo das Sündopfer geopfert werden musste, dann das Waschbecken für die Waschung der Priester und den großen bestickten Vorhang vor dem Eingang in das Allerheiligste. Nur die Priester durften hineingehen. Dort standen der Tisch für die Schaubrote, der siebenarmige Leuchter und vor dem Vorhang stand der Räucheraltar.

Im Allerheiligsten selbst stand die Bundeslade, beschirmt von den Cherubim. Im Vorhof gab es Tageslicht, im Heiligtum leuchtete Kerzenlicht und im Allerheiligsten die Herrlichkeit Gottes, wie eine Wolke stand sie über dem Gnadenstuhl auf der Bundeslade, wobei Gott selber das Licht war. Dorthinein ging ausschließlich der Hohepriester, und dies nur einmal im Jahr am Bußtag, nachdem er verschiedene vorgeschriebene Opfer dargebracht hatte. Im Allerheiligsten selbst brachte er für das Volk das Sühneopfer dar. Es gab sogar den Brauch, dem Priester ein Seil ans Bein zu binden für den Fall, dass er in der heiligen Gegenwart Gottes tot umfallen würde und man ihn wieder herausziehen müsste. Zusätzlich hatte der Priester am Saum seines Gewandes Glöckchen, die den außerhalb des Zeltes Wartenden verrieten, ob er noch am Leben war.

Ein Unterschied zwischen Moses Zelt der Begegnung und der Hütte Davids ist die von Beginn an sehr starke Betonung von Anbetung in letzterer. Dass es im Zelt der Begegnung überhaupt Musik gab, lesen wir erst im Kontext von Davids diesbezüglichem Auftrag (1. Chr. 16,41–42). In der Hütte Davids gab es von Anfang an Musik und offenbar auch spontane Anbetung, geleitet vom Geist Gottes. Die von David eingesetzten Musiker machten nicht jeden Tag das Gleiche. Zu der neuen Form des Gottesdienstes gehörten auch Singen, Klatschen, Jubeln, Händeheben, das Spielen mit Instrumenten, Lobpreis und Anbetung.

Der Unterschied des Gottesdienstes im Zelt der Begegnung und der „Hütte" Davids

David tat Dinge, die uns erstaunlich erscheinen, aber wir dürfen nie seine Bedeutung als Prophet vergessen. Obwohl er beispielsweise nicht vom Stamm Levi abstammte, sondern von Juda, zog er sich einen Priesterschurz[4] an, als er die Bundeslade nach Jerusalem brachte:

> „Und David tanzte mit aller Kraft vor dem Herrn, und David war mit einem leinenen Efod gegürtet" (2. Sam. 6,14).

Hier finden wir ein Bild auf das Priestertum aller Gläubigen, wie es das Neue Testament lehrt. Einen weiteren deutlichen Hinweis darauf geben uns auch die Verse 1 bis 4 aus 1. Chronik 16. Dort wird beschrieben, wie in völligem Unterschied zu den Vorschriften des Mose die Leviten freien Zugang zum Allerheiligsten in der Hütte Davids hatten, ja, dass die betreffenden Gesetze von Mose an diesem Ort offenbar aufgehoben waren:

> „Und sie brachten die Lade Gottes hinein und stellten sie in die Mitte des Zeltes, das David für sie aufgeschlagen hatte. Und sie brachten Brandopfer und Heilsopfer dar vor Gott. Und als David die Darbringung der Brandopfer und der Heilsopfer beendet hatte, segnete er das Volk im Namen des Herrn. Und er verteilte an jeden Israeliten, vom Mann bis zur Frau an jeden, einen Laib Brot, einen Dattelkuchen und einen Rosinenkuchen. Und er setzte einige von den Leviten als Diener vor der Lade des Herrn ein, dass sie den Herrn, den Gott Israels, rühmen, preisen und loben sollten."

Ein Ort des freien Zugangs

Wir wundern uns vielleicht darüber, dass David – obwohl er nicht aus einem priesterlichen Geschlecht stammte – einfach vor die Bundeslade treten konnte, vor die zuvor nur einmal im Jahr der Hohepriester treten konnte. Den später regierenden König Usija schlug Gott mit Aussatz, als er im Tempel ein Opfer darbrachte (2. Chr. 26,16–19). Warum?

Weil David im Glauben und unter der Führung Gottes handelte, Usija hingegen vollzog ein Ritual aus der Entscheidung seines eigenen Herzens. Mit Sicherheit übten die Musiker und Leviten den neuen Dienst an Gott nicht ohne die nötige Ehrfurcht und den fälligen Respekt aus. Trotz der großen neuen Freiheit war allen klar, dass man dem alleinigen und allmächtigen Gott diente. In Anlehnung an 1. Chronik 15 scheint es so zu sein, dass geistliche Freiheit geradezu aus der Berücksichtigung göttlicher Ordnungen und Festlegungen entsteht.

Manchmal vermisse ich in christlichen Kreisen das Bewusstsein, dass wir Gott begegnen und nicht nur einem guten Freund. Es ist wahr: Gott ist *für* uns und er liebt uns mit einer unbändigen Liebe. Aber er ist auch heilig und wirkt so, dass wir über seine Macht staunen. Er ist der liebende Vater, aber er ist auch der Herrscher des Universums, der alles nur durch seinen Willen am Leben hält und am Ende der Zeit auch als Richter aller Menschen in Erscheinung treten wird. Es ist ein gewaltiges Vorrecht, dass wir ihm in unserer Schwachheit, unseren Fehlern und in unserer Unfertigkeit begegnen, ihn lieben und uns von ihm lieben lassen dürfen!

Augenscheinlich sind es fünf Schlüsselmerkmale, die die Hütte Davids in ihrer neuen Einzigartigkeit kennzeichneten.

1. Sie war *ein Ort der Anbetung und des Lobpreises* nach der Ordnung und dem Herzen Gottes.
2. Soweit wir wissen, handelte es sich um *ein einfaches Zelt*.
3. Zur Hütte Davids gab es *freien Zugang*. Offenbar hatten die ausgewählten Diener Gottes ohne besondere und komplizierte Vorbedingungen Zugang – im Gegensatz zu den Regeln und Vorschriften für das Zelt des Mose. Prophetisch deute ich dies im Blick auf das allgemeine Priestertum der Gläubigen: Durch das vollkommene Opfer Jesu sind wir ein für alle Mal berechtigt, in Gottes Gegenwart zu treten:

„Da wir nun, Brüder, durch das Blut Jesu Freimütigkeit haben zum Eintritt in das Heiligtum, den er uns eröffnet hat als einen neuen und lebendigen Weg durch den Vorhang – das ist durch sein Fleisch –, und einen großen Priester über das Haus Gottes, so lasst uns hinzutreten mit wahrhaftigem Herzen in voller Gewissheit des Glaubens, die Herzen besprengt und damit gereinigt vom bösen Gewissen und den Leib gewaschen mit reinem Wasser" (Hebr. 10,19–22).

4. Die Beziehung Davids zu dem Gott Israels war ganz offenbar die Quelle und Kraft des damaligen Königreiches. Diese enge Beziehung fand in der Errichtung der Hütte Davids und des darin stattfindenden Dienstes an Gott einen Ausdruck. David wurde nur dreimal von den Philistern angegriffen – und dreimal schlug er sie. Dasselbe geschah mit den Ammonitern, Moabitern, Edomitern und Syrern. Die *vertrauensvolle Beziehung zu Gott* und die daraus resultierende Einhaltung der Ordnungen Davids führte – wie wir schon gesehen haben – immer zu Segen für das Land und die Bevölkerung.

5. Weiter wird angenommen, dass die Hütte Davids der Ort war, an dem die Leiter zusammenkamen, um von Gott zu hören. In diesem Falle wäre sie dann sogar als *Ort der Regierung und der Macht* anzusehen, wo David mit seinen engsten Mitarbeitern die Gegenwart Gottes suchte, um seine Weisungen zu hören.

Erfüllte David mit der Errichtung des neuen Zeltes den Willen Gottes?

In der Bibel finden wir mehrere Hinweise darauf, dass David nicht eigenmächtig handelte, sondern die Bundeslade auf einen Impuls Gottes hin an einen neuen Ort brachte, um eine neue Form der Gottesbegegnung einzuleiten.

„Denn David freilich entschlief, nachdem er seinem Geschlecht nach dem Willen Gottes gedient hatte, und wurde zu seinen Vätern versammelt und sah die Verwesung" (Apg. 13,36).

„Ich habe David gefunden, den Sohn Isais, einen Mann nach meinem Herzen, der meinen ganzen Willen tun wird" (Apg. 13,22b).

David wird also als ein Mann bezeichnet, der den Willen Gottes verstand und umsetzte:

„Und er stellte die Leviten auf im Haus des Herrn, mit Zimbeln, mit Harfen und mit Zithern, nach dem Befehl Davids und Gads, des Sehers des Königs, und des Propheten Nathan; denn der Befehl war durch den Herrn, durch seine Propheten ergangen" (2. Chr. 29,25).

Eine neue, revolutionäre Ordnung für die Begegnung mit Gott

Die neuen Ordnungen Davids waren revolutionär. Niemals zuvor gab es detaillierte Anweisungen für den Einsatz von Musik und Gesang im Gottesdienst. Im gesamten Pentateuch[5] gibt es keine eingehenden Vorschriften dazu, während die Anweisungen für die verschiedenen Opfer sehr genau waren.

Was wurde wohl in der Hütte Davids gesungen? Gab es einen festen Ablauf, eine Liturgie? Gab es einen Katalog von „zugelassenen" Liedern? Darüber finden sich in der Heiligen Schrift keine Aussagen. Im Gebetshaus in Freiburg stellen wir fest, dass sich das eigene Repertoire an Liedern bald erschöpft, wenn man viel Zeit dort verbringt. Fast automatisch streckt man sich als Leiter nach neuen Melodien und neuen Texten aus und so entstehen Lieder, die ihren Ursprung direkt in der Begegnung mit Gott haben. Viele davon werden nur ein einziges Mal in der jeweiligen Anbetungs- und Gebetssituation gesungen, andere dagegen aufgeschrieben und immer wieder eingesetzt. War es in der Hütte Davids anders? Man kann vermuten, dass einige der Psalmen als spontane prophetische Lieder entstanden sind, in unmittelbarer Nähe zur Bundeslade, die die Gegenwart Gottes repräsentierte.

Vierundzwanzig Stunden Anbetung und Lobpreis

Mittlerweile ist durch die Betrachtung der biblischen Aussagen sicher ein klareres Bild von der Hütte Davids vor unserem inneren Auge entstanden. Der Einsatz von Musik, die Schlichtheit des Zeltes, welche vermittelt, dass es Gott auf unser Herz ankommt, und die Freiheit, dass eine große Gruppe berufener Diener Zugang zu Gottes Gegenwart hatte, sind wohl die wichtigsten „Neuheiten" in der Hütte Davids. Aber da gab es noch etwas, etwas, was ein Vorbild für jeden 24-Stunden-Gebets- und -Anbetungsdienst darstellt: In der Hütte Davids hörten Anbetung und Lob nie auf.

> „Und das waren die Sänger, die Familienoberhäupter der Leviten, die, von anderen Diensten befreit, in den Zellen wohnten; denn Tag und Nacht waren sie im Dienst" (1. Chr. 9,33).

> „Und er setzte einige von den Leviten als Diener vor der Lade des Herrn ein, dass sie den Herrn, den Gott Israels, rühmen, preisen und loben sollten: Asaf, das Oberhaupt, und als Zweiten nach ihm Secharja, nach ihm dann Jeïël und Schemiramot und Jehïël und Mattitja und Eliab und Benaja und Obed-Edom und Jeïël mit Harfeninstrumenten und mit Zithern; und Asaf, auf Zimbeln musizierend; und die Priester Benaja und Jahasiël, ständig mit Trompeten vor der Lade des Bundes Gottes" (1. Chr. 16,4–6).

> „So ließ [David] den Asaph und seine Brüder dort vor der Lade des Bundes des Herrn, um allezeit vor der Lade zu dienen, wie es Tag für Tag vorgeschrieben war" (1. Chr. 16,37, Schlachter 2000).

Durch viele weitere Aussagen der Bibel werden wir als Gläubige aufgefordert, Gott Tag und Nacht, ohne Unterbrechung zu suchen und zu ihm zu beten. Ein Einzelner kann nicht ununterbrochen beten, eine Gemeinschaft von Christen aber schon. Ganz allgemein zeigen die folgenden Verse deutlich, dass wir niemals zu viel beten können, und auch, wie wichtig kontinuierliches Gebet ist.

> „Auf deine Mauern, Jerusalem, habe ich Wächter bestellt. Den ganzen Tag und die ganze Nacht werden sie keinen

Augenblick schweigen. Ihr, die ihr den Herrn erinnert, gönnt euch keine Ruhe und lasst ihm keine Ruhe, bis er Jerusalem wieder aufrichtet und bis er es zum Lobpreis macht auf Erden!" (Jes. 62,6–7).

„... wobei wir Nacht und Tag aufs Inständigste bitten, euer Angesicht zu sehen und das zu vollenden, was an eurem Glauben mangelt" (1. Thes. 3,10).

„Die aber wirklich Witwe und vereinsamt ist, hofft auf Gott und verharrt in Flehen und Gebeten Nacht und Tag" (1. Tim. 5,5; siehe auch die Witwe und Prophetin Hanna).

„Ein Wallfahrtslied. Auf! preist den Herrn, all ihr Knechte des Herrn, die ihr steht im Haus des Herrn in den Nächten!" (Ps. 134,1).

„Betet unablässig!" (1. Thes. 5,17).

„Mit allem Gebet und Flehen betet zu jeder Zeit im Geist, und wachet hierzu in allem Anhalten und Flehen für alle Heiligen" (Eph. 6,18).

Eingesetzte Sänger und Musiker folgten der Ordnung Davids

Wie schon erwähnt, setzte David Sänger und Musiker für den Dienst an Gott ein; insgesamt berief er 4000 Musiker und 288 Sänger!

„Alle diese spielten unter der Leitung ihrer Väter, Asaf und Jedutun und Heman, beim Gesang im Haus des Herrn auf Zimbeln, Harfen und Zithern, für den Dienst im Haus Gottes, nach der Anweisung des Königs" (1. Chr. 25,6).

„Und diese sind es, die David zur Leitung des Gesanges im Haus des Herrn anstellte, nachdem die Lade einen Ruheplatz gefunden hatte. Sie versahen den Dienst vor der Wohnung des Zeltes der Begegnung beim Gesang, bis Salomo das Haus des Herrn in Jerusalem gebaut hatte. Und sie standen nach ihrer Vorschrift ihrem Dienst vor" (1. Chr. 6,16–17).

„Und es war ihre Zahl mit ihren Brüdern, die im Gesang für den Herrn geübt waren, alles Meister, 288" (1. Chr. 25,7).

„... und 4000 Torhüter und 4000, die den Herrn loben mit den Instrumenten, die ich zum Loben gemacht habe" (1. Chr. 23,5).

Ist der Gedanke vermessen und unbiblisch, dass Gott heute wieder Menschen in eine „levitische" Berufung hineinführen möchte? Sicher ist, dass es das allgemeine, königliche Priestertum aller Gläubigen gibt. Jeder einzelne Christ ist berufen, Gott durch Anbetung zu dienen und vor ihm Fürbitte zu tun. Erinnern wir uns: Der Vater sucht Anbeter, der Sohn sucht Fürbitter! Der persönliche, individuelle Ruf darf nie durch die Einsetzung einiger „Gebets- und Anbetungsprofis" umgangen werden. Aber wie viele andere bin ich zu der Überzeugung gelangt, dass es Menschen gibt, die Gott ganz besonders in den Dienst der Anbetung und des Gebets ruft und deren Hauptaufgabe es ist, ihr Leben „ins Gebet auszugießen".

Der prophetische Dienst in der Hütte Davids

David setzte die Musiker und Sänger jedoch nicht nur für das Singen und Spielen ein, zu ihren Aufgaben gehörte genauso der prophetische Dienst. Interessant und für uns heute nicht unbedingt gewohnt ist die Tatsache, dass Prophetie, Musik und Gesang stark verbunden waren.

„Und David und die Obersten des Heeres sonderten die Söhne Asafs und Hemans und Jedutuns zum Dienst aus, die mit Zithern und mit Harfen und mit Zimbeln weissagten. Und ihre Zahl, die Zahl der Männer, die ihren Dienst taten, war: Von den Söhnen Asafs: Sakkur und Josef und Netanja und Asarela, die Söhne Asafs, unter der Leitung Asafs, der nach der Anweisung des Königs weissagte. Von Jedutun die Söhne Jedutuns: Gedalja und Zeri und Jesaja, Haschabja und Mattitja, und Schimi, zusammen sechs, unter der Leitung ihres Vaters Jedutun, der mit der Zither weissagte, um den Herrn zu preisen und zu loben" (1. Chr. 25,1–3).

> „Und Kenanja war der Oberste der Leviten beim Anstimmen des Gesanges[6]; er war Unterweiser beim Anstimmen, denn er verstand sich darauf" (1. Chr. 15,22).

> „Und auf Jahasiël[7] von den Söhnen Asafs, auf ihn kam der Geist des Herrn mitten in der Versammlung" (aus 2. Chr. 20,14).

> „Und wenn du dort in die Stadt kommst, wirst du einer Schar von Propheten begegnen, die von der Höhe herabkommen, und vor ihnen her Harfe und Tamburin und Flöte und Zither, und sie werden weissagen" (1. Sam. 10,5b).

Nach den Aufzeichnungen des Historikers Josephus[8] musste jeder Schüler der alttestamentarischen Prophetenschule auch ein Instrument beherrschen.

Die Leviten

Die Leviten – ein Leben in Heiligkeit

Gott hat versprochen, dass er die Nachkommen der Leviten zahlreich machen würde. Wir sehen die Erfüllung dieser Verheißung in unserer Zeit mit eigenen Augen: Fast in jeder Gemeinde gibt es heutzutage Lobpreisleiter und -bands.

> „So spricht der Herr: Wenn ihr jemals meinen Bund mit dem Tag und meinen Bund mit der Nacht brechen könnt, sodass Tag und Nacht nicht mehr zu ihrer Zeit sind ... und auch mein Bund mit den Leviten, den Priestern, meinen Dienern. Wie das Heer des Himmels nicht gezählt und der Sand des Meeres nicht gemessen werden kann, ebenso werde ich die Nachkommen meines Knechtes David und die Leviten zahlreich machen, die mir dienen" (aus Jer. 33,20–22).

Ebenso wie für die alttestamentarischen Leviten gilt auch für die „modernen Leviten" der Ruf nach einem Leben in Heiligkeit. Gott fordert uns zu einem geheiligten Leben heraus, wir sollen uns von der Sünde fernhalten. Ebenso ist es ihm wichtig, dass wir auch einen guten Ruf bei den Menschen haben, die noch keine Christen sind. Wie sollte Gott unsere Gebete erhören können, wenn wir nicht bereit sind, ein kompromissloses, hingegebenes Leben zu führen?

„… und er wird die Söhne Levi reinigen und sie läutern wie Gold und wie Silber, sodass sie Männer werden, die dem Herrn Opfergaben in Gerechtigkeit darbringen" (Mal. 3,3b).

„Jagt dem Frieden mit allen nach und der Heiligung, ohne die niemand den Herrn schauen wird" (Hebr. 12,14).

„Euch aber lasse der Herr zunehmen und überreich werden in der Liebe zueinander und zu allen – wie auch wir euch gegenüber sind –, um eure Herzen zu stärken, untadelig in Heiligkeit zu sein vor unserem Gott und Vater bei der Ankunft unseres Herrn Jesus mit allen seinen Heiligen" (1. Thes. 3,13).

Ich weiß: Die obigen Verse können jemanden mit eher perfektionistischer Prägung unter Druck bringen. Wer von uns führt denn schon ein Leben, das den Stempel „heilig" wirklich verdienen würde? Es besteht durchaus eine Spannung zwischen der Aufforderung Gottes, ein heiliges Leben zu führen, und dem Bewusstsein um die eigene Schwachheit und Zerbrochenheit. Aber gerade in dieser Spannung kommt Jesu Erlösung zum Tragen. Niemand von uns ist aus sich selbst heraus gut, niemand kann aus sich selbst heraus heilig leben. Deshalb ruht unser Dienst, wie auch unser ganzes Leben, auf der Grundlage der unverdienten Gnade.

Es ist Gott wichtig und für uns selbst heilsam, dass wir uns heiligen. Vielfach bedarf es dazu einer schlichten Willensentscheidung: Was sehe, was höre ich mir an? Was spreche, was tue ich? Die tieferen Prozesse auf dem Weg der Heiligung lassen sich aus meiner Sicht jedoch nicht so leicht aus eigener Kraft bearbeiten, sondern durch ein immer größeres Bewusstsein von Gottes Gnade und seiner Liebe zu uns. Anstatt ihm durch Anstrengung wohlgefällig sein zu wollen, ist es der bessere Weg, seine Liebe und Gnade anzunehmen und ihm in unserer Schwachheit zu vertrauen. Dann werden wir merken, dass wir bestimmte Dinge nicht mehr sagen oder tun wollen, weil wir sie entweder nicht mehr brauchen oder Gott zu sehr lieben, um sie noch zu tun. Heiligung hat mit Sterben zu tun – aber auch mit neuem Leben. Wir geben unser

Leben bewusst hin und verzichten auf Dinge, die den Anschein des Vergnügens haben, uns und anderen jedoch schaden. Aber wir erleben auch die freisetzende Lebenskraft und Lebensfreude, die aus einer vertrauensvollen Liebesbeziehung zu Gott dem Vater und zu unserem Erlöser Jesus Christus entspringen. Und wir dürfen nicht den Heiligen Geist vergessen, der uns führen, beraten und trösten möchte. Auch im Bereich der Heilung geht es um Beziehung: Wir arbeiten zusammen mit dem Gott, der uns heilt und heiligt.

Die Leviten – freigesetzt zum Dienst an Gott

Ein sehr interessanter Aspekt des levitischen Dienstes war ihre finanzielle Freistellung. Sie wurden vom Volk versorgt, damit sie ihrem Dienst an Gott nachgehen konnten. Für uns heute mag der Gedanke befremdlich sein, dass Gott solch einen Dienst heute noch suchen könnte. Es gibt doch so viel anderes zu tun! Wir sollen doch missionieren, die Armen speisen, Gemeinde bauen, unsere Nachbarn für Jesus gewinnen – und das ist wahr. Aber denken wir einen Moment an das, was die Bibel das „erste Gebot" nennt:

> „Er aber sprach zu ihm: ‚Du sollst den Herrn, deinen Gott, lieben mit deinem ganzen Herzen und mit deiner ganzen Seele und mit deinem ganzen Verstand'" (Mt. 22,37–38).

„Lieben" ist nicht automatisch gleichbedeutend mit „Dienen". Letzteres wird in unserer westlich-christlichen Kultur oft leider zu stark betont. Meine Frau würde sich beschweren, wenn meine Beziehung zu ihr nur daraus bestände, dass ich für sie arbeite. Nein, sie legt – wie ich auch – Wert auf gemeinsame Zeiten, in denen wir nichts tun als einander zu genießen, uns auszutauschen, still miteinander zu sein, miteinander zu lachen und zu weinen. So ist es auch mit Gott. Er ist ein Wesen, das Beziehung sucht – deshalb gibt es uns überhaupt. Jede christliche Aktivität sollte aus dieser Quelle fließen: aus unserer Liebesbeziehung mit Gott. Er selbst hat uns durch Jesus ganz deutlich sein Angesicht, sein Wesen gezeigt. Allein die Tatsache, dass er sich „unser Vater" nennt, zeigt ganz deutlich, welche Art von Beziehung zu uns er sich vorstellt.

Ich habe drei schon größere Kinder. Als die ersten beiden Kinder klein waren, haben wir uns eine Videokamera gekauft, um uns und den Kindern später mit den Aufnahmen eine Freude zu machen und um nicht zu vergessen, wie sie als kleine Kinder waren. Eine Sequenz aus einem der Videos habe ich mir separat als digitales Filmchen auf den Desktop meines Notebooks gelegt. Es zeigt meine Tochter im Alter von zwei Jahren. Sie ist mit einem Holzspielzeug beschäftigt und merkt plötzlich, dass ich sie mit der Kamera beobachte. Sie schaut ins Objektiv, deutet auf mich und sagt mit der größten Begeisterung: „Da ist der Papa. Papa!"

Ist es zu kitschig oder unangemessen zu denken, dass Gott der Vater ähnliche Gefühle haben könnte wie die, welche ich beim Anschauen des kurzen Films habe? Ich kann ihn nicht oft genug ansehen – jedes Mal bin ich tief berührt.

Wenn wir das erste Gebot beachten, wird das zweite Gebot ebenfalls zu einer Freude und Selbstverständlichkeit:

> „Das zweite aber ist ihm gleich: ‚Du sollst deinen Nächsten lieben wie dich selbst'" (Mt. 22,39).

Gott berief Menschen, deren Dienst darin bestand, vor ihm zu stehen, in Ehrerbietung, Anbetung und Gebet (siehe z. B. 2. Chr. 29,11). Sie sollten dies tun können, ohne sich um ihre finanzielle Versorgung Gedanken machen zu müssen. Ich bin davon überzeugt, dass wir dies wieder erleben werden: Es wird Gemeinden, Privatpersonen, ja sogar Nichtchristen geben, die Gebetshäuser finanziell unterstützen, damit Menschen vor Gott stehen können, um ihn zu suchen, ihn anzubeten und ihm die Anliegen der jeweiligen Stadt oder Region zu bringen. Sehen wir uns an, wie wichtig die Versorgung der Priester und Leviten war.

> „Und es wurden an diesem Tag Männer eingesetzt zur Aufsicht über die Kammern für die Vorräte, die Hebopfer, die Erstlinge und die Zehnten, um in ihnen die gesetzlichen Anteile für die Priester und für die Leviten von den Feldern zu sammeln. Denn

> Juda hatte seine Freude an den Priestern und an den Leviten, die im heiligen Dienst standen" (Neh. 12,44).

> „Und er befahl dem Volk, den Bewohnern von Jerusalem, den Anteil, der den Priestern und den Leviten zustand, zu geben, damit sie am Gesetz des Herrn festhalten könnten" (2. Chr. 31,4).

> „Und das waren die Sänger, die Familienoberhäupter der Leviten, die, von anderen Diensten befreit, in den Zellen wohnten; denn Tag und Nacht waren sie im Dienst" (1. Chr. 9,33).

Nehemia war wütend, als er erfuhr, dass die Leviten den Dienst an Gott nicht tun konnten. Er beschrieb das Haus Gottes als „verlassen", weil niemand da war, der Gott diente. Der Dienst an Gott selbst steht an erster Stelle – was sich wiederum mit den Aussagen des ersten Gebots deckt. Kann es sein, dass Gott diesen kontinuierlichen Dienst in unseren Tagen etablieren will, damit auch seine Herrlichkeit wieder unter uns wohnen kann? Ich glaube, ja.

> „Und ich erkannte, dass die Anteile für die Leviten nicht gegeben worden waren, sodass die Leviten und die Sänger, die den Dienst taten, davongelaufen waren, jeder auf sein Feld. Da zog ich die Vorsteher zur Rechenschaft und sagte: Warum ist das Haus Gottes verlassen worden?" (Neh. 13,10–11).

David setzte Geld aus den Nationen für den Herrn und den Dienst an ihm ein. Heute könnte man sagen, dass er mit den Erlösen aus seinen Geschäften den Dienst im Haus Gottes mitfinanzierte.

> „Auch diese heiligte der König David dem Herrn, samt dem Silber und Gold, das er von all den Nationen genommen hatte: von den Edomitern und von den Moabitern und von den Söhnen Ammon und von den Philistern und von den Amalekitern" (1. Chr. 18,11).

Ebenso nutzte David offenbar „öffentliche" Mittel, über die er als König des Landes verfügte, wie auch persönliche Gelder:

> „Und siehe, durch meine Bemühung habe ich für das Haus des Herrn 100 000 Talente Gold und 1 000 000 Talente Silber

bereitgestellt; und die Bronze und das Eisen sind nicht zu wiegen, denn es ist in großer Menge vorhanden; auch Holz und Steine habe ich bereitgestellt, und du wirst noch mehr hinzufügen" (1. Chr. 22,14).

„Und mit all meiner Kraft habe ich für das Haus meines Gottes bereitgestellt: das Gold für das goldene Gerät und das Silber für das silberne und die Bronze für das bronzene, das Eisen für das eiserne und das Holz für das hölzerne Gerät; Onyxsteine und eingefasste Steine, Steine zur Verzierung und Mosaiksteine und allerlei Edelsteine und Alabastersteine in Menge. Und außerdem, weil ich Gefallen habe an dem Haus meines Gottes, habe ich, was ich als Eigentum an Gold und Silber selbst besitze, für das Haus meines Gottes gegeben, über all das hinaus, was ich für das Haus des Heiligtums bereitgestellt habe: 3000 Talente Gold von Gold aus Ofir und 7000 Talente geläutertes Silber, zum Überziehen der Wände der Räume; Gold für das goldene und Silber für das silberne Gerät und für jede Arbeit von Künstlerhand. Wer ist nun bereitwillig, heute seine Hand ebenso für den Herrn zu füllen?" (1. Chr. 29,2–5).

Auch beim Wiederaufbau des Tempels wurden später „öffentliche Mittel" für den Bau verwendet und ebenso angeordnet, dass die Priester und Leviten von Steuern und Abgaben zu befreien seien.

„… und um das Silber und das Gold zu überbringen, das der König und seine Räte dem Gott Israels gespendet haben, dessen Wohnung in Jerusalem ist, sowie alles Silber und Gold, das du in der ganzen Provinz Babel bekommen wirst, samt der Spende des Volkes und der Priester, die sie spenden für das Haus ihres Gottes, das in Jerusalem ist. Und den übrigen Bedarf für das Haus deines Gottes, den aufzubringen dir zufällt, sollst du aus dem Schatzhaus des Königs ausgeben. Und euch wird mitgeteilt, dass niemand ermächtigt ist, irgendeinem von den Priestern und Leviten, Sängern, Torhütern, Tempelsklaven und Dienern dieses Hauses Gottes Steuer, Abgaben und Zoll aufzuerlegen" (Esr. 7,15–16.20.24).

Der „Zehnte" aller Bewohner von Jerusalem wurde für die Priester und Leviten eingesammelt:

„Und er befahl dem Volk, den Bewohnern von Jerusalem, den Anteil, der den Priestern und den Leviten zustand, zu geben, damit sie am Gesetz des Herrn festhalten könnten. Und als das Wort bekannt wurde, brachten die Söhne Israel reichlich Erstlingsgaben vom Getreide, Most und Öl und Honig und von allem Ertrag des Feldes; und den Zehnten von allem brachten sie in Menge. Und die Söhne Israel und Juda, die in den Städten Judas wohnten, brachten ebenfalls den Zehnten von Rindern und Schafen und den Zehnten von den heiligen Gaben, die dem Herrn, ihrem Gott, geheiligt waren, und sie legten Haufen an Haufen hin" (2. Chr. 31,4–6).

Zusätzlich wurden auch freiwillige Gaben gespendet:

„Da machten sich die Familienoberhäupter von Juda und Benjamin auf und die Priester und die Leviten, jeder, dessen Geist Gott erweckte, hinaufzuziehen, um das Haus des Herrn in Jerusalem zu bauen. Und alle, die um sie herum wohnten, griffen ihnen unter die Arme mit silbernen Geräten, mit Gold, mit Habe und mit Vieh und mit Kostbarkeiten, abgesehen von allen freiwilligen Gaben" (Esr. 1,5–6).

„Und ganz Israel gab in den Tagen Serubbabels und in den Tagen Nehemias die Anteile für die Sänger und die Torhüter, was ihnen Tag für Tag zukam; die Weihegaben aber gaben sie den Leviten, und die Leviten gaben die Weihegaben den Söhnen Aarons" (Neh. 12,47).

Die obigen Aussagen zeigen deutlich, wie wichtig es Gott war (und ist), dass für diejenigen gesorgt wird, die vor ihm stehen, um ihn anzubeten.

Die Leviten – eine ausreichende Anzahl

Der Dienst nach den Ordnungen Davids verteilte sich auf viele Mitarbeiter. So war gewährleistet, dass die kontinuierliche Anbetung überhaupt gelebt werden konnte.

„Alle diese spielten unter der Leitung ihrer Väter, Asaf und Jedutun und Heman, beim Gesang im Haus des Herrn auf Zimbeln, Harfen und Zithern, für den Dienst im Haus Gottes, nach der Anweisung des Königs. Und es war ihre Zahl mit ihren Brüdern, die im Gesang für den Herrn geübt waren, alles Meister, 288" (1. Chr. 25,6).

Die Prophetie des Amos im Neuen Testament

In der Anfangszeit der neutestamentlichen Gemeinde wurde – trotz des Missionsbefehls (Mt. 28,19) – das Evangelium nur den Juden verkündet. Durch Verfolgung wurde die Gemeinde zerstreut und das Evangelium den Nationen verkündet. In Apostelgeschichte 11 hören wir zum ersten Mal von der Heidenmission (in Antiochia).

Das Apostelkonzil in Jerusalem

Nachdem sich viele Heiden zu Jesus bekehrt hatten, gab es unter den jüdischen Gläubigen einige Unsicherheit über die Verpflichtung der Heidenchristen gegenüber den Geboten des Mose. Daher wurde das erste Apostelkonzil einberufen:

> „Als nun ein Zwiespalt entstand und ein nicht geringer Wortwechsel zwischen ihnen und Paulus und Barnabas, ordneten sie an, dass Paulus und Barnabas und einige andere von ihnen zu den Aposteln und Ältesten nach Jerusalem hinaufgehen sollten wegen dieser Streitfrage" (Apg. 15,2).

Paulus und Barnabas waren sehr besorgt, als sie von der Forderung hörten, die Heidenchristen sollten sich unter das mosaische Gesetz begeben. Sie wussten, dass Gott etwas Neues auf der Erde tat. Nicht, dass es nicht in Beziehung zu den alttestamentarischen Prophetien gestanden hätte, es war jedoch völlig losgelöst von den gewohnten Ritualen und Formen der Anbetung. All diese waren nur Schatten dessen gewesen, was Gott jetzt hervorbrachte. Petrus berichtete von den Bekehrungen und Geisttaufen, die er bei Heiden gesehen und miterlebt hatte. Er machte deutlich, dass Gott keinen Unterschied mache zwischen Juden und Heiden. Es blieb jedoch die Aufgabe des anerkannten Leiters Jakobus, den Streit mit einem Wort der Schrift zu schlichten.

Jakobus sagte zu den am Konzil Beteiligten, dass man nicht versuchen dürfe, aus Heiden Juden nach dem alten Gesetz zu machen. Gott habe ja in den Schriften verheißen, dass die Hütte Davids wieder aufgebaut werden würde. Gemäß dieser alten und zugleich neuen Ordnung wolle Gott auch die Heiden als seine Kinder annehmen und seinen Namen auf sie legen. Gott hatte nämlich verheißen, dass mit der Wiederherstellung der Hütte Davids viele Heiden den Herrn suchen und erkennen würden. Auf der Basis dieser lange unerfüllt gebliebenen Prophetie gab Jakobus dem Konzil den Rat, zu akzeptieren, dass „der Rest der Nationen" bereits von Beginn an zu Gottes Plan gehört hatte, und deshalb – nun, da sich diese Prophetie zu erfüllen begann – die Heidenchristen als Brüder aufzunehmen.

Eine Bestätigung dieser Absicht Gottes findet sich auch bei Jesaja:

„Selbst aus den anderen Völkern werde ich Menschen als Priester und Leviten zum Dienst an meinem Heiligtum bestimmen" (Jes. 66,21, Hoffnung für alle).

Auch in der revidierten Elberfelder Übersetzung heißt es:

„Und sie bringen alle eure Brüder aus allen Nationen als Opfergabe für den Herrn, auf Pferden, auf offenen Wagen und in überdachten Wagen, auf Maultieren und auf Dromedaren zu meinem heiligen Berg, nach Jerusalem, spricht der Herr, ebenso wie die Söhne Israel das Speisopfer in einem reinen Gefäß zum Haus des Herrn bringen. Und auch von ihnen nehme ich mir einige zu Priestern und zu Leviten, spricht der Herr" (Jes. 66,20–21).

Diese Aussagen sind absolute Schlüsselverse hinsichtlich der Frage, ob Heidenchristen eine levitische Berufung empfangen können. Hier sagt Gott ganz klar, dass er Leviten aus den Nationen berufen wird.

Zurück zum Apostelkonzil: Mit den Worten aus Amos 9,11 fasste Jakobus die Situation zusammen. Diese Prophetie aus den Zeiten Jesajas, ca. 700 Jahre vor Christi Geburt, begann sich in den Tagen der ersten Gemeinde zu erfüllen. Es sollte etwas wiederhergestellt werden, was einmal gewesen war. Dadurch sollten viele Menschen zum Glauben an Jesus finden und eine reiche Ernte eingebracht werden. In unseren Tagen sind wir durch die gewaltigen Möglichkeiten, welche uns Globalisierung, Mobilität und die Telekommunikation bieten, zum ersten Mal in der Lage, die weltweite Erfüllung der Prophetie noch in unserer Generation sehen zu können. Die Wiederherstellung der Hütte Davids wird eine sehr große evangelistische Kraft freisetzen – und genau darum ringen die Menschen, die sich zu einem Dienst im Sinne der Hütte Davids berufen wissen.

Anbetung in Geist und Wahrheit

Wir sollten Anbetung und Gebet fest in den Alltag integrieren. Das tut uns selbst gut und ermutigt uns und unseren Nächsten (siehe Eph. 5,18–19). Man beachte die Gegenüberstellung von Alkoholrausch und Erfüllung mit dem Heiligen Geist. Das eine ist eher negativ, sowohl für unseren Geist, unseren Körper und unser Umfeld, das andere genau das Gegenteil. Ich glaube, dass durch die Erfüllung mit dem Heiligen Geist neben vielen anderen positiven Auswirkungen auch starke Glücksgefühle ausgelöst werden. Wer schon einmal einen Alkoholrausch erlebt hat, weiß, wie stark ein solcher beeinträchtigen kann. Wie viel mehr wird die Erfüllung mit dem Heiligen Geist unser Leben beeinflussen – und dies ausschließlich zu unserem Besten! Durch Anbetung werden wir mit dem Heiligen Geist erfüllt. Allein diese Wahrheit dürfte eine starke Motivation sein, anzubeten. Wie oft beten wir, dass Gott uns mit seinem Geist erfüllt?

> „Und berauscht euch nicht mit Wein, worin Ausschweifung ist, sondern werdet voller Geist, indem ihr zueinander in Psalmen

und Lobliedern und geistlichen Liedern redet und dem Herrn mit eurem Herzen singt und spielt!" (Eph. 5,18–19).

Im Hebräerbrief werden wir aufgefordert, so anzubeten, wie es schon David gefordert hat, nämlich mit einem Lobopfer (siehe auch Ps. 51,16–19 und Ps. 69,30–31):

> „Durch ihn nun lasst uns Gott stets ein Opfer des Lobes darbringen! Das ist: Frucht der Lippen, die seinen Namen bekennen" (Hebr. 13,15).

Anbetung, die sich am Vorbild der Ordnungen Davids orientiert, ist eine Antwort auf die Suche Gottes nach Anbetern:

> „Es kommt aber die Stunde und ist jetzt, da die wahren Anbeter den Vater in Geist und Wahrheit anbeten werden; denn auch der Vater sucht solche als seine Anbeter. Gott ist Geist, und die ihn anbeten, müssen in Geist und Wahrheit anbeten" (Joh. 4,23–24).

Anbetung nach Art der Ordnungen Davids trägt mit zur Erfüllung des ersten Gebots bei, denn in der Hütte Davids war Anbetung ein Akt der gesamten Persönlichkeit eines Menschen: Körper, Geist und Seele waren beteiligt.

Die beiden vorrangigen Aktivitäten, die sich in unseren Gebetshäusern und Veranstaltungen finden sollten, werden in Offenbarung 5,8 aufgezeigt:

> „Und als es das Buch nahm, fielen die vier lebendigen Wesen und die vierundzwanzig Ältesten nieder vor dem Lamm, und sie hatten ein jeder eine Harfe und goldene Schalen voller Räucherwerk; das sind die Gebete der Heiligen" (Offb. 5,8).

Die Harfen zeugen hierbei von den Liedern und der Musik zu Gottes Ehre, die Schalen von den Gebeten, die Gott seinen Heiligen aufs Herz legt.

Vier Dimensionen der Wiederherstellung der Hütte Davids

Mike Bickle, Gründer und Leiter des *International House of Prayer* in Kansas City, Missouri, benennt drei Dimensionen der Wiederherstellung der Hütte Davids wie unten aufgeführt.[9] Ich möchte eine vierte Dimension hinzufügen, von der ich glaube, dass sie eine Auswirkung von Anbetung und Fürbitte auf unser persönliches Leben sein kann.

1. Die priesterliche Dimension

Sie bezieht sich auf 24 Stunden Anbetung und Fürbitte nach den Ordnungen König Davids.

2. Die prophetische Dimension

Sie bezieht sich auf die Freisetzung des prophetischen Dienstes in der Gemeinde Jesu.

„Und es wird geschehen in den letzten Tagen, spricht Gott, dass ich von meinem Geist ausgießen werde auf alles Fleisch, und eure Söhne und eure Töchter werden weissagen, und eure jungen Männer werden Gesichte sehen, und eure Ältesten werden in Träumen Visionen haben; und sogar auf meine Knechte und auf meine Mägde werde ich in jenen Tagen von meinem Geist ausgießen, und sie werden weissagen" (Apg. 2,17).

3. Die königliche Dimension

Sie bezieht sich auf den apostolischen Dienst, welcher die drei Hauptaufgaben des Reiches Gottes in Bezug auf den Missionsbefehl in der Kraft des Heiligen Geistes vervollständigt: „Bezogen auf alle drei Dimensionen, hatte die Wiederherstellung der Hütte Davids ihren Anfang in der neutestamentlichen Urgemeinde. Noch ist diese Wiederherstellung nicht so weit erfüllt, dass die Nationen zur Erkenntnis Gottes gelangt sind. Die Hütte Davids ist von wesentlicher Bedeutung für die große Seelenernte, die der

Kirche für das Ende der Zeiten verheißen ist. Wir glauben, dass es städteweite Gebetsarbeiten geben wird, bevor der Herr wiederkommt" (Mike Bickle).[10]

4. Die diakonische Dimension

Eine vertrauensvolle und tiefe Beziehung zu Jesus und das Prinzip der „Veränderung durch Anschauen" (2. Kor. 3,18) prägt unser Herz in positiver Art und Weise. Die Not und das Leid anderer Menschen lässt uns nicht mehr kalt, denn durch die Begegnung mit Gottes Barmherzigkeit soll und wird in uns das Verlangen danach geweckt werden, anderen Menschen praktisch zu dienen. Nächstenliebe ist ein direktes Ergebnis der persönlich erfahrenen Gottesliebe.

Die Auswirkungen der Anbetung nach den Ordnungen Davids

Neben den Auswirkungen von Anbetung nach den Ordnungen Davids, die ich zu Anfang am Beispiel der israelischen Könige beschrieben habe, gibt es weitere, die uns deutlich machen, wie wichtig kontinuierliche Anbetung ist.

Ein starker evangelistischer Effekt

„Nach diesem will ich zurückkehren und wieder aufbauen die Hütte Davids, die verfallen ist, und ihre Trümmer will ich wieder bauen und sie wieder aufrichten; damit die Übrigen der Menschen den Herrn suchen und alle Nationen, über die mein Name angerufen ist, spricht der Herr, der dieses tut, was von jeher bekannt ist" (Apg. 15,16–18).

„Und in meinen Mund hat er ein neues Lied gelegt, einen Lobgesang auf unseren Gott. Viele werden es sehen und sich fürchten und auf den Herrn vertrauen" (Ps. 40,4).

Ich bin überzeugt davon, dass durch unsere Anbetung und unser Gebet der Himmel über unserer Stadt geöffnet wird und das geistliche Klima sich verändert. Wir in Freiburg beten viel und oft dafür, dass die Menschen unserer Stadt Jesus erkennen und in ihm das Ziel ihrer manchmal diffusen, dennoch aber existierenden Sehnsüchte finden.

Mit unseren Gebeten tragen wir dazu bei, einen fruchtbaren Boden für erfolgreiche Evangelisation in unserer Stadt vorzubereiten. Es gibt kein Ausspielen des Gebets auf der einen gegen die Evangelisation auf der anderen Seite. Beides ist absolut wichtig und beide führen zu einem gemeinsamen Ziel: das Königreich Gottes zu vergrößern.

Gebet, Mission und Evangelisation gehören aus Gottes Sicht zusammen, was auch durch die folgende Geschichte bezeugt wird: Im Jahr 2008 fand in Orlando, Florida ein Treffen von 170 Leitern der größten Missionswerke sowie internationaler Gebetsdienste statt. Im Laufe der Konferenz mit dem Namen „The Call2All"[11], die von „YWAM[12] Campaigns" und „Campus Crusade For Christ International"[13] veranstaltet wurde, gab es eine Übereinkunft, die eines der großen Ergebnisse der vom Heiligen Geist geleiteten Zusammenkunft darstellt: „The Prayer And Missions Movements Are Really One"[14] (Gebets- und Missionsbewegung sind in Wirklichkeit eine Bewegung).

Mark Anderson, Gründer und internationaler Direktor von *YWAM Campaigns*, einem der größten evangelistischen Dienste weltweit, hatte 2006 einen prophetischen Traum, in dem Gott ihm zeigte, dass die Missions- und die Gebetsbewegung in Gottes Augen eins sind. Auf dieser Konferenz wurde von den anwesenden Leitern beschlossen, bis zum Jahr 2020 weltweit siebzigtausend neue Gebetshäuser zu gründen. Im Jahr 2009 fand „The Call2All" in Hongkong statt, dort beschlossen dreitausend Leiter von neunhundert Organisationen, bis zum Jahr 2020 vierhunderttausend Gebetshäuser zu gründen. Insgesamt verpflichteten sich Leiter auf verschiedenen Call2All-Konferenzen in Orlando, Dayton, Nairobi, Toronto, Hongkong, Curtiba (Brasilien) und Kiew zur Gründung von insgesamt mehr als fünfhunderttausend Gebetshäusern.[15]

Ich erinnere mich an eine Aussage von Mike Bickle, der auf die immer wieder auftauchende Kritik, man solle doch lieber viel Zeit in evangelistische Aktivitäten investieren, anstatt „dauernd" anzubeten und zu beten, sinngemäß sagte: „Wenn wir Jesus anbeten, begegnen wir demjenigen, der eine so große Leidenschaft für die Verlorenen hat, dass er sogar sein Leben für sie gab. Die Begegnung mit dieser Leidenschaft wird uns anstecken und zu den Verlorenen treiben."

In Freiburg haben wir schon erlebt, dass Nichtchristen ins Gebetshaus gekommen sind, dort von Gott berührt wurden und daraufhin ihr Leben Jesus gegeben haben.

Geistlicher Kampf

„Und er beriet sich mit dem Volk und stellte Sänger für den Herrn auf, die Loblieder sangen in heiligem Schmuck, indem sie vor den zum Kampf Gerüsteten auszogen und sprachen: Preist den Herrn, denn seine Gnade währt ewig! Und zu der Zeit, da sie mit Jubel und Lobgesang anfingen, legte der Herr einen Hinterhalt gegen die Söhne Ammon, Moab und die vom Gebirge Seïr, die gegen Juda gekommen waren; und sie wurden geschlagen" (2. Chr. 20,21–22).

Diese bekannte Geschichte zeigt beispielhaft, welche Macht unsere Anbetung haben kann. Ich glaube, dass die kontinuierliche Anbetung von Jesus Christus kaum durch eine andere Form des geistlichen Kampfes zu übertreffen ist. Dort wo der Herr angebetet wird, dort wo Tag und Nacht um das Leben der Menschen einer Stadt gerungen wird und dort wo Menschen versuchen, ihr Leben an Gott zu hängen, um sich ihm ganz hinzugeben, kann der Teufel weder sich wohlfühlen noch Raum gewinnen. In Verbindung mit leidenschaftlicher Fürbitte und dynamischer Evangelisation stellt Anbetung einen der Hauptschlüssel dar, um eine Stadt für Jesus zu gewinnen.

Gottes Gegenwart und seine Hilfe

„Doch du bist heilig, der du wohnst unter den Lobgesängen Israels" (Ps. 22,4).

In der Anbetung stehen wir direkt vor Gottes Thron – in seiner majestätischen und herrlichen Gegenwart. Dies ist *der* Ort, der über allen anderen Orten steht, ein Ort, an dem Dinge geschehen können (und geschehen!), die wir uns kaum erträumen können. Wir stehen anbetend an dem Ort, von dem Gottes Herrlichkeit und Macht ausgehen.

Gottes Gegenwart ist heilsam und berührt unser Innerstes. Trauer, Freude und Leidenschaft werden im Gebet ausgedrückt und erlebt. Intimität und Emotionen in der Anbetung Gottes sind nicht außergewöhnlich, sondern herrlich, befreiend und normal!

Schließlich begegnen wir Jesus, dem Liebhaber unserer Seelen und unserem Bräutigam.

Wir begegnen dem Vater, der uns als seine Kinder liebt und vor dessen Angesicht „Freude die Fülle" ist (Ps. 16,11). Und wir begegnen dem Heiligen Geist, unserem Tröster.

Emotionen haben ihren Platz in Gottes Gegenwart, das zeigen allein schon die drei oben genannten Eigenschaften des dreieinigen Gottes – alle haben sie sehr viel mit Gefühlen zu tun. Der Ort der echten Herzensveränderung ist der Ort der Anbetung. Dabei ist es egal, ob unsere Anbetung mit Worten, mit Musik oder in völliger Stille stattfindet. Veränderung geschieht im Moment des Staunens, welches König David gut kannte:

„Eins habe ich vom Herrn erbeten, danach trachte ich: zu wohnen im Haus des Herrn alle Tage meines Lebens, um anzuschauen die Freundlichkeit des Herrn und nachzudenken in seinem Tempel" (Ps. 27,4).

Eine der Übersetzungsmöglichkeiten des hebräischen Wortes, welches im Deutschen mit „anschauen" übersetzt wurde, hat die

Bedeutung „staunend und intensiv betrachten". Die dem entsprechende neutestamentliche Stelle über eine tatsächliche Veränderung unserer Persönlichkeit in der Gegenwart Gottes lesen wir in 2. Kor. 3,18:

„Wir alle aber schauen mit aufgedecktem Angesicht die Herrlichkeit des Herrn an und werden so verwandelt in dasselbe Bild von Herrlichkeit zu Herrlichkeit, wie es vom Herrn, dem Geist, geschieht."

In unserem Gebetsraum gibt es eine Pinnwand, auf der immer die aktuellen Gebetsanliegen von Gemeinden und Einzelpersonen aushängen. Ich erinnere mich an den Fall eines kleinen Babys, für das wir mehrere Monate beteten. Es war ohne die Fähigkeit zu schlucken geboren worden. Wir beteten und beteten, und gerade als die Ärzte entschieden hatten, das kleine Kind in eine Spezialeinrichtung zu übergeben, fing es an zu schlucken. Vielleicht nicht ausschließlich, weil wir gebetet haben – aber wir haben unseren Teil dazu beigetragen und nicht aufgehört, Gott das Anliegen der Heilung des kleinen Jungen zu bringen.

Solche Geschichten erleben wir wieder und wieder – es sind Antworten eines liebenden Gottes auf das Flehen seiner Kinder. Unsere Erfahrungen mit dem Gebet für Kranke sind positiv, aber manche Gebete um Heilung werden auch nicht oder erst nach längerer Zeit erhört. Warum dies so ist, darüber haben sich schon viele den Kopf zerbrochen. Den Schluss zu ziehen, dass Gott die Menschen, deren Krankheiten nicht geheilt werden und deren Leid andauert, weniger liebt, wäre falsch. Ebenso falsch wäre es, mit dem Gebet um Heilung aufzuhören. Wunder sind Zeichen – Zeichen einer kommenden Welt, die wir in ihrer Fülle erst dann erleben werden, wenn wir im Himmel sind. Selbst Paulus kannte persönliche Not, die nicht von ihm genommen wurde, ebenso wie Heilungswunder oder das Wunder der Totenauferweckung, die er selbst wirkte (siehe z. B. 2. Kor. 12,7–9 und Apg. 28,8–10). Gottes Nähe drückt sich nicht nur in spontanen Heilungen aus, sondern gerade auch da, wo Leid und Schmerz übermächtig werden. Nicht umsonst hat David in Psalm 23 davon gesprochen, dass Gott als Hirte selbst mit ihm durch das Tal der Todesschatten geht. Im Gebet kommt Gott uns nah – und in seiner Nähe geschieht Veränderung.

> „Gepriesen sei der Gott und Vater unseres Herrn Jesus Christus, der Vater der Erbarmungen und Gott allen Trostes" (2. Kor. 1,3).

> „Nahe ist der Herr denen, die zerbrochenen Herzens sind, und die zerschlagenen Geistes sind, rettet er" (Ps. 34,19).

> „Nahe ist der Herr allen, die ihn anrufen, allen, die ihn in Wahrheit anrufen" (Ps. 145,18).

Befreiung

> „Und es geschah, wenn der Geist von Gott über Saul kam, nahm David die Zither und spielte darauf mit seiner Hand. Und Saul fand Erleichterung, und es ging ihm besser, und der böse Geist wich von ihm" (1. Sam. 16,23).

In diesem Vers wird zwar nicht explizit von Anbetung gesprochen, es liegt aber nahe, dass sie das Ziel der Musik war, die David spielte. Anbetung kann Befreiung bewirken. Ich habe oft schon erlebt, wie Musiker ohne Worte, nur mit ihren Instrumenten gebetet haben. Das Instrument wurde zum Sprachrohr, die Ebene des reinen Musizierens wurde verlassen und der Musiker drückte seine Gebete und seine Leidenschaft mit seinem Instrument aus. Dies sind Momente, die ich sehr schätze, weil sie oft mit der fast greifbaren Gegenwart Gottes einhergehen. Musik spricht zu unserer Seele, unserem Geist und unserem Herzen. Geeignete Musik kann uns helfen zu entspannen und von unseren Nöten wegzusehen, hin auf Gott. Wir dürfen nicht vergessen, dass Gott selbst die Musik geschaffen hat. Sie ist ein gewaltiges Mittel, um unser Innerstes und unsere Gedanken zu erreichen und zu bewegen – sowohl in positiver Hinsicht als auch, je nachdem, in negativer Weise.

Salbung für Prophetie

Über die Zugehörigkeit des prophetischen Dienstes zum Dienst der Leviten haben wir schon gesprochen. Prophetie ist nicht ein nettes Extra: Zur Salbung der von David berufenen Musiker gehörte sie ganz selbstverständlich dazu. Anbetung bildet geradezu den Boden für prophetisches Reden.

> „... unter der Leitung ihres Vaters Jedutun, der mit der Zither weissagte, um den Herrn zu preisen und zu loben" (1. Chr. 25,3b).

> (Elisa sprach:) „Und nun holt mir einen Saitenspieler. Und es geschah, als der Saitenspieler spielte, da kam die Hand des Herrn über ihn. Und er sagte: So spricht der Herr: ..." (2. Kön. 3,15–16a).

Machttaten Gottes und Bekehrungen

Es ist bemerkenswert, dass dem Lobpreis oft eine Entscheidung vorausgeht. Lobpreis und Anbetung sind nicht nur Reaktionen auf Erfahrungen und Emotionen, sondern Ergebnis und integraler Bestandteil eines hingegebenen Lebens. Obwohl wir manchmal von Dunkelheit umgeben sind, obwohl auch uns Not und Leidenszeiten vertraut sind, dürfen wir eine Entscheidung treffen, wie es auch der Psalmist getan hat:

> „Preise den Herrn, meine Seele, und all mein Inneres seinen heiligen Namen! Preise den Herrn, meine Seele, und vergiss nicht alle seine Wohltaten!" (Ps. 103,1–2).

Von Paulus und Silas wird uns genau berichtet, wie sie dies machten. Sie trafen eine Entscheidung und erlebten anschließend Gottes Herrlichkeit:

> „Um Mitternacht aber beteten Paulus und Silas und lobsangen Gott; und die Gefangenen hörten ihnen zu. Plötzlich aber geschah ein großes Erdbeben, sodass die Grundfesten des Gefängnisses erschüttert wurden; und sofort öffneten sich alle Türen, und aller Fesseln lösten sich. Als aber der Kerkermeister

aus dem Schlaf aufwachte und die Türen des Gefängnisses geöffnet sah, zog er das Schwert und wollte sich umbringen, da er meinte, die Gefangenen seien entflohen. Paulus aber rief mit lauter Stimme und sprach: Tu dir kein Leid an! Denn wir sind alle hier. Er aber forderte Licht und sprang hinein; und zitternd fiel er vor Paulus und Silas nieder. Und er führte sie heraus und sprach: Ihr Herren, was muss ich tun, dass ich errettet werde? Sie aber sprachen: Glaube an den Herrn Jesus, und du wirst errettet werden, du und dein Haus" (Apg. 16,25–31).

Durch die oben erwähnten Beispiele wird deutlich, dass unser Gebet und unsere Anbetung nie ohne Auswirkungen bleiben. Selbst wenn sie im stillen Kämmerlein geschehen, können sie das Leben anderer Menschen verändern. Wir als Anbeter werden immer mehr in das Bild Christi umgestaltet und ebenso berührt wie diejenigen, für die wir Fürbitte tun. Und natürlich wird Gott selbst berührt.

Die drei Hauptanliegen in einem Gebetshaus

Die wichtigsten Gebetsanliegen sind die Expansion des Reiches Gottes, die Wiederherstellung der Braut Christi, seiner Gemeinde, zu Einheit und der Herrlichkeit, die Gott ihr zugedacht hat, sowie das, was ich „das große ‚Komm!'" nenne. Anbetung und Fürbitte können alles verändern, dort wo Dunkelheit und Enge herrschen, einen Weg bahnen, damit Gottes Herrlichkeit sichtbar wird.

„Wer Dank opfert, verherrlicht mich und bahnt einen Weg; ihn werde ich das Heil Gottes sehen lassen" (Ps. 50,23).

Wie Johannes der Täufer machen wir in den Gebetshäusern uns zu einer „Stimme eines Rufenden in der Wüste", wobei das Bild der Wüste treffend für die geistliche Einöde ist, in der sich die Menschheit befindet. Es mangelt nicht so sehr an Spiritualität, aber es mangelt an der Beziehung zu dem einen wahren Gott und an der Erkenntnis Jesu Christi als Messias der Juden und Heiland der Nationen.

> „... wie geschrieben steht im Buch der Worte Jesajas, des Propheten: Stimme eines Rufenden in der Wüste: Bereitet den Weg des Herrn, macht seine Pfade gerade" (Lk. 3,4).

Unser Verlangen ist, dass Jesus offenbar wird. Wir wollen durch Anbetung und Gebet einen Weg bahnen, damit Gottes Herrlichkeit sichtbar wird und Menschen gerettet werden. Darüber hinaus gibt es noch das dritte Anliegen: Wir stimmen ein in den großen Ruf, mit dem der Text des Neuen Testamentes endet:

> „Und der Geist und die Braut sagen: Komm! Und wer es hört, spreche: Komm!" (Offb. 22,17).

> „Der diese Dinge bezeugt, spricht: Ja, ich komme bald. Amen; komm, Herr Jesus! Die Gnade des Herrn Jesus sei mit allen!" (Offb. 22,20–21).

Wir als Christen gehören zur großen Gemeinde Jesu, die gleichzeitig seine herrliche Braut ist. Ich habe schon einmal betont, dass die gesamte Bibel von einer einzigartigen Liebesgeschichte zeugt: Es gibt einen Gott, der verliebt ist in seine Geschöpfe und dessen Ziel es ist, seine Geliebten mit seinem Sohn zu vermählen, eine Partnerschaft mit ihnen einzugehen und in Ewigkeit die innigste Gemeinschaft mit ihnen zu haben, die überhaupt möglich ist. In den Versen vor Offenbarung 22,17 spricht der herrliche Gottessohn von seinem baldigen Kommen. Die Reaktion des Heiligen Geistes und der Braut Jesu ist gleichsam ein leidenschaftlicher, sehnsuchtsvoller Schrei aus der tiefsten Tiefe ihres Herzens, der seinen Abschluss in Vers 20 findet: „Komm, Herr Jesus!"

Im Gebetshaus soll dieser Ruf gehört und vernommen werden. Wir wollen nicht nur für die unmittelbar notwendigen Anliegen und Veränderungen beten, sondern auch einstimmen in das große Rufen des Geistes und der Braut, dass der König, der Bräutigam und Herr, bald wiederkommt. Ist es nicht wahrscheinlich, dass Jesus auf dieses Rufen reagiert? Wenn der Heilige Geist in diesen sehnsuchtsvollen Ruf ausbricht, wenn die Braut mit einstimmt:

Soll uns das nicht zeigen, dass Jesus auf dieses Rufen wartet und sich rufen lässt? „Komm, Herr Jesus!"

Jeder Christ sehnt sich danach, dass das Evangelium vom Reich Gottes wächst und der Leib Christi in seiner Schönheit sichtbar wird. Unsere Sehnsucht muss sich in Taten auswirken – und jede Aktion muss von Gebet getragen sein. Anbetung Gottes hat ihre Kraft nicht verloren, vielmehr ist sie durch Jesu Opfertod und unsere Versöhnung mit Gott zu einem vertrauensvollen Akt der Liebe geworden. Sie fließt nicht mehr nur vom „kleinen Menschen" zum „großen Gott", sondern vom Kind zu seinem liebenden Vater und von der Braut zu ihrem verliebten Bräutigam.

Selbst dann, wenn wir nicht die Ordnungen Davids, wie er sie in der Hütte Davids einsetzte, als Grundlage für den Dienst in einem Gebetshaus sehen wollen, finden wir im Neuen Testament genügend Aussagen, die uns als Betern und Anbetern ein gutes Fundament geben. Die bekanntesten seien hier noch einmal genannt:

> „Es kommt aber die Stunde und ist jetzt, da die wahren Anbeter den Vater in Geist und Wahrheit anbeten werden; denn auch der Vater sucht solche als seine Anbeter. Gott ist Geist, und die ihn anbeten, müssen in Geist und Wahrheit anbeten" (Joh. 4,23–24).
>
> „Betet unablässig!" (1. Thes. 5,17).

Zusammenfassend können wir festhalten, dass es Gott bei der Wiederherstellung der Hütte Davids nicht um die Wiederherstellung eines Raumes, sondern um die Anbetung und um eine Gottesbeziehung in der Qualität geht, wie David sie hatte. Wir brauchen kein nach alttestamentarischen Vorgaben erstelltes Heiligtum zu errichten, denn dort, wo Jesus ist, ist die Hütte Gottes:

> „Und ich hörte eine laute Stimme vom Thron her sagen: Siehe, das Zelt Gottes bei den Menschen! Und er wird bei ihnen wohnen, und sie werden sein Volk sein, und Gott selbst wird bei ihnen sein, ihr Gott" (Offb. 21,3).

Anmerkungen

1 Die Septuaginta ist die älteste durchgehende Bibelübersetzung. Sie übersetzt die hebräische Bibel – den Tanach – in die damalige altgriechische Alltagssprache, die Koine, durchsetzt mit „Hebraismen", die Syntax und Wortgebrauch hebräischer Textvorlagen nachahmten. Sie entstand etwa von 250 v. Chr. bis 100 n. Chr. im hellenistischen Judentum, vorwiegend in Alexandria. (Quelle: Wikipedia)

2 Der masoretische Text (von hebr. הרוסמ masora: „Überlieferung"; abgekürzt M, MT oder MasT) ist ein hebräischer Text des Tanach. Er ist Ergebnis der streng geregelten Bearbeitung älterer Bibel-Handschriften zwischen 700 und 1000 durch die Masoreten. Diese jüdischen Schriftgelehrten vokalisierten den seit 100 fixierten Konsonantentext, markierten Varianten, andere Lesarten, Parallelstellen und vermutete Fehler mit besonderen Zeichen, die man als Masora zusammenfasst und als frühe biblische Textkritik deutet. Von den verschiedenen Masorasystemen setzte sich bis zum 11. Jahrhundert das der Familie Ben-Ascher aus Tiberias durch. Von ihr stammen die ältesten vollständig erhaltenen Handschriften des Tanach (895ff), die allen heutigen wissenschaftlichen Bibelausgaben zugrunde liegen. Der tiberisch-masoretische Text galt seit der Renaissance als biblischer Urtext. Diese Annahme wurde durch Funde von bis zu 1100 Jahren älteren Bibelhandschriften unter den Schriftrollen vom Toten Meer und anderswo teilweise entkräftet. Zugleich aber bestätigten diese Funde, dass der Masoretentext für die meisten Bücher des Tanach auf früher jüdischer Bibelüberlieferung beruht und diese erstaunlich genau bewahrt. (Quelle: Wikipedia)

3 „Nach diesem will ich zurückkehren und wieder aufbauen die Hütte (od.: das Zelt) Davids, die verfallen ist, und ihre Trümmer will ich wieder bauen und sie wieder aufrichten."

4 Efod (hebräisch) bedeutet „Priesterschurz" des Hohepriesters der Israeliten. Das Efod wird im 2. Buch Mose an mehreren Stellen beschrieben: „So sollen sie nun das Efod aus Gold, violettem und rotem Purpur, Karmesinstoff und gezwirntem Byssus, in Kunststickerarbeit machen" (2. Mo. 28,6). „Seine Kopföffnung soll in seiner Mitte sein, und einen Rand in Weberarbeit soll es ringsum an seiner Öffnung haben. Wie die Öffnung eines Lederpanzers soll sie für ihn sein, damit es nicht einreißt" (2. Mo. 28,32).

5 Pentateuch (griechisch Πεντάτευχος, „Fünfgefäß", hebräisch Chumasch – von chamesch „fünf") ist ein griechischer Ausdruck für die fünf Bücher Moses. Er stammt von den Krügen, in denen Schriftrollen aufbewahrt wurden. Deren Umfang bestimmte auch seine Einteilung in fünf „Bücher" (griech. biblia). Diese bilden gemeinsam als Tora den ersten Hauptteil des Tanach, der hebräischen Bibel, bzw. des christlichen Alten Testaments.

6 Dem Wort „Gesang" im obigen Vers liegt das hebräische „massa" zugrunde. Es bedeutet „eine prophetische Last". Kenaja unterwies also die Musiker und Sänger auch im Prophezeien.

7 Jahasiël war einer der verantwortlichen Musiker in der Hütte Davids – siehe 1. Chr.16,6.

8 Flavius Josephus (*37 oder 38 als Joseph ben Mathitjahu ha Kohen, in Jerusalem; † nach 100 vermutlich in Rom) war ein jüdischer Historiker des 1. Jahrhunderts, der seine Werke, die später über Jahrhunderte hinweg zu „Bestsellern" wurden, auf Altgriechisch verfasste (zum Teil zunächst aber in seiner aramäischen Muttersprache). Quelle: Wikipedia.de.

9 http://www.intercessorsarise.org/Intercessors Arise/The Tabernacle of David.html

10 http://forerunnersmessengers.com/

11 http://www.call2all.org/

12 http://www.ywam.org/

13 http://www.ccci.org/

14 vgl http://call2all.net/Articles/1000028668/Call2All/About_Us/E_zine_Archive/The_Prayer_And.aspx

15 http://peoplegetready.org/bible-studies/great-commission-making-disciples/

Teil 2

Persönliche Vorbereitung

Nachdem wir uns bereits mit einigen Grundlagen und Voraussetzungen für einen Lebensstil des Gebets im Kontext eines Gebetshauses beschäftigt haben und das theologische Fundament steht, möchte ich genauer hinschauen und fragen: Welche Vorbereitungen muss ich treffen, um mich einer solchen Berufung dauerhaft hingeben zu können?

Intimität in der Beziehung mit Gott (zuerst Liebhaber, dann Diener)

Intimität mit Gott ist für jeden Christen, der sich in einen Gebetsdienst investieren möchte, unabdingbar. Beter werden oft mit Leid und Not konfrontiert, identifizieren sich damit und tun Fürbitte. Sie brauchen ein gefestigtes Fundament in ihrer Liebesbeziehung zu Gott.

In den fünfundzwanzig Jahren meines Christseins konnte ich beobachten, wie sich viele Christen mit großem Eifer in Dienste hineingegeben haben oder wie ihnen nahegelegt wurde, dies zu tun. Leider wurde dabei manchmal sowohl vonseiten der verantwortlichen Leiter als auch von den betroffenen Personen selbst eines nicht ausreichend bedacht:

Als Christen sind wir an erster Stelle Gottes Geliebte und erst an zweiter Stelle seine Mitarbeiter. Unsere erste Berufung ist die

Beziehung zu Gott und eben nicht der Dienst für ihn. Von Beginn der Schöpfung an lag es Gott am Herzen, uns Menschen nahe zu sein. Mich spricht der Gedanke sehr an, was Adam wohl als Erstes vor Augen hatte, als Gott ihm seinen Lebensatem einhauchte (1. Mo. 2,7):

Ohne die Trennung durch die Sünde, gleichsam unverstellt und vollkommen nah, sah Adam Gottes *Gesicht*, von dem es in der Heiligen Schrift heißt: „Fülle von Freuden ist vor deinem Angesicht." Es gibt kaum ein schöneres Bild für die Nähe zwischen Gott und seinem Geschöpf als dieses Bild aus dem 1. Buch Mose.

Wir sind tatsächlich zuerst Liebende und Geliebte. All unser Dienen ist ein Resultat der Erfahrung von Gottes Liebe und der Gewissheit darüber, wie sein Wesen ist. Die Bibel erzählt die größte Liebesgeschichte aller Zeiten und spricht von einem Gott, der sich aufmacht, sich ein Gegenüber zu schaffen – einen Partner mit einem eigenen, freien Willen; ein Kind, das er versorgen und lieben will; eine Braut für seinen Sohn, sein Gegenüber für ein Leben in ewiger Herrlichkeit. Sowohl im Alten als auch im Neuen Testament nennt die Bibel das eine, höchste Gebot:

> „Er aber sprach zu ihm: ‚Du sollst den Herrn, deinen Gott, lieben mit deinem ganzen Herzen und mit deiner ganzen Seele und mit deinem ganzen Verstand.' Dies ist das größte und erste Gebot" (Mt. 22,37–38).

Gleich im Anschluss an diese Aussage spricht Jesus vom zweiten Gebot – der Nächstenliebe. Wir sollen unseren Nächsten lieben wie uns selbst. Mir ist klar geworden, dass es sich bei der Aufzählung der beiden Gebote um eine Abfolge von Ursache und Wirkung handelt: Unser Höchstes ist es, Gott zu lieben. Er ist es tatsächlich wert und unsere Liebe zu ihm und den Menschen ist die Reaktion auf seine Liebe. Er hat uns zuerst geliebt, allein aus diesem Grund sind wir überhaupt in der Lage, ihn zu lieben (1. Joh. 4,19): „Wir lieben, weil er uns zuerst geliebt hat."

Weil Gott uns unbändig liebt, können wir in einer Liebesbeziehung mit Gott leben und ihn lieben. Deshalb können wir uns selbst annehmen und lieben, und es schafft die Voraussetzung für Liebe gegenüber anderen Menschen – sogar gegenüber unseren Feinden.

Die Reihenfolge der oben aufgezählten Liebesbeziehungen ergibt Sinn und funktioniert. Wir sind immer zuerst Geliebte und erst daraus resultierend dann auch Diener.

Wenn diese Wahrheit in unserem Leben in den Hintergrund tritt und in unserer Theologie und unserem Alltagsleben zu wenig Raum findet, dann laufen wir Gefahr, aus unserer eigenen Kraft heraus zu dienen. Der Dienst steht dann über der persönlichen Beziehung zu Gott und im schlimmsten Fall brennen wir irgendwann erschöpft und frustriert aus.

Immer wieder treffe ich Christen, denen es so ergangen ist und die fast nur noch – auf eine fromme Art und Weise – „funktionieren". Das zerstörerische innere „Du musst!", dem sie Glauben geschenkt haben, ist nun zu ihrer Motivation geworden.

„Es gibt ja so viel zu tun und Gott erwartet doch unsere volle Leistung!", so lautet das Denken im Hintergrund. Die beständig und persönlich erfahrbare Liebe Gottes ist ihnen abhandengekommen. Aus eigener, schmerzvoller Erfahrung kenne ich die teuflische Verdrehung von Gottes Absichten, weil auch ich immer wieder zugelassen habe, dass Leistungsorientierung an die Stelle der bedingungslosen Liebe Gottes getreten ist. Gottes Liebe durch (Selbst-) Gerechtigkeit und Dienst erkaufen zu wollen, heißt eigentlich, sie abzulehnen. Juliana von Norwich[1] schreibt: „Die größte Ehre, die wir dem allmächtigen Gott geben können, ist es, froh zu leben in dem Wissen um seine Liebe."

Jeder von uns dient demjenigen gerne, der ihn liebt und in den er verliebt ist. Liebe mobilisiert ungeahnte Kraftreserven und gibt gerne. Wer aber versucht, sich Liebe zu verdienen, wird nie sicher sein, ob er um seiner selbst willen geliebt wird oder eben nur für seine Leistung. Wer Liebe allein im Sinne von Dienst versteht, verpasst das Größte: die Erfahrung der Liebe Gottes in der intimen Zweisamkeit und Stille mit ihm. Wir brauchen uns nicht von Erfolgen zu ernähren. Den größten Erfolg in unserem Leben haben wir bereits sicher: Wir sind von Gott geliebt. Diesen Erfolg müssen wir uns nicht verdienen, er wurde uns geschenkt. Aus diesem Erfolg heraus leben wir, und egal wie viel Sichtbares wir verändern: Unser größter Erfolg, unser Stolz und unsere Freude ist Gottes Liebe. Glaube, Dienst und Liebe gehören zusammen – aber eben in der richtigen Reihenfolge: Der Glaube wird durch die Liebe aktiviert und äußert sich dann in Werken.

„Denn in Christus Jesus hat weder Beschneidung noch Unbeschnittensein irgendeine Kraft, sondern der durch Liebe wirksame Glaube" (Gal. 5,6).

Paulus wusste sehr gut, dass es nur eine Motivation für einen kontinuierlichen und hingebungsvollen christlichen Dienst geben kann:

„Denn die Liebe Christi drängt uns …" (2. Kor. 5,14a).

Es lohnt sich wirklich, anzuschauen, wie viel Wert Paulus – von dem viele ja ein anderes Bild haben – auf die persönliche Erfahrung der Liebe Gottes in unserem Alltagsleben legt. Gerade weil der Dienst eines 24-Stunden-Gebetshauses große menschliche und auch finanzielle Ressourcen für die Umsetzung braucht, besteht die Gefahr, dass einige wenige so hart an der Erfüllung der Vision arbeiten, dass sie sich sehr stark der Gefahr des Burnout aussetzen.

Nur durch das Bewusstsein, dass all unser christlicher Dienst mit der Motivation von Leidenschaft und Liebe geschehen kann und soll, bewahren wir unsere Mitarbeiter und unsere eigene Seele vor Schaden. Wenn es um das Thema „Liebe" geht, werden normalerweise gerne die Aussagen des Apostels Johannes herangezogen, der ja auch „der Apostel der Liebe" genannt wird. Aber schauen wir, was Paulus sagt:

„Der Herr aber richte eure Herzen auf die Liebe Gottes und auf das Ausharren des Christus!" (2. Thes. 3,5).

„Er gebe euch nach dem Reichtum seiner Herrlichkeit, mit Kraft gestärkt zu werden durch seinen Geist an dem inneren Menschen; dass der Christus durch den Glauben in euren Herzen wohne und ihr in Liebe gewurzelt und gegründet seid, damit ihr imstande seid, mit allen Heiligen völlig zu erfassen, was die Breite und Länge und Höhe und Tiefe ist, und zu erkennen die die Erkenntnis übersteigende Liebe des Christus, damit ihr erfüllt werdet zur ganzen Fülle Gottes" (Eph. 3,16–19).

Ich habe die folgende Aussage Jesu bereits erwähnt, sie ist geradezu schockierend:

„… und weil die Gesetzlosigkeit überhandnimmt, wird die Liebe der meisten erkalten; wer aber ausharrt bis ans Ende, der wird gerettet werden" (Mt. 24,12–13).

Im Vers 13 wird nämlich sehr klar, dass es bei diesem Wort nicht um Nicht-Christen geht, sondern um die Menschen, die Jesus ihr Leben anvertraut haben.

Meine persönliche Überzeugung ist es, dass wir vom „Ende" nicht mehr weit entfernt sind – ob es 5 oder 200 Jahre entfernt ist, spielt dabei keine Rolle. Wenn wir aber in der „letzten" Zeit leben, dann trifft dieses Wort Jesu auf uns zu. Wir leben in einer Welt, die uns durch ganz unterschiedliche Dinge den Glauben und das Vertrauen zu Gott nehmen will. Die Ungerechtigkeit in der Welt nimmt zu und wir Christen sind der Gefahr ausgesetzt, den Glauben an einen liebenden Gott zu verlieren. Im selben Maß aber, wie wir unser Vertrauen auf den liebenden Gott verlieren, nimmt auch unsere Fähigkeit und Bereitschaft ab, ihn und den Nächsten zu lieben. Was werden wir tun, wenn Gottes Gerichte kommen? Werden wir so in der Liebe gewurzelt sein, dass wir in allem Unglück, in Katastrophen, Leid und Tod noch immer wissen, dass Gott gut ist? Werden wir ihm noch immer folgen oder wird auch unsere Liebe erkalten? Die Frage drängt sich auf: Wie können wir in der Liebe Gottes gewurzelt und gegründet werden und darin bleiben? Wie kann es uns gelingen, uns nicht von unseren Erfolgen oder der Rückmeldung anderer Menschen zu „ernähren", sondern aus Gott zu leben?

Alles was mit der Liebesbeziehung zwischen Gott und uns Menschen zu tun hat, entspringt letztlich Gottes eigenem Wunsch und seiner eigenen Sehnsucht.

Er liebt uns nicht nur unfassbar stark, nein, er mag uns sogar. Für viele Christen ist es auf der Verstandesebene klar, dass Gott uns liebt. Aber nicht wirklich viele glauben, dass er sie auch wirklich *mag*. Wenn wir das Hohelied als Beispiel der durchaus romantischen Beziehung des Königs (Jesus) zu seiner Braut Sulamith (der Gemeinde und uns als Individuen) lesen, wird uns bald klar, wie sehr sich unser Gott nach uns sehnt, und welche Gefühle er uns gegenüber empfindet. Die gesamte Geschichte der Menschheit mündet in die große Hochzeit der Braut Christi mit dem ewigen Gottessohn. Der Vater-Gott bereitet eine Braut für seinen Sohn zu – ist das nun eine Liebesgeschichte oder nicht?

„Ich gehöre meinem Geliebten, und nach *mir* ist sein Verlangen!" (Hl. 7,11).

Wenn wir das im Herzen erfassen, nicht nur im Kopf, dann haben wir – neben seinem Tod aus Liebe – das Wichtigste über Gott erkannt. Henri J. M. Nouwen[2] schreibt Folgendes:

„Es ist also tatsächlich so: Sehr oft leben wir so, als wären wir das, was wir *tun*, was die Leute über uns *sagen* und was wir *haben*. Stellen Sie sich einmal einen Moment diese Lebenslinie vor: Die Leute sind stolz auf Sie. Sie tun eine Menge guter Dinge. Und Sie besitzen einiges: Das alles gibt Ihnen ein Hochgefühl, Sie fühlen sich gut. Aber sobald die Leute anfangen, gegen Sie zu reden, wenn Sie etwas von dem gutem Besitz verlieren oder beginnen, sich nutzlos zu fühlen, dann stürzen Sie ab oder fühlen sich mies. Solange bei diesen drei Begriffen Ruhe ist, empfinden Sie ‚Dies ist ein guter Tag', und wenn da etwas passiert, dann wird es ‚*ein schlechter Tag*'. Und ohne dass man es merkt, wird daraus ein Lebensmuster. Wenn Sie sagen: ‚Ich bin, was ich tue; was die Leute über mich sagen und was ich habe', dann hängt Ihre gesamte Identität, Ihre Vorstellung davon, wer Sie sind, von der Welt ab. Es wird Ihnen von außen, von der Welt draußen vorgegeben. Und wenn Sie sterben, bleibt nichts übrig, denn Sie waren das, was Sie von außen bekamen."[3]

Auf unsere Situation als Mitarbeiter oder Leiter eines Gebetshauses bezogen heißt das, dass mein Erfolg, die Anzahl der Besucher in den von mir geleiteten Gebets- oder Anbetungsstunden, die Menge der insgesamt bereits abgedeckten Stunden, die Größe der Mitarbeiterschaft, die Anzahl der mit uns zusammenarbeitenden Gemeinden, die positiven oder negativen Rückmeldungen der Besucher zu „meiner" Stunde und der Art, wie ich sie leite, niemals zu unserer „Nahrung" werden dürfen. Sobald wir uns von einem der oben genannten Dinge „ernähren" und uns darüber identifizieren, legen wir den „Schild des Glaubens" zur Seite und machen unsere Seele sehr verletzlich. Wir leben nicht mehr aus dem Glauben, sondern aus dem Schauen. Wenn wir tief in unser Herz hineinsehen, können wir sogar erkennen: Eigentlich dienen wir nicht Gott, sondern uns selbst und dem Wohlergehen unserer Seele. Wir kompensieren einen inneren Mangel.

Davor müssen wir uns schützen, denn aus eigener Erfahrung weiß ich, dass es beispielsweise Zeiten im Gebetshaus gibt, in denen man ganz allein ist. Kein Besucher oder Mitbeter kommt. Niemand sieht und hört meinen Einsatz, keiner lobt mich. Meine Motivation muss deshalb immer die sein, dass ich unabhängig von Menschen und ihrer Rückmeldung bleibe. Dafür muss ich mir aber meiner völligen Abhängigkeit von Gott bewusst sein und ihm aus Liebe im Gebetshaus dienen. Ich weiß, das klingt fast perfekt und es ist im Alltag nicht immer so einfach umzusetzen.

Dennoch: Wir müssen „in Liebe gewurzelt und gegründet sein", um dauerhaft und mit Ausharren dienen zu können. Wenn wir erkennen, dass unser Dienst als Priester und Leviten zuerst ein Dienst vor Gott und nicht vor Menschen ist, wenn wir weiterhin erkennen, dass wir in unseren Gebetsstunden eine Audienz bei Gott haben und er uns aufmerksam zuhört, dann ist die Anzahl der Besucher nicht wichtig. Dann singen, spielen und beten wir in allererster Linie zu Gott. Unser Dienst richtet sich zuerst an ihn und erst in zweiter Linie an Menschen. Das ist das Resultat, wenn das erste Gebot an die ihm zugemessene erste Stelle in unserem Leben gesetzt wurde. Was wir tun, tun wir zunächst aus Liebe zu Gott.

Der gesamte Dienst von Jesus als Mensch auf Erden war geprägt von einem gewaltigen „Startkapital", welches der Vater ihm vor Beginn seines öffentlichen Dienstes mit auf den Weg gegeben hatte:

> „Es geschah aber, als das ganze Volk getauft wurde und Jesus getauft war und betete, dass der Himmel geöffnet wurde und der Heilige Geist in leiblicher Gestalt wie eine Taube auf ihn herabstieg und eine Stimme aus dem Himmel kam: Du bist mein geliebter Sohn, an dir habe ich Wohlgefallen gefunden" (Lk. 3,21–22).

Welch eine Grundlage! Wer von uns wäre von einer solchen Aussage über seinem Leben nicht enorm begeistert und hingerissen, voller Motivation und Dankbarkeit? Aber: Kann es nicht sein, dass Gott tatsächlich etwas Ähnliches über uns denkt? Nicht nur das: Er denkt sogar exakt dasselbe über jedes seiner Kinder! Wir dürfen und müssen wissen, dass unser Gott und Vater diese Aussage auch über uns macht. Ein für alle Mal haben wir sein Herz gewonnen und seine Zuneigung ist uns für immer sicher (s. Hl. 4,9). Nichts kann uns mehr von Gottes Liebe trennen, Misserfolge ebenso wenig wie Erfolge. Er liebt uns sogar in unserer Unvollkommenheit und Schwachheit, er ist immer *für* uns.

Jesu Dienst auf Erden war geprägt von dem Wunsch Gottes, uns Menschen zu zeigen, dass er uns so sehr liebt wie seinen Sohn Jesus:

„Und ich habe ihnen deinen Namen kundgetan und werde ihn kundtun, damit die Liebe, womit du mich geliebt hast, in ihnen sei und ich in ihnen" (Joh. 17,26).

Dies – und allein dies – ist die Grundlage unseres Dienens. Ich wiederhole: Wir dienen nicht, um geliebt zu sein. Wir dienen, weil wir so sehr geliebt werden. Henri Nouwen schreibt weiter: „Ich möchte, dass Sie beginnen zu sehen, wie Sie diese Wahrheit für sich entdecken und beanspruchen können. Dass Sie sagen können: ‚Ich möchte für mich selbst diese Wahrheit ergreifen, dass ich der Geliebte Gottes bin.' Denken Sie einen Moment lang an Jesus. Als Jesus getauft wurde, stieg er aus dem Wasser und eine Stimme sagte: ‚Du bist mein Geliebter. An dir habe ich Wohlgefallen. Du bist der Geliebte Gottes!' Und diese Stimme begleitete und leitete alles, was Jesus sagte und tat. Wo immer er hinging, wo immer er redete, immer wusste er, dass da die Stimme war, die ihn ‚Geliebter' nannte. Die Menschen liebten und sie hassten ihn, sie applaudierten ihm und sie kreuzigten ihn, sie spuckten ihn an und sie klopften ihm auf die Schulter. Aber was auch immer geschah, er sagte: ‚Ich bin der Geliebte. Das ist die Wahrheit – was immer die Leute sagen oder tun.' Das ermöglichte ihm, voller Treue Gott gegenüber durchs Leben zu gehen."

Für uns und unsere Aufgabe im Haus des Gebets bedeutet dies: Die Liebe Gottes zu mir persönlich macht es mir möglich, treu zu sein und mein Leben ins Gebet auszugießen. Wir müssen uns im Klaren darüber sein, dass wir nur etwas ausgießen können, was vorher in uns hineingegossen wurde – und immer neu, wieder und wieder in uns hineingegossen wird. Nun kommt aber doch noch der Apostel Johannes zu Wort, der mit dem schon mehrfach angedeuteten kleinen Satz all das, was ich oben zu sagen versucht habe, auf den Punkt bringt:

„Wir lieben, weil er uns zuerst geliebt hat" (1. Joh. 4,19).

Das Einzige, was uns und unsere Mitarbeiter in einem Gebetshaus kontinuierlich motivieren kann, zu beten und nie aufzuhören, ist das Bewusstsein und die Erkenntnis, dass Gott uns über alle Maßen liebt und dass es ihm sehr viel bedeutet, wenn wir ihn wiederlieben. Wir können uns oder unsere Mitarbeiter unter Druck setzen, wir können ihnen ein schlechtes Gewissen einreden und so versuchen, sie dazu zu bringen, noch mehr zu beten – aber das wird nicht tragfähig sein. Mitarbeiter, die erkannt haben, dass Gott sich nach ihnen sehnt und sie liebt, obwohl sie nicht perfekt sind, sind motiviert, Gott zu lieben, und werden ihre Zeit gerne ins Haus des Gebets investieren.

Der Blickwinkel, aus dem wir die großartigen Wahrheiten der oben gemachten Aussagen betrachten, ist der eines Fürbittenden oder Anbeters, der aus einer Beziehung zu Jesus heraus dienen und nicht „trockenlaufen" will.

Die Kernaussagen lauten:

1. Unsere Liebesbeziehung zu Gott ist wichtiger als jeder Dienst.

2. Diese Beziehung braucht Zeit und diese Zeit darf nicht durch den Dienst beschnitten werden.

3. Alles was im Gebetshaus passiert, soll Ausfluss und Ergebnis meiner persönlichen Beziehung zu Gott sein.

4. Meine Bestätigung kommt immer aus meiner Beziehung zu Gott und nicht aus den lobenden Rückmeldungen oder der kritischen Ablehnung anderer Menschen.

5. Meine Motivation ist die Liebe Gottes für mich persönlich.

Autorität durch Intimität

Jesus war ein wirklicher Mensch, so wie du und ich. Er war zugleich völlig Mensch und völlig Gott. Aber interessanterweise hatte er etwas, was selbst die von ihm ausgesandten Jünger zu einem bestimmten Zeitpunkt noch nicht hatten. In Matthäus 17 lesen wir, wie Jesus einen Besessenen befreite, den seine Jünger offenbar nicht befreien konnten. Dabei fällt eine interessante Aussage auf:

„Und Jesus bedrohte ihn, und der Dämon fuhr von ihm aus; und von jener Stunde an war der Junge geheilt. Da traten die Jünger für sich allein zu Jesus und sprachen: Warum haben wir ihn nicht austreiben können? Er aber spricht zu ihnen: Wegen eures Kleinglaubens; denn wahrlich, ich sage euch, wenn ihr Glauben habt wie ein Senfkorn, so werdet ihr zu diesem Berg sagen: Hebe dich weg von hier dorthin!, und er wird sich hinwegheben. Und nichts wird euch unmöglich sein" (Mt. 17,18–21).

Jesus führte ein Leben im Gebet und der engen Beziehung zu Gott dem Vater, er tat nur, was er den Vater tun sah (Joh. 5,19). Bemerkenswert ist, dass er in dieser speziellen Situation weder gebetet noch gefastet hatte, obwohl er doch diese beiden Dinge als Voraussetzung für den erfolgreichen Befreiungsdienst nannte. Warum? Kann es sein, dass sein „himmlisches Bankkonto" voll war und er in den Situationen, in denen es nötig war, Autorität „abheben" und sie anwenden konnte? In einem Gebetshaus geraten wir immer wieder in Situationen, in denen wir vollmächtiges Gebet brauchen. Vollmacht und Autorität kommen aber meiner Erfahrung nach nicht daher, dass wir den Namen Jesus wie eine Zauberformel benutzen. Sie entspringen der so vertrauten Nähe zu Gott im Alltag, dass er uns göttliche Autorität und Vollmacht übertragen kann. Eine Schlüsselaussage zu diesem „In-Gott-Sein", ein Vers, der mir in meinen persönlichen Zeit mit Gott sehr wichtig ist, steht im Kolosserbrief:

„Denn ihr seid gestorben, und euer Leben ist verborgen mit dem Christus in Gott" (Kol. 3,3).

Unsere Autorität im Gebet kommt nicht von uns, sondern entspringt einer innigen Beziehung mit Gott.

Die Bedeutung unserer Zeit erfassen

Neben der Intimität in unserer Beziehung zu Gott ist die zweite Säule für den Dienst im Gebetshaus, dass uns bewusst ist, in welcher Zeit wir leben. Die Zeichen der Zeit drängen uns zum Aufbau eines Anbetungs- und Gebetsdienstes, der erst endet, wenn Jesus wiederkommt. Ich weiß, dass gerade in charismatisch-pfingstlichen Kreisen immer wieder von der Endzeit gesprochen wird. Ist das falsch? Ich glaube nicht, denn auch Paulus lebte in dem, was wir die Naherwartung von Jesu Wiederkunft nennen.

Ich kann die langen Diskussionen mit einem ehemaligen Arbeitskollegen nicht vergessen, den ich sehr schätze. Wieder und wieder versuchte er mich dazu zu „bekehren", dass der Glaube an Gott Unsinn sei. Seiner Meinung nach würde sich der Mensch immer weiter positiv entwickeln, um irgendwann engelsgleich zu sein. Dann würden die Menschen in Harmonie, Frieden und in gegenseitiger Achtung miteinander leben. Das ist zwar durchaus eine schöne Vorstellung, aber die Realität sieht anders aus. Ich weiß nicht, ob es je in der Menschheitsgeschichte mehr Gewalt, mehr Konflikte und größere Ungerechtigkeit gegeben hat. Missbrauch, Sklaverei und Verfolgung geschehen in nie da gewesenem Ausmaß. Und dabei brauchen wir nicht einmal auf die aktuellen Krisenherde zu sehen, ein Blick in unser direktes Umfeld reicht aus. Wir befinden uns nicht in einer evolutionären Vorwärtsbewegung, sondern in einer moralischen Abwärtsspirale. Ich sehe – auch in den Geschehnissen in der Natur – vieles, was mit Jesu Endzeitreden übereinstimmt. Gleichzeitig hat eine große spirituelle Suche begonnen. Obskure Sekten sind auf dem Vormarsch und östliche, heidnische Religionen haben auch in unseren Breiten Hochkonjunktur. Wir müssen erkennen, dass es Zeit ist, ernstlich und ohne Unterlass zu beten – mehr als je zuvor. Wir müssen beten, dass Gott in unseren Kirchen und Gemeinden wieder gegenwärtig ist und die Finsternis zurückgedrängt wird. Wir müssen beten, dass Menschen für Jesus gewonnen werden und die Gemeinden und Kirchen evangelistisch tätig werden. Wir müssen beten, dass Gott Erbarmen und Gnade schenkt und unsere Städte geistliche Erweckungen erleben. Ich bin überzugt, dass Erweckungen in unserer Zeit und Gesellschaft möglich sind – wenn wir nicht aufhören zu beten.

Ein neues Verständnis von Gebet

Ein Freund von mir ist Priester der anglikanischen Kirche in Freiburg. Er setzt sich viel mit Theologie auseinander und schrieb seine Doktorarbeit über die Frage, inwieweit unsere Theologie unser Alltagsleben prägt. Wenn wir uns unterhalten, macht er mich immer wieder darauf aufmerksam, wie sehr unsere Theologie prägt, was wir glauben und wie wir Gottes Reden verstehen.

Das hat mich darin bestätigt, dass ein gesundes, biblisches Gottesbild eine wichtige Voraussetzung für die Gründung eines Gebetshauses ist. Ich möchte einige kurze Beispiele aus meinem eigenen Leben erzählen, die sehr gut beschreiben, wie eine Veränderung der Theologie unser Leben verändern kann. Möglicherweise kann sich der ein oder andere Leser darin wiederfinden. Die ebenfalls aufgeführten Bibelstellen sind wesentliche Fundamente für alle Menschen, die sich in ein Haus des Gebets investieren wollen.

Lange Jahre arbeitete in meiner Heimatgemeinde eine Pastorin, der Gebet besonders am Herzen lag. Sie versuchte immer wieder, uns die Wichtigkeit des Betens nahezubringen. Ab und zu veranstaltete und leitete sie sogenannte „Gebetshalbnächte". Das waren Gebetstreffen, die von 20 bis 24 Uhr dauerten. Ich erinnere mich gut an ihre Ankündigungen in den regulären Gottesdiensten. Immer wieder schien es mir so, als ob die Gemeinde auf die Ankündigung äußerlich mit Zustimmung, innerlich aber mit einem unangenehmen Gefühl reagierte – zumindest bei mir war das so. Überzeichnet, könnte man sich die Reaktion ungefähr folgendermaßen vorstellen:

(Pastorin:) „Am kommenden Samstag werden wir wieder eine Gebetshalbnacht in der Gemeinde durchführen!" (Gemeinde äußerlich:) „Ja, sehr gut!" (Gemeinde innerlich:) „Oh nein!"

Warum reagierte zumindest ich so? Weil mein Verständnis von Gebet sehr unausgereift und verschwommen, zum Teil sogar negativ war. Einerseits wusste ich: Gebet ist eine gute Sache. Also musste ich die Ankündigung einer Gebetshalbnacht bejahen. Andererseits hatte ich ein solches Bild vom Beten, dass es für mich zur gleichen Kategorie wie ermüdende oder langweilige Arbeit gehörte.

Irgendwann stieß mich Gott dann richtiggehend auf die bekannten Verse in Jesaja 56, die sich die allermeisten Gebetshäuser auf die Fahne geschrieben haben. Einige der Aussagen in diesen Bibelversen werden immer wieder betont, andere scheinen jedoch eher übersehen zu werden. Interessanterweise sind es gerade die eher vernachlässigten Aussagen, die mein Bild und mein Verständnis so stark verändert haben, dass ich heute jemand bin, der Gebet liebt.

> „Und die Söhne der Fremde, die sich dem Herrn angeschlossen haben, um ihm zu dienen und den Namen des Herrn zu lieben, ihm zu Knechten zu sein, jeden, der den Sabbat bewahrt, ihn nicht zu entweihen, und alle, die an meinem Bund festhalten; die werde ich zu meinem heiligen Berg bringen und sie erfreuen in meinem Bethaus. Ihre Brandopfer und ihre Schlachtopfer sollen mir ein Wohlgefallen sein auf meinem Altar. Denn mein Haus wird ein Bethaus genannt werden für alle Völker" (Jes. 56,6–7).

Die erste Aussage, die mir plötzlich ins Auge sprang, mich völlig überraschte und gleichzeitig mein gesamtes Bild von Gebet infrage stellte, war diese: „… und sie erfreuen in meinem Bethaus". Wie sollte so etwas möglich und wirklich wahr sein: Freude im Gebet zu empfinden, Freude an Gebet zu haben, von Gott im Gebet mit Freude beschenkt zu werden? Als ich schließlich verstanden hatte, dass Gott uns beim Beten Freude geben möchte, habe ich mich mit der logisch folgenden Frage auseinandergesetzt, wie diese Freude denn im Gebet Raum finden könne. Die Antwort darauf möchte ich im Kapitel „Anbetung und Gebet" geben. Hier sei nur so viel dazu gesagt: Als mir klar wurde, wie Gott mich sieht und wie er sich das Beten vorstellt, wurde mein Gebetsleben revolutioniert.

Die zweite Aussage, die zur Veränderung meines diesbezüglichen Verständnisses führte, steht im selben Abschnitt, in Vers 7: „... die werde ich zu meinem heiligen Berg bringen". Hier weist Gott uns auf einen ganz wichtigen Punkt hin: Wir brauchen uns keinen Weg zu ihm zu erkämpfen, uns nicht in eine „Gebetsstimmung" zu bringen oder ihn „herabzubeten". Gott hat versprochen, dass er diejenigen, die sich entschieden haben, ihm zu dienen und ihn zu lieben, auf seinen heiligen Berg bringen wird. Der „heilige Berg" ist ein Sinnbild für den Wohnort Gottes. Es ist schon eine fantastische Aussage, dass offenbar der allmächtige Gott uns in seine Gegenwart mitnehmen möchte. Fast unglaublich aber erscheint es, dass er dies mit einem ganz bestimmten Ziel tut: Er möchte uns Freude schenken – in der Begegnung und im Gespräch mit ihm, Freude im Flehen, im Ringen, im Danken und Loben. Nach wie vor begeistert mich diese großartige Wahrheit. Gott will dich und mich in seiner Nähe haben, er will uns mit Freude überschütten! Diese Aussage deckt sich exakt mit weiteren Kernaussagen der Bibel:

„Du wirst mir kundtun den Weg des Lebens; Fülle von Freuden ist vor deinem Angesicht, Lieblichkeiten in deiner Rechten immerdar" (Ps. 16,11).

„Aber freuen werden sich die Gerechten, sie werden jauchzen vor dem Angesicht Gottes und jubeln in Freude" (Ps. 68,4).

Und schließlich als dritter Punkt: Was wir als Individuen – mit unseren unterschiedlichen Begabungen, Neigungen und Wesenszügen – Gott im Gebet bringen möchten, was wir ihm bringen können, wird Gott angenehm sein, denn „... ihre Brandopfer und ihre Schlachtopfer sollen mir ein Wohlgefallen sein auf meinem Altar".

Das Wort „sollen" in Vers 7 hat nicht die Bedeutung „gefälligst mal", sondern „werden". Die *Hoffnung für alle* übersetzt: „... und ich werde ihre Opfer annehmen", die *Gute Nachricht* schreibt: „... und ich werde an ihren Opfern Freude haben".

Gott freut sich über alles, was wir ihm im Gebet bringen. Wenn man das Wesen Gottes besser kennen- und verstehen lernt, wenn man einrechnet, dass er beziehungsorientiert ist und jemand, der es liebt, sich als Vater zu offenbaren, dann wird einem schnell klar, was er empfindet, wenn wir uns von ihm in seine Gegenwart mitnehmen lassen. Dann verstehen wir, was es Gott bedeutet, wenn wir ihm dort unsere Fürbitten, unseren Dank und unsere Liebesworte schenken. Dann beginnen wir zu glauben, dass Gott, der allmächtige Gott, unsere Opfer liebt. Er liebt unsere Gaben, er liebt unsere Gebete – weil er *uns* liebt – und weil er selbst Liebe *ist*!

Als Reaktion auf diese oft überlesenen, wenig beachteten Aussagen aus einem sehr bekannten Absatz der Bibel hat sich mein Verständnis von Gebet radikal verändert und gleichzeitig auch mein Gottesbild. Ich liebe Gebet, weil ich es liebe, mit meinem Gott zusammen zu sein und von ihm geliebt zu werden. Vor seinem Angesicht ist tatsächlich „Freude die Fülle"!

Freude im Gebet

Wenn wir den Worten der Bibel Glauben schenken, entdecken wir, dass es offenbar tatsächlich eine kontinuierlich sprudelnde Quelle der Freude gibt – und sie scheint direkt in Gott zu entspringen. Gott kennt Freude. Er selbst ist fähig, sich zu freuen, und möchte, dass wir Freude erleben. Die Freude, die er uns geben will, ist mehr als eine temporäre, spontane Erfahrung. Wenn wir uns die biblischen Aussagen zum Thema Freude anschauen, fällt auf, dass Gott der Vater uns zu einem Lebensstil der Freude verhelfen möchte. Dabei geht es ganz offenbar um Freude, die aus einer vertrauten Beziehung kommt, in der die Rollen und Positionen der Beziehungspartner klar und offen sind: Jeder weiß, wer er ist und was er dem anderen bedeutet. Daraus entspringt Freude.

Nicht jeder Ausdruck von Freude, den ich im christlichen Umfeld erlebt habe, ist für mich immer greifbar oder erstrebenswert gewesen. Das mag zu einem gewissen Teil an mir liegen. Gerade in Bezug auf Gott aber ist es mir wichtig, ehrlich und authentisch zu sein. Der oft unterschwellig vorhandene Anspruch, dass ich als Christ doch eigentlich fröhlicher zu sein hätte, mich doch „im Herrn" freuen sollte, meine innere Freude doch auch äußerlich zeigen müsste, setzte mich manches Mal unter Druck und verlangte mir ab, was ich nicht spontan hervorbringen konnte. Dennoch: Um die Aussagen des Neuen Testaments zum Thema Freude kommen wir nicht herum. Paulus, ein Mann, der mit Leid, Mangel und mancherlei Beschwernissen vertraut war, fordert die Leser seiner Botschaften immer wieder auf, „sich zu freuen". Es muss also wirklich etwas dran sein, es muss mehr dahinterstecken!

„Majestät und Pracht sind vor seinem Angesicht, Kraft und Freude in seiner Stätte" (1. Chr. 16,27).

Hier wird tatsächlich ausgesagt, dass an dem Ort, wo Gott wohnt, also da, wo er ist, neben Majestät, Pracht und Macht eines vorherrscht: Freude! Die Elberfelder Übersetzung von 1905 benutzt anstelle des Wortes „Stätte" die Bezeichnung „Wohnstätte". Wir glauben ohne Probleme, dass in Gottes Gegenwart Majestät, Pracht und Macht sind – das passt alles gut zum Bild vom Heiligen Gott auf seinem Thron. Aber das ausschließliche Wahrnehmen dieser Dinge kann uns leicht dazu verführen, distanziert zu bleiben und „auf uns herunterzusehen", wo wir oft genug das Gegenteil wahrnehmen. Aber neben diesen Dingen, die uns in Bezug auf Gott vertraut sind, ist da noch etwas: nämlich die Freude. Freude bedeutet im Kontext der Gegenwart Gottes auch: Unbeschwertheit, Gelassenheit, Vertrautheit, Intimität, Freude aneinander, Freude übereinander. Gott ist von Freude umgeben! Er wohnt in einer Umgebung der Freude, er ist sogar der Verursacher und der Urheber der Freude selbst. Freude geht von ihm aus, sein Innerstes ist erfüllt von Freude. Ich weiß, das ist schwer zu glauben. Unser lange verinnerlichtes Bild vom leicht zu erzürnenden „Buchhalter-Gott" kämpft gegen diese Offenbarung. Dennoch: Versuchen wir doch einmal – zumindest für die Zeit, die wir brauchen, um diesen Abschnitt zu lesen – den Gedanken zuzulassen, dass Gott eine Person ist, die eine Grundhaltung der Freude in sich trägt.

Mit welcher Haltung dürfen wir als Christen in die Gegenwart Gottes kommen? Mit welcher Erwartung gehen wir ins Gebet oder fangen an, Gott anzubeten? Wie ist das Spannungsverhältnis zwischen der beschriebenen Freude einerseits und persönlicher Heiligung andererseits zu erklären? Ich nehme den Aufruf zu persönlicher Heiligung ernst. Ich weiß, dass ich oft falle und dass zu jedem meiner Lebenstage auch das Versagen gehört. Mir ist klar, dass ich mich nicht selbst verändern kann. Ebenso klar ist mir aber auch, dass ich eine Eigenverantwortung habe für das, was ich mir anhöre, ansehe und womit ich mich beschäftige. Es muss uns jedoch bewusst sein, dass es nur aus lauter Liebe und Gnade möglich ist, mit Gott Gemeinschaft zu haben und zu ihm kommen zu dürfen. Der freie Zugang für uns unvollkommene Wesen hat ihn einen unglaublichen Preis gekostet und den will ich nicht mit Füßen treten oder gering achten. Gott ist noch immer ein verzehrendes Feuer und ein heiliger Gott – er ist nicht „mein Kumpel". Ich sehe wohl die Spannung, die dadurch entsteht, dass Gott völlig heilig und rein ist, sich gleichzeitig aber auch als liebender Vater offenbart hat.

Vielleicht kann man es folgendermaßen zusammenfassen: Sünde hat in der Regel negative Auswirkungen auf Beziehungen. Gott aber möchte nicht, dass unsere Beziehung zu uns selbst, unsere Beziehungen untereinander und zu ihm zerstört werden – deshalb lehrt er uns, die Sünde abzulehnen und abzulegen. Wir sollen verstärkt so sein und handeln wie er – ohne Sünde – und dadurch in die Lage versetzt werden, gesunde, dauerhafte und Freude spendende Beziehungen zu leben. Bei der „Heiligung" geht es allerdings weniger um den Versuch, aus eigener Kraft Gott ähnlicher zu werden, als vielmehr um das bewusste Ablegen von zerstörerischem Handeln mit der Unterstützung des Heiligen Geistes und dem Bestreben, durch Gemeinschaft mit dem liebenden

Gott „in sein Bild" umgestaltet zu werden (siehe 2. Kor. 3,18). Er selbst hat uns in den Stand von „Gerechten" versetzt, was unsere Leistung und Selbstgerechtigkeit niemals bewirken können.

Zurück zu unserer Ausgangsfrage: Mit welcher Haltung dürfen wir in die Gegenwart Gottes kommen? Psalm 68 gibt uns einen guten Hinweis:

> „Aber freuen werden sich die Gerechten, sie werden jauchzen vor dem Angesicht Gottes und jubeln in Freude" (Ps. 68,4).

Einer Offenbarung kam es gleich, als ich endlich verstand, dass ich allein durch Gnade und Jesu Tod ein für alle Mal in den Stand des Gerechten versetzt wurde.

> „Ich mache die Gnade Gottes nicht ungültig; denn wenn Gerechtigkeit durch Gesetz kommt, dann ist Christus umsonst gestorben" (Gal. 2,21).

Wir dürfen also mit Freude in Gottes Gegenwart kommen! Stellen wir uns die Szene doch einmal bildlich vor: Gott ist auf seinem Thron, umgeben von herrlichen Wesen, alles ist voller Glanz und leuchtet in den schönsten Farben. Die Atmosphäre ist erfüllt von Majestät, von Licht, von Herrlichkeit. Kein Schatten – weder äußerlich, noch innerlich – trübt das fantastische Bild. Und da ist noch etwas zu spüren, und das durchdringt alles andere. Gottes Macht, seine Herrlichkeit und Pracht sind wie die Strophen eines perfekten Liedes; der Chorus aber, in den alles und jeder einstimmt, heißt: Gott ist Liebe!

Wie eine mächtige Welle erfasst große Freude jedes Geschöpf, jeden Klang, jede Aktion vor Gottes Thron! Zu diesem einzigartigen Ort sind wir eingeladen, über diesen Ort spricht Psalm 16. Wir dürfen an der Freude, die immerzu aus Gottes Herz kommt, teilhaben und uns an seiner Gegenwart erfreuen. Wir sind keine stillen Beobachter, sondern vom Vater herzlich eingeladen, teilzunehmen. Diese Einladung gilt nicht nur für einzelne Momente, sie ist ewig gültig. Die Freude Gottes weicht nicht von ihm, sie ist

Teil seines Wesens und ist erfahrbar für uns – wann immer wir zu ihm kommen. Das müssen wir uns als Beter und Anbeter bewusst machen! Wenn wir dies erkennen, erleben wir vielleicht sogar etwas wie einen dauerhaften Durchbruch zur Freude. Noch einmal, damit unser zweifelndes Herz es auch wirklich aufnehmen kann: Gott möchte, dass wir so – mit diesem Bewusstsein – zu ihm kommen. Er hat den Weg bereitet, die Voraussetzungen sind von ihm selbst geschaffen worden. Wenn wir sündigen, dürfen wir immer umkehren und erlangen sofort Vergebung und Annahme. Sünde soll uns nicht noch mehr schaden, indem sie von Gott wegtreibt. Unsere Sündhaftigkeit soll uns stattdessen zu Gott hin treiben – an den einzigen Ort der Vergebung und Wiederherstellung.

> „Dem aber, der euch ohne Straucheln zu bewahren und vor seine Herrlichkeit tadellos mit Jubel hinzustellen vermag, dem alleinigen Gott, unserem Retter durch Jesus Christus, unseren Herrn, sei Herrlichkeit, Majestät, Gewalt und Macht vor aller Zeit und jetzt und in alle Ewigkeiten! Amen" (Jud. 24–25).

Jetzt lassen wir noch ein paar weitere Aussagen zum Thema Freude auf unser Herz wirken. Sie gelten für dich und für mich. Es ist dem Vater wichtig, dass du sie kennst und auf dich beziehst. Wenn wir ins Gebet und die Anbetung gehen, dürfen wir uns dieser Wahrheiten sicher sein. Beachte beim Lesen der Verse, von wem die Freude ausgeht, und auch, wer oder was eigentlich der Grund zur Freude ist.

> „So werde ich kommen zum Altar Gottes, zum Gott meiner Jubelfreude, und werde dich preisen auf der Zither, Gott, mein Gott!" (Ps. 43,4).

> „Du hast Freude in mein Herz gegeben, mehr als jenen zu der Zeit, da sie viel Korn und Most haben" (Ps. 4,7).

> „Meine Wehklage hast du mir in Reigen verwandelt, mein Sacktuch hast du gelöst und mit Freude mich umgürtet, damit meine Seele dich besinge und nicht schweige. Herr, mein Gott, in Ewigkeit will ich dich preisen" (Ps. 30,12–13).

„Doch mögen sich freuen alle, die sich bei dir bergen, und jubeln allezeit. Du beschirmst sie, darum jauchzen in dir, die deinen Namen lieben" (Ps. 5,12).

„Denn in ihm wird unser Herz sich freuen, weil wir seinem heiligen Namen vertrauen" (Ps. 33,21).

„Und meine Seele wird jauchzen über den Herrn, wird sich freuen über seine Hilfe" (Ps. 35,9).

„Es mögen fröhlich sein und sich freuen an dir alle, die dich suchen" (Ps. 40,17a).

Wenn wir verstanden haben, dass vor Gottes Angesicht große Freude zu finden ist, dann werden wir einstimmen können in die Worte Davids und werden es lieben, viel Zeit in seiner Gegenwart zu verbringen:

„Ich freute mich, als sie zu mir sagten: ‚Wir gehen zum Haus des Herrn!'" (Ps. 122,1).

Anbetung und Gebet

In diesem Buch habe ich immer wieder von Anbetung *und* Gebet gesprochen – warum?

Erstens glaube ich, dass Fürbitte aus der Anbetung fließen sollte. Jede Fürbittzeit sollte mit einer Zeit des Dankens und der Anbetung beginnen. Manchmal vergessen wir im Eifer unseres Dienstes, innezuhalten, um uns klarzumachen, wie viele unserer Gebete Gott tatsächlich schon erhört hat. Erinnern wir uns noch einmal an die Worte von Mike Bickle, der sinngemäß sagte: „Anbetung ist die Übereinstimmung mit Gottes Wesen, Gebet die Übereinstimmung mit seinem Willen." Unsere Gebetszeiten werden viel lebendiger, sie fallen uns leichter und sind zugleich intensiver, wenn Anbetung und Fürbitte zusammenkommen. Wenn wir uns nämlich immer wieder vor Augen halten, zu wem wir eigentlich beten, wird unser Glaube für die Erhörung der Gebete gestärkt und unsere Liebe und Leidenschaft nehmen weiter zu.

In Ps. 50,23 (Luther) heißt es: „Wer Dank opfert, der preiset mich; und da ist der Weg, dass ich ihm zeige das Heil Gottes."

Vor einigen Jahren erkannte ich durch die Worte einer Freundin, dass Gott das gängige Paradigma des Gebets ändern möchte, eigentlich aber nicht zu etwas Neuem, sondern zu dem biblischen Standard, den Jesus uns gezeigt hat. Es ist, als ob Gott unseren „Gebetsstandort" verändern möchte. Ich will versuchen, diese Aussage mit einem Bild klarer zu machen: Viele Jahre war es unsere Gewohnheit „von unten nach oben" zu beten: wir als Menschen hier unten auf der Erde, Gott aber oben im Himmel. In unseren Gebetszeiten standen wir in diesem Bewusstsein vor Gott und versuchten von „hier unten" diesen Gott „da oben" zu bewegen, doch etwas zu tun, unsere Gebete zu beantworten und unseren Nöten zu begegnen. Nach dem Paradigmenwechsel sieht es so aus: Durch Anbetung kommen wir in Gottes Gegenwart, treten vor seinen Thron und begeben uns mit unserem Geist an himmlische Orte – wir sind bei ihm. Wir haben mit Gott Gemeinschaft, beugen uns vor ihm, erfahren seine Liebe, wir beten ihn an, wir kommen an. Interessanterweise findet sich exakt dieses Schema in dem großen Gebet wieder, welches Jesus seine Jünger lehrte, dem Vaterunser. Es beginnt mit Anbetung.

Durch die Anbetung und die dadurch entstehende intime Gemeinschaft mit Gott haben wir nicht mehr das Gefühl, Gott wäre weit weg und wir müssten uns furchtbar anstrengen, damit unsere Worte auch bei ihm „da oben" ankommen. Wir sind gleichsam mit ihm an dem Ort, von dem alle Macht und Herrschaftsgewalt ausgeht – vor dem Thron Gottes.

Im Buch der Offenbarung wird beschrieben, wie um den Thron Gottes herum ebenfalls beide Elemente, also sowohl die Anbetung als auch die Fürbitte, zu finden sind:

> „Und als es das Buch nahm, fielen die vier lebendigen Wesen und die vierundzwanzig Ältesten nieder vor dem Lamm, und sie hatten ein jeder eine Harfe und goldene Schalen voller Räucherwerk; das sind die Gebete der Heiligen" (Offb. 5,8).

Des Weiteren hat sich ganz praktisch gezeigt, dass stundenlange, ununterbrochene Fürbitte sehr kräftezehrend sein kann. Wechselt sie aber immer wieder mit musikalischer Anbetung ab, also mit Zeiten des Liebens und Geliebt-Werdens, haben wir einen viel längeren Atem.

Wenn ich von Anbetung spreche, meine ich damit in erster Linie die musikalische Anbetung mit oder auch ohne Instrumente. Dies ist auch die Art der Anbetung, wie wir sie im Beispiel der Hütte Davids sehen können. Aber ich weiß auch um andere Formen der Anbetung und weiß um ihre Schönheit und Tiefe. Bei der musikalischen Anbetung jedoch wird unser Herz durch die Gabe der Musik noch einmal mehr bewegt, unser Innerstes noch leichter eingestimmt. Ich muss nicht immer „Worte machen", sondern die Musik selbst wird zum Ausdruck meines Herzens. Musik ist Schönheit – und wurde von Gott geschaffen, um Emotionen auszudrücken.

Anbetung ist gleichsam Dienst an Gott, das zeigt uns das Beispiel der Hütte Davids. Und Anbetung ist eine geistliche Quelle, an der wir von Gottes Geist erfrischt werden. Ich liebe es, Gott in der Anbetung zu begegnen, und habe in vielen Jahren als Lobpreisleiter gelernt, dass Anbetung viel mehr bedeutet, als ein paar schöne, emotionale oder religiöse Lieder zu singen. Im Gebetshaus leite ich beispielsweise eine Stunde der Anbetung, die man vielleicht am besten mit „Singen von Psalmen" beschreiben könnte: Bestehende Lieder werden ebenso gesungen wie spontane Melodien und Worte. Ich schütte einfach mein Herz vor Gott aus – und nenne es Anbetung. Denn das ist das, was David getan hat. Die Psalmen sind eine Sammlung von anbetenden Worten, Lobpreis, Klagen und Fürbitten – und manchmal finden sich alle vier Elemente in einem einzigen Psalm.

Wenn Anbetung und Fürbitte zusammenkommen, wenn die Fürbitte aus der Anbetung fließt, wenn die Fürbitte in den Lobpreis und den Dank mündet, dann haben wir eine Dimension des Betens erreicht, die voller Leben, Freude und Schönheit ist.

Das Bewusstsein, ein „Vorläufer" zu sein

Gott hat dir vielleicht eine Vision anvertraut, aber möglicherweise bist du ein Vorläufer. Vorläufer sind Christen, die eine Grundlage legen. Sie stoßen die Umsetzung einer Vision an, sind aber nicht unbedingt diejenigen, welche die Erfüllung der Vision selbst erleben. Im Kontext der Gebetshausbewegung brauchen wir das Bewusstsein, Vorläufer zu sein und die Bereitschaft, dies anzunehmen. Natürlich hoffen wir darauf, dass wir unsere Vision in Erfüllung gehen sehen. Aber wir arbeiten an etwas, das größer ist als unsere eigenen Ziele. Es kann sein, dass wir nur einen Teil zur Erfüllung dessen beitragen können, was Gott uns gezeigt hat. In unserer ichbezogenen Gesellschaft wollen *wir* gerne diejenigen sein, welche die Verheißungen Gottes selbst erfahren. Gott aber sieht uns als eingebunden in die Generationen, die vor uns waren und nach uns kommen werden. Das Bewusstsein, Vorläufer zu sein, hilft uns, den Weg der Umsetzung der Vision Gottes zu gehen, auch wenn das Wachstum langsamer vorangeht, als wir es uns vorgestellt hatten. Abraham wird in der Bibel unser Vater genannt. So, wie Abrahams Glauben und Taten Auswirkungen auf uns heute haben, hat unser Dienst, unser Glaube und unsere Treue Auswirkungen auf die Generationen, die nach uns kommen.

Der Apostel Paulus kannte das Vorläuferprinzip:

> „Ich habe gepflanzt, Apollos hat begossen, Gott aber hat das Wachstum gegeben. Nach der Gnade Gottes, die mir gegeben ist, habe ich als ein weiser Baumeister den Grund gelegt; ein anderer aber baut darauf; jeder aber sehe zu, wie er darauf baut" (1. Kor. 3,6.10).

Der großartige Abschnitt über die biblischen Glaubenshelden im 11. Kapitel des Briefes an die Hebräer endet mit den Worten:

> „Diese alle sind im Glauben gestorben und haben die Verheißungen nicht erlangt, sondern sahen sie von fern und begrüßten sie und bekannten, dass sie Fremde und ohne Bürgerrecht auf der Erde seien" (Hebr. 11,13).

Um geistlich und seelisch gesund zu bleiben und nicht unter der Last einer so großen Vision zusammenzubrechen, müssen wir uns bewusst machen, dass es letztlich um Gottes Vision geht und nicht um unsere eigene. Es ist nicht „unser" Dienst, sondern Gottes Vision für eine Stadt oder Region. Wir stehen vor Gott und geben ihm, was wir können, sind gleichzeitig aber entspannt im Wissen, dass er derjenige ist, der das Wachstum gibt.

Ich erinnere mich gut an den Start des Gebetshauses in Freiburg. Nachdem Gott gesprochen hatte, überlegte ich mir, was ich – voll berufstätig, als Vater von drei Kindern, in der Kirchengemeinde und bei *open skies* aktiv – für ein Haus des Gebets einsetzen könnte. Alles, was zusätzlich infrage kam, waren zwei Stunden an den Samstagnachmittagen, nach getaner Arbeit im Garten und diversen Reparaturen, die im Haushalt einer Familie mit Kindern im Laufe der Woche so anfallen. Das Gebetshaus in Freiburg startete also mit zwei Stunden pro Woche, im Konfirmandenzimmer einer evangelischen Kirche in Freiburg. Allen unseren Mitarbeitern legen wir dieses Prinzip nahe: „Gib, was du gerne geben kannst, und überfordere dich nicht an Zeit und Kraft."

Es ist sowohl für den Betreffenden als auch für den ganzen Dienst wesentlich besser, mit Menschen zusammen zu sein, die gerne ins Haus des Gebets kommen, anstatt nach kurzer Zeit überarbeitet und ausgebrannt von einem Termin zum anderen hetzen.

Anmerkungen

1 Juliana von Norwich, englische Mystikerin im 14. Jahrhundert, empfing Offenbarungen über das Leben Jesu Christi und die Heilige Dreifaltigkeit.

2 Der Niederländer Henri Jozef Machiel Nouwen (1932–1996) war römisch-katholischer Priester und Professor für Pastoraltheologie und Psychologie. 1986 gab er sein Lehramt auf und schloss sich der von Jean Vanier gegründeten „Arche"-Bewegung eines gemeinsamen Lebens mit Behinderten an. Er gehört zu den bekanntesten geistlichen Schriftstellern der Gegenwart.

3 aus der Zeitschrift „AufAtmen" (Bundesverlag Witten, Ausgabe Sommer 1997): „Gottes Geliebter sein", Übersetzung: David Neufeld

Praktische Vorbereitung

In diesem Teil sollen – anhand unser praktischen Erfahrung in Freiburg – einige Dinge weitergegeben werden, von denen ich glaube, dass man sie bei einer Gebetshaus-Gründung berücksichtigen sollte. Ich erhebe keinesfalls den Anspruch, dass jede der folgenden Aussagen für alle Städte gleich bedeutend ist oder die genannten Punkte gar eine in sich abgeschlossene Aufzählung darstellen. Aber einige Themen werden anderen sicher eine Hilfe sein, zumindest für das vorbereitende Gebet oder als Anregung, vielleicht aber auch bei der praktischen Umsetzung. Wir bei *open skies* haben erlebt, wie durch die Gnade und den Auftrag Gottes auf der einen, aber auch durch Weisheit und Beachtung bestimmter Dinge auf der anderen Seite die Entwicklung eines Gebetshauses gefördert werden kann. Diese Dinge gebe ich gerne weiter. Nicht jeder muss das Rad neu erfinden. *Open skies* ist ein bewusst überkonfessioneller Dienst. Wer sich in diese Richtung berufen weiß, für den ist es hilfreich und wichtig, sich in gesunde bestehende Strukturen einzuordnen. Wir haben erlebt, wie dadurch Türen in alle Denominationen unserer Stadt aufgingen und wir heute nicht nur in unseren Träumen, sondern in der Realität ein überkonfessioneller Dienst sein dürfen. In vielen Städten in Deutschland, der Schweiz und Österreich gibt es Einzelne oder Gruppierungen, denen Gott die Vision eines Gebetshauses aufs Herz gelegt hat und die oft nicht genau wissen, wie man sie umsetzen kann – für sie sind diese Anregungen geschrieben.

Aufbau eines Leitungsteams

Wer sich berufen weiß, nicht nur in einem Haus des Gebets mitzuarbeiten, sondern eines neu zu gründen, sollte einige fundamentale, praktische Dinge beachten. Manches wird sich sofort auszahlen, anderes langfristig dazu beitragen, dass gesunde Strukturen entstehen können. Dazu gehört der Aufbau eines geeigneten Leitungsteams. Ein Dienst sollte nie exklusiv an einer einzigen Führungspersönlichkeit hängen und mit ihrer An- oder Abwesenheit stehen oder fallen. Aus diesem Grund war es von Anfang an mein Bestreben, *open skies* so zu strukturieren, dass es ein Leitungsteam gibt und das ganze Werk nicht von mir allein abhängt.

Es ist quasi der Optimalfall, wenn das Leitungsteam aus befreundeten Christen besteht, die aus verschiedenen Kirchen und Gemeinden kommen, sich aber gemeinsam in die Vision gerufen wissen. Hat man diese Freunde gefunden, sollte man sich erst einmal regelmäßig treffen, um gemeinsam zu beten und auf Gott zu hören. Schließlich soll nicht einfach etwas kopiert werden. Die Vision eines Gebetshauses kann in der einen Stadt anders umgesetzt und ausgefüllt werden als in einer anderen.

Bereits in dieser frühen Phase ist es wichtig, dass die Bereitschaft aller gewährleistet ist, aufeinander zu hören und nicht die eigene Überzeugung in den Vordergrund zu stellen. Allerdings braucht es meiner Überzeugung nach innerhalb dieses künftigen Gründungsteams einen *Primus inter Pares*[1], der in Zweifelsfällen die Verantwortung übernimmt und Entscheidungen treffen kann und darf. Gute Beziehungen, Transparenz und die Anerkennung von Gaben und Berufungen machen ein solches Modell erfolgreich. Zwar hatte Gott ursprünglich zu mir gesprochen, aber ich habe immer deutlich gemacht, dass ich den Weg gemeinsam, im Team, gehen möchte. Dies hat sicher dazu beigetragen, dass die Menschen im Leitungsteam Entscheidungen mittragen können, die ich nach bestem Wissen getroffen habe, und sie mich auch nach Fehlentscheidungen nicht verlassen. In einem Team kann man Freude und Leid teilen, die Teammitglieder stützen einander.

Festlegen der Vision

Das Gründungsteam erarbeitet unter Gebet und durch gemeinsame Gespräche die Grundpfeiler der Vision: Welche Art von Gebetshaus möchte Gott in unserer Stadt haben, was sind die Schwerpunkte, wo soll es eingeordnet sein, an welchem Ort soll es sich befinden? Sind diese Fragen geklärt, steht schon die nächste an – und diese ist extrem wichtig: Wie soll die Umsetzung der Vision aussehen? Man braucht ein Konzept, an dem man sich fortlaufend orientieren und den Dienst entwickeln kann. Das Gründungsteam sollte auch der Kreis sein, mit dem man eine gemeinsame theologische Grundlage erarbeitet und findet – dieses Buch soll dabei eine Hilfe sein, ebenso wie das Einbeziehen von geeigneten externen Ratgebern. Viele Dienste nennen sich „Gebetshaus", meinen aber etwas anderes als das, wovon in diesem Buch die Rede ist. Bei einem Treffen von deutschen Gebetshausleitern haben die Beteiligten niedergeschrieben, was sie meinen, wenn sie von einem Gebetshaus sprechen. Diese Beschreibungen möchte ich hier aufführen, denn sie vermitteln ein klares Bild über die Art von Gebetshäusern, wie sie gerade weltweit entstehen. Die Kennzeichen sind:

1. Kontinuierliches Gebet
2. Teamorientiertes Beten
3. Ein realer Ort
4. Werte und „DNA" ähnlich denen des IHOP in Kansas City
5. Das Brautparadigma (Jesus der Bräutigam, wir die geliebte Braut)
6. Jesus steht im Zentrum
7. Starkes Einstimmen in den Ruf des Geistes und der Braut „Komm" (Offb. 22,17)
8. Priesterliche Berufung. Dienst an Gott durch Anwesenheit, nicht primär durch Aktion

9. Gebet über das rein ergebnisorientierte Beten hinaus
10. Ein Ort für jeden, aber auch für Menschen mit einer Berufung wie Hanna
11. Ein Dienst wie ein Langstreckenlauf: beten, bis Jesus wiederkommt
12. Starke Hingabe und Verwurzelung in der Intimität mit Gott
13. Bewusstsein, dass unser Leben ganz ihm gehört

In unserem Fall in Freiburg war es so, dass das eigentliche Gebetshaus erst zwei Jahre nach Gründung von *open skies* ins Leben gerufen wurde. Wir begannen unseren Dienst mit Lobpreis- und Anbetungsabenden, die alle zwei Monate in der Aula einer Schule stattfanden. Die Entscheidung für diesen Veranstaltungsort war bewusst getroffen worden: Wir wollten die Anbetungsabende nicht in den Räumen einer bestimmten Kirche oder Gemeinde beheimaten, denn zu der damaligen Zeit gab es einfach noch zu viele Schwellenängste zwischen den Christen der Stadt. Angehörige der Denomination A wären nicht zu einem Anbetungsabend gekommen, der in den Räumen der Denomination B stattfand – und so weiter. Eine Schule aber ist ein neutraler Ort, wohin jeder kommen kann. Niemand muss beim Besuch solch einer neuen Veranstaltung das Gefühl haben, durch eine bestimmte Räumlichkeit gleich auch einer bestimmten Gruppe zugeordnet zu werden. Zum ersten Abend kamen siebzig Menschen, die gemeinsam mit uns den Herrn anbeten wollten.

Wir vom Gründungsteam glaubten damals, dass sich die Erfüllung der Vision erreichen lassen würde, indem die Anbetungsabende in einem immer kürzeren Abstand stattfinden würden, um schließlich in ein 24-Stunden-Anbetungs- und -Gebetszentrum zu münden. Welch eine naive Vorstellung! Aber immerhin waren wir unterwegs. Es zeigte sich bald, dass der Herr andere und bessere Pläne hatte. Die Anbetungsabende sind aber ein separater Arbeitszweig von *open skies* geblieben, durch den die Vision des Gebetshauses weit in die Stadt und Region getragen wird. Hier wird ein ganz wichtiges Prinzip deutlich: Obwohl es gut ist, die einzelnen Teile einer Vision und auch deren Umsetzung im Gebet und Austausch vorzubereiten, ist es ebenso notwendig, für Veränderungen offen zu sein. Mit diesem Wissen sehen wir uns bei *open skies* auch nach zehn Jahren noch immer als Pioniere. Anpassungen, Korrekturen und Veränderungen werden weiterhin notwendig sein. Immer wieder ist es herausfordernd, „Althergebrachtes" infrage zu stellen, aber das schützt den Dienst davor, zu bloßer Routine zu verkommen. Als Leiter und Mitarbeiter in einem Gebetshaus begeben wir uns in ein Abenteuer mit Gott!

Mit der Zeit merkten wir, dass die Anbetungsabende einen ganz besonderen Charakter entwickelten und wir sie gar nicht öfter als alle zwei Monate stattfinden lassen sollten. Sie waren und sind zu besonders. Und für die Dinge, die dort passieren, bilden sie ein optimales Forum. Mittlerweile kommen regelmäßig bis zu mehrere Hundert Menschen aus den unterschiedlichen Kirchengemeinden zusammen, um Jesus anzubeten und für die Stadt zu beten. Quasi alle Kirchen in der Stadt haben mittlerweile ihre Türen für uns geöffnet und nach den ersten Veranstaltungen sind wir seit Jahren nicht mehr in einer Schule, sondern in den unterschiedlichen Kirchengebäuden der Stadt zu Gast – alle zwei Monate woanders.

Externe Berater

Wir alle kennen das Sprichwort „Viele Köche verderben den Brei" – wörtlich genommen mag das sogar stimmen. Aber auf die Frage, ob man zum Gründungsteam noch weitere Berater hinzuziehen sollte, möchte ich gern mit zwei Versen aus den Sprüchen Salomos antworten:

> „Die Pläne werden zunichte, wo man nicht miteinander berät; wo aber viele Ratgeber sind, gelingen sie" (Spr. 15,22).

> „... denn mit Überlegung soll man Krieg führen, und wo viele Ratgeber sind, da ist der Sieg" (Spr. 24,6).

Ich habe mich, nachdem mir Gott die Vision gegeben hat – also quasi nach der „Empfängnis" – mit meinen engsten Freunden und meinem damaligen Seelsorger besprochen. Darüber hinaus wandte ich mich an drei außenstehende, reife Leitungspersönlichkeiten und fragte sie, ob sie bereit wären, Teil eines Beratungsteams von *open skies* zu sein. Dieses Beratungsteam gab es in den ersten Jahren und es bekam von uns ab und zu ein Update über das, was sich bei *open skies* entwickelte, oder wurde von uns hinzugezogen, wenn wir mit Problemen konfrontiert waren, die wir entweder nicht allein lösen konnten oder zu denen uns Rat wichtig war. Auch heute noch suchen wir in bestimmten Fragen den Rat von Leitern, denen wir vertrauen. Ich wiederhole mich gerne: Wir sind Pioniere und wissen nicht immer, wie es weitergeht oder wie wir auf bestimmte Entwicklungen und Herausforderungen reagieren sollen. Der Rat von Außenstehenden kann zwar manchmal herausfordern und unsere Tendenzen infrage stellen, aber in der Regel bietet er wertvolle Anstöße, durch die wir einen erweiterten Blick auf uns und unsere Arbeit bekommen. Es kann absolut erfrischend sein, wenn jemand von außen einen Blick auf alles wirft und einen Kommentar abgeben darf. Sich mit Ratgebern auszutauschen hilft, weiterhin korrigierbar zu bleiben und der Gefahr des Engwerdens zu begegnen. Wenn es neue Entwicklungen im Gebetshaus gibt, stellt mir ein guter Freund und Ratgeber immer wieder die Frage: „Wohin soll das alles führen?" – das hilft mir, fokussiert zu bleiben und über den Jetzt-Zustand hinauszublicken.

Einbeziehen der lokalen Leiter

Fast wichtiger noch als die Unterstützung durch externe Berater ist der transparente und ehrliche Austausch mit dem eigenen Pastor oder Leiter von Beginn an. Wir dürfen nicht überrascht sein, dass nicht jeder Pastor sofort begeistert ist, wenn er hört, dass ein engagierter Mitarbeiter aus seiner Gemeinde seinen Dienstschwerpunkt aus der Gemeinde heraus und in die Stadt hinein verlagern möchte. Um Missverständnisse, Enttäuschungen und Verletzungen zu vermeiden, ist von Anfang an ein offener und ehrlicher Austausch nötig. Ich rate dazu, Pastoren und Leiter in den Entwicklungsprozess der Vision einzubeziehen, gemeinsam zu beten und ihren Rat zu hören. Man darf sich auch nicht darüber wundern, wenn die Leiter der etablierten Gemeinden und Werke der Stadt einem neuen Dienst zu Anfang vorsichtig und zurückhaltend begegnen. In unserem Fall bestand beispielsweise bei manchen die Sorge, wir hätten das Ziel, eine neue Gemeinde zu gründen – mit Menschen aus den bestehenden Gemeinden.

Solchen Befürchtungen begegnet man am besten mit den „vertrauensbildenden Maßnahmen" Transparenz und Beziehung. Wie ich auch im Abschnitt über Mitarbeiterschaft versuchen werde zu zeigen, ist die verbindliche Zugehörigkeit zu einer Kirchengemeinde für jeden von Bedeutung, der ein Gebetshaus gründen oder in einem solchen mitarbeiten möchte. Für mich als Leiter des Gebetshauses Freiburg ist es wichtig, dass meine Leiter zu mir stehen. Ich möchte auch in meiner Heimatgemeinde dienen und sie unterstützen. Ich möchte ein Teil dieser Familie sein. Sind wir nämlich eingebunden, befreit uns das gerade zu Beginn der Umsetzung der Gebetshausvision vom Verdacht, wir würden nur „unser eigenes Ding" durchziehen wollen.

Ich möchte aber auch sagen: Wenn ein verdienter Gemeindemitarbeiter seinen Blickwinkel über die Gemeinde hinaus erweitert, wird es möglicherweise auch Menschen in der Gemeinde geben, die diesen Schritt nicht nachvollziehen können. Das kann schmerzhaft sein. Auch in meinem Falle gab es einen Ablösungsprozess: von einem Mitarbeiter, der über viele Jahre viele Aufgaben in der Gemeinde übernommen hatte, zu einem Mitarbeiter, dessen Hauptaufgabe nun außerhalb der Gemeinde liegt. Manches Unverständnis, das einem möglicherweise entgegengebracht wird, sehe ich als ein Stück des Preises an, den wir bezahlen, wenn wir uns auf diesen Vorläufer- oder Pionierdienst im Gebetshaus einlassen. Wir alle erkennen nur stückweise, und so müssen wir verstehen, dass nicht jeder den Weg sofort verstehen kann, den Gott mit uns gehen möchte. Aber Anfragen an unsere Vision sind auch berechtigt und wichtig für uns. Sie lassen uns immer wieder einmal innehalten, sodass wir unseren Kurs gemeinsam mit Gott und Menschen prüfen können. Im vierten Kapitel des Briefes an die Epheser spricht Paulus sowohl die Ehre und Verbindlichkeit unserer Berufung an als auch den Umgang mit anderen Menschen, die uns auf unserem Weg begegnen oder mit denen der Herr uns verbunden hat. Die Kombination von Demut gegenüber Menschen und Hingabe an die Vision wird uns helfen, verbunden mit dem Rest des Leibes Christi einer Stadt in guter Art und Weise voranzugehen.

„Ich ermahne euch nun, ich, der Gefangene im Herrn: Wandelt würdig der Berufung, mit der ihr berufen worden seid, mit aller Demut und Sanftmut, mit Langmut, einander in Liebe ertragend! Befleißigt euch, die Einheit des Geistes zu bewahren durch das Band des Friedens: Ein Leib und ein Geist, wie ihr auch berufen worden seid in einer Hoffnung eurer Berufung! Ein Herr, ein Glaube, eine Taufe, ein Gott und Vater aller, der über allen und durch alle und in allen ist" (Eph. 4,1–6).

Ein- und Unterordnung in bestehende Strukturen

Es war zu Anfang gar nicht geplant, dass *open skies* einmal die Organisationsstruktur eines als gemeinnützig anerkannten Vereins annehmen würde.

Eigentlich hatte ich eine andere Idee: Ich wollte den Pastoren und Leitern der Stadt gegenüber signalisieren, dass mir an der Zusammenarbeit, ja sogar Unterordnung unter eine bestehende überkonfessionelle Struktur gelegen war. Was lag in unserem Falle näher, als sich an die Evangelische Allianz zu wenden? Heute würde ich – wenn ich mich in derselben Situation wie damals befinden würde – zusätzlich vielleicht auch auf den ACK (Arbeitskreis

Christlicher Kirchen) zugehen, weil dort neben den evangelisch geprägten Gemeinden auch die katholische Kirche repräsentiert ist. Damals nahm ich Kontakt zur Evangelischen Allianz auf und bekam die Möglichkeit, zusammen mit dem Gründerteam von *open skies* unser Anliegen in einer Sitzung zu präsentieren. Ich versuchte den anwesenden Pastoren und Leitern zu vermitteln, dass wir auf Unter- und Einordnung Wert legten. Unser Anliegen wurde angehört und zur Kenntnis genommen. Zum Ende meines Vortrags verteilte ich die erste Version der Ausarbeitung zur Hütte Davids; damit wollte ich den Anwesenden zeigen, dass unsere Vision „Hand und Fuß hatte" und nicht eine verrückte Idee war.

Im Rückblick kann ich die damaligen Ereignisse folgendermaßen beschreiben: Gott schuf neues Leben und vertraute es einer kleinen Gruppe von Menschen an. Diese Gruppe von Menschen – unser Gründungs- und späteres Leitungsteam – war durch eine spannende Schwangerschaftszeit gegangen und hatte sich auf die Geburt vorbereitet. Nun war dieses Baby im Oktober 2001 geboren und war natürlich zu vielem noch nicht in der Lage. Eines aber tat es: Es rief nach Vaterschaft. Konnte vielleicht die Evangelische Allianz diese Vaterrolle übernehmen?

Mein Antrag auf Mitgliedschaft wurde erst einmal abgelehnt, eine Auswahl von Pastoren wollte sich noch einmal mit mir zu einer „theologischen Diskussion" treffen. Dieses Treffen fand dann auch statt – in einem Hotel. Da saßen also die ausgebildeten Theologen mit ernsten Mienen und wollten meine Theologie abklopfen. Was hatte ich dort bloß verloren? Ich war doch nur ein einfacher Mann mit einem brennenden Herzen für Gott! Ich wollte nichts weiter, als Gott zu gehorchen. Mir war ganz klar: Wenn ich mich auf die Ebene der theologischen Diskussion und Exegese begeben würde, konnte ich nur verlieren. Also sagte ich zu den Brüdern (die heute übrigens alle Freunde sind): „Ich möchte lieber nicht diskutieren, sondern euch mein Herz zeigen."

Dann erzählte ich noch einmal in Ruhe, was es mit der Vision von *open skies* auf sich hatte, was die Ziele waren und wie ich zu dieser Vision gekommen war. Während dieses Gesprächs erlebte ich, wie der Herr eine Situation in die Hand nehmen kann. Die Atmosphäre änderte sich und nach meinem Vortrag gab es keine Gegenargumente mehr, nun wollte man mich gern in die Evangelische Allianz aufnehmen! Eine Vaterrolle konnten die Pastoren und Leiter jedoch nicht übernehmen – zum damaligen Zeitpunkt war die Evangelische Allianz Freiburg nur eine Gruppe von Leitern, die sich regelmäßig trafen, besaß aber selbst keine rechtliche Struktur. Auch geistlich gesehen betraten wir mit der Vision von *open skies* Neuland in unserer Stadt und mussten mit Gottes Hilfe und der Unterstützung unserer externen Berater unseren Weg finden. Aber eine entscheidende Tür war aufgestoßen worden: Die Vision von *open skies* war von geistlichen Leitern der Stadt anerkannt worden.

Eine Haltung der Unterordnung und der Offenheit für Zusammenarbeit öffnet Türen und vermittelt den geistlichen Leitern einer Stadt: Hier ist eine Gruppe von Menschen, die nicht ihr eigenes Reich bauen, sondern mit uns zusammen das Königreich Gottes in unserer Stadt vergrößern will.

Ich hoffe, es ist deutlich geworden, was ich in diesem Kapitel sagen will. Ich bete, dass Gott den zukünftigen Gründern von Gebetshäusern Weisheit gibt, für die Umsetzung in ihrer Stadt einen guten Weg zu finden, und dass er offene Türen und Herzen bei der geistlichen Leiterschaft in ihrer Stadt schenkt.

Aufbau von Beziehungen und Abbau von Ressentiments

Ich möchte an dieser Stelle nochmals betonen, dass das Gebetshaus Freiburg von Anfang an ein überkonfessionelles Gebetshaus werden sollte. Es ist gut, wenn in den einzelnen Gemeinden vor Ort Gebet gestärkt wird und es auch dort Gebetsinitiativen gibt. In unserer Stadt finden sich Gemeinden, denen der Aufbau einer gemeindeinternen Gebetsarbeit sehr wichtig ist oder die immer wieder selbst 24-Stunden-Gebetszeiten ausrufen.

Dennoch wird es nicht oft der Fall sein, dass eine einzelne Gemeinde die erforderlichen zeitlichen und menschlichen Ressourcen freisetzen kann, um ohne Unterbrechung rund um die Uhr zu beten – bis Jesus wiederkommt. Zudem liegt auf der Einheit der Christen ein ganz besonderer Segen. Einheit kann zwar auch im Kreise von Gläubigen aus einer einzelnen Gemeinde bestehen und viel Segen bewirken, aber welche Freude, welchen Segen bedeutet es, wenn die unterschiedlichen Glieder des Leibes Christi am Ort zusammenkommen, um – trotz mancher Unterschiede – in Einheit zu beten.

Zusammen können Christen einer Stadt ein Haus des Gebets leichter aufbauen und mit Leben füllen. Der Einsatz für die gemeinsamen und die individuell verschiedenen, von Gott gegebenen Berufungen ihrer Gemeinden und Kirchen bleibt davon unbenommen.

Ich halte es eher für eine weniger positive Entwicklung, wenn eine einzelne, homogene Gruppe den Anspruch erhebt, „das Haus des Gebets der Stadt X" aufzubauen und zu leiten. Wir brauchen nur – doch dazu später mehr – das 17. Kapitel des Johannesevangeliums zu lesen, um zu erkennen, wie wichtig Gott unsere Einheit ist. Das Gebetshaus einer Stadt sollte ein Ort sein, an dem Christen aus möglichst allen Kirchen zusammenkommen, um Jesus anzubeten und Fürbitte zu tun.

Die Voraussetzung für eine solche vertrauensvolle Zusammenarbeit ist schlicht und einfach. Sie heißt: Beziehung. Das Reich Gottes ist auf Beziehungen aufgebaut, beginnend mit der Beziehung der einzelnen Personen der göttlichen Trinität zueinander. Die Menschheitsgeschichte ist eine Beziehungsgeschichte, nämlich die der Beziehung eines liebenden Schöpfergottes mit seinen Geschöpfen. Die Kirchengeschichte ist auf Beziehungen aufgebaut, denken wir nur an den fünffältigen Dienst: Apostel, Propheten, Evangelisten, Hirten und Lehrer (Eph. 4,11). Es geht immer um Dienste, die in Beziehung zu Menschen stehen. Ebenso stehen die unterschiedlichen Diener in der Regel in Beziehung zueinander.

Auch das Gebetshaus ist ein Dienst, der geprägt ist von starken und gesunden Beziehungen: innerhalb des Leitungsteams, zu den Mitarbeitern und innerhalb der Mitarbeiterschaft, aber auch von Beziehungen zwischen den Leitern des Gebetshauses und den anderen geistlichen Leitern der Stadt.

Nachdem *open skies* seitens der Evangelischen Allianz anerkannt worden war, habe ich diejenigen Pastoren, vor denen ich am meisten Respekt hatte (andere würden sagen: „Bammel"), einzeln zu mir nach Hause eingeladen, um mich mit ihnen zu unterhalten. Ich wollte sie kennenlernen, wissen, was ihre Vision für unsere Stadt und für ihre Gemeinde ist, und wie es ihnen geht. Daneben sollten sie auch die Gelegenheit bekommen, mich kennenzulernen, und zwar in dem Umfeld, in dem ich lebe: in meinem Zuhause bei meiner Familie. Ich denke mit viel Freude an diese Treffen zurück. Es war teilweise geradezu witzig, wie ich den Pastoren zu Beginn unserer Treffen relativ steif und respektvoll gegenübersaß, wie die Treffen aber meist damit endeten, dass wir uns umarmten, weil unsere Herzen zueinander gefunden hatten. Ich staune immer wieder darüber, wie Gott die Türen aufgetan hat, um uns zusammenzubringen.

Manchmal scheint es mir, als ob wir Christen dazu tendierten, zu „geistlich" an eine Sache heranzugehen, und dann frustriert sind, wenn nicht alles so läuft, wie wir es uns vorgestellt haben. Beziehung kann nicht herbeigebetet, sie muss gelebt werden. Es ist normal (und weise), dass die lokalen Pastoren und Leiter ihr Herz und ihre Gemeinden erst dann der Vision eines Gebetshauses und seinen Leitern gegenüber öffnen, wenn sie wissen, mit wem sie es zu tun haben und welche Motivationen und Absichten im Raum stehen. Zu meinem Pastor habe ich in den vergangenen Jahren oft gesagt: „Ich verstehe dich so viel besser, seit ich *open skies* leite." Manchmal haben wir als „Schäfchen" den Eindruck, unsere Leiter wären zu unflexibel, zu vorsichtig oder zu zurückhaltend. Mittlerweile sehe ich manches mit anderen Augen.

Seit einigen Jahren bereits findet einmal im Monat ein Pastoren- und Leitergebet im Gebetshaus statt. Mein Herz geht auf, wenn ich sehe, welches Spektrum an Gläubigen sich hier trifft, um zu beten: der Baptistenpfarrer mit dem Pfingstler, der anglikanische Priester mit dem Pastor der Freien evangelischen Gemeinde, der katholische Priester mit dem Geschäftsführer der Freien christlichen Schule ...

Wir treffen uns frühmorgens im Haus des Gebets, um Gott anzubeten, um Fürbitte zu tun und um einander zu segnen. Eine solche Entwicklung braucht etwas Zeit, das geht normalerweise nicht von heute auf morgen. Das Freiburger Pastoren- und Leitergebet wurde erst etwa drei Jahre nach der Gründung des Gebetshauses ins Leben gerufen.

Das Treffen hat allerdings nicht den Schwerpunkt, dass die Leiter sich in unsere Vision investieren; *open skies* ist schlicht Gastgeber und Initiator. Der Fokus liegt auf dem gemeinsamen Gebet der Leiterschaft, welches auch an anderer Stelle und in einem anderen Kontext stattfinden könnte. Als Leiter des Gebetshauses Freiburg ist einer meiner Schwerpunkte die Beziehung zu den geistlichen Leitern der Stadt. Sie befinden sich in exponierter Position und sollen durch unsere Gebete und unsere Freundschaft unterstützt werden.

Dem Leib Christi in der Stadt dienen

Ein Haus des Gebets muss *für* die Kirchen und Gemeinden sein, es darf nicht als separates oder isoliertes Projekt existieren. Einheit entsteht nur dann, wenn wir *für*einander sind. Wir von *open skies* sehen uns als ein Werk an, welches auch die Berufung hat, den lokalen Kirchen und Gemeinden zu dienen. Das vermitteln wir und das leben wir. Wenn eine Gemeinde uns um Hilfe fragt, versuchen wir im Rahmen unserer Möglichkeiten zu helfen. Eines unserer vorrangigen Anliegen im Gebetshaus ist, dass die Kirchen und Gemeinden der Stadt noch mehr zu Zentren des Lebens und zu Orten der Begegnung zwischen Menschen und Gott dem Vater, Jesus Christus dem Erlöser und dem Heiligen Geist als Ratgeber, Tröster und Kraftspender werden.

Im Laufe der Jahre haben wir immer wieder einmal Seminare oder Konferenzen veranstaltet, um den Christen der Stadt unsere Kernthemen nahezubringen: Anbetung, Gebet, Intimität mit Gott, Fasten.

Wir wollen guten Samen in der Stadt aussäen, der in den einzelnen Menschen aufgeht und ihnen und ihren Gemeinden hilft, gesunde Früchte zu bringen. Durch unsere Anbetungsabende in jeweils einer anderen Kirche, durch spezielle 24-Stunden-Gebetsevents und das Pastoren- und Leitergebet im Gebetshaus fördern wir die Einheit der Christen in unserer Stadt. Bestimmte Dienste hingegen bieten wir im Gebetshaus nicht an, weil wir glauben, dass sie nicht zu unserer Berufung gehören, sondern die Aufgaben der Gemeinden sind und zu deren Verantwortungsbereich gehören. Wir wollen mit unserer Gebets- und Anbetungs-Berufung die Gemeinden fördern und nicht durch eine gemeindeähnliche Struktur zu einem Ersatz werden. Zum Beispiel gibt es bei uns kein Angebot für Seelsorge, wir verweisen auf die in Freiburg existierende Liste der gemeindlichen Laienseelsorger und der ausgebildeten Fachleute.

Unterschiedliche Frömmigkeitsstile

Kommen wir jetzt zu einem nicht unumstrittenen Thema, bei dem viel Weisheit und Führung von Gott nötig ist. Wieder möchte ich an dieser Stelle darauf hinweisen, dass ich anhand der Entwicklungen von *open skies* modellhaft ein Bild zeichne, wie ein Gebetshaus aufgebaut werden und funktionieren kann. Ich spreche allerdings aus der Sicht dessen, der ein überkonfessionelles Gebetshaus leitet. Einige unserer Erlebnisse sind also unter Umständen nicht auf andere Städte übertragbar. Dennoch hoffe ich, auch in diesem Abschnitt gleichsam das Herz Gottes für Einheit sichtbar werden zu lassen, und möchte darum werben, dass die wunderschöne Braut Christi mit ihren verschiedenen Gliedern in unseren Städten sichtbar wird.

Vor ein paar Jahren wurde ich eingeladen, auf einer Informationsveranstaltung zum Thema „Gründung eines Gebetshauses" in einer deutschen Stadt zu sprechen. Es waren ungefähr achtzig Personen aus verschiedenen Denominationen zusammengekommen, um sich die Referate zum Thema anzuhören und dadurch eine Vision für ein Gebetshaus in ihrer Stadt zu bekommen. Vor Beginn der Referate gab es immer eine Lobpreiszeit, geleitet von einem Team aus der Gemeinde, in der das Seminar auch stattfand. Die Anbetung war spitze, das Team leitete in großer Freiheit, es wurde viel improvisiert und proklamiert, ich konnte viel damit anfangen. Aber: Ich fühlte mich ja auch vertraut mit dieser Art der Anbetung. Mir machte es wenig aus, wenn lange spontane Lieder gesungen wurden (außer, dass ich die Zeit für meinen Vortrag verrinnen sah …). Wie aber ging es wohl den Besuchern, die so etwas nicht gewohnt waren oder sich darin nicht wiederfinden konnten?

Es ist mir wichtig, festzuhalten, dass wir keinen „Einheitsbrei" brauchen, in dem sich dann alle total wohlfühlen können. Wir müssen nicht den kleinsten gemeinsamen Nenner suchen und auch nicht Kompromiss über Kompromiss schließen, wenn wir ein überkonfessionelles Gebetshaus gründen wollen. Manch einer mag das denken, aber so ist es nicht. Authentizität, Beziehung, Annahme, gegenseitiger Respekt und die Bereitschaft, voneinander zu lernen und einander zu dienen, ermöglichen Einheit auch über manche Unterschiedlichkeit in Theologie und Stil hinweg.

Im angeführten Beispiel war es so, dass es sich um eine erste Informationsveranstaltung zum Thema „Gründung eines Gebetshauses in unserer Stadt" handelte. Alles, was bei einem solchen Treffen gesagt und getan wird, hat Signalwirkung. Für den interessierten Besucher lag nun die Schlussfolgerung nahe: „So wie die Anbetung heute war, so soll sie dann offenbar auch im Haus des Gebets sein." Aber: Entspricht dies denn der Realität? Sind wir uns solcher Signalwirkungen bewusst? Wir müssen uns fragen: Wollen wir gemeinsam mit den Menschen, die an Mitarbeit interessiert sind, die Schritte für die Gründung und dann die Umsetzung der

Vision eines Gebetshauses weiter erarbeiten und erbeten oder haben wir als kleines Gründungsteam bereits eine klare Vorstellung? Wenn das zweite zutrifft, ist es wichtig, die Interessierten zumindest zu lehren, warum der eine oder andere Stil bevorzugt werden soll oder als der passende erkannt wurde.

Ich will auf Folgendes hinaus: Wenn wir von vornherein eine bestimmte Frömmigkeitsform für das Haus des Gebets festlegen oder wir dies – vielleicht nur unbewusst – signalisieren, müssen wir mit der Wahrscheinlichkeit rechnen, später auch vorrangig Mitarbeiter und Besucher aus den christlichen Gruppierungen zu haben, denen dieser Stil entspricht. Wir Freiburger haben uns entschlossen, für verschiedene Frömmigkeitsstile und Ausdrucksformen des Gebets und der Anbetung offen zu sein, und erleben das als bereichernd. Alles ist hier zu finden: von Anbetungs- und Fürbittezeiten mit viel Spontaneität bis hin zu Stunden der Stille vor Gott oder lautem Lesen und Singen seines Wortes. Was für die eine Stunde gewünscht und gesucht ist, muss nicht automatisch in gleicher Weise für andere Stunden gelten.

Die Mitarbeiter

Schon mehrfach habe ich von den großen „menschlichen Ressourcen" gesprochen, die neben den anderen praktischen Bedürfnissen wie Räumlichkeiten und finanziellen Mitteln erforderlich sind. Woher also kommen die Mitarbeiter und: Wer sollte überhaupt mitarbeiten?

Ich habe von einer Statistik gehört, nach der oft 20 Prozent der Mitarbeiter in den Gemeinden 80 Prozent der anstehenden Aufgaben erledigen. In der Regel machen auch wir bei *open skies* die Beobachtung, dass viele der Mitarbeiter sich nicht nur bei uns, sondern auch in ihren Heimatgemeinden aktiv einbringen. Von einem neuen Dienst werden also diejenigen Menschen angezogen, die sowieso schon aktiv sind. Zu Anfang war es vielleicht nicht für jeden Gemeindeleiter leicht, zu beobachten, dass manche seiner Mitarbeiter sich bei uns investierten und deshalb ihre Kapazitäten einteilen mussten.

Praktische Vorbereitung / 151

Ein Leiter braucht ein großes Herz, wenn er seinen Mitarbeitern zugestehen will, dass sie sich vielleicht nicht ausschließlich in den Dienst investieren wollen, dem er vorsteht, sondern auch an anderer Stelle. Aber unsere Mitarbeiter gehören nicht uns. Unsere Haltung sollte die von großer Dankbarkeit denen gegenüber sein, die Vision, Interesse und eine gesunde Portion Arbeitsbereitschaft mitbringen – und dies in der Regel auf ehrenamtlicher Basis. Unser Blick als Leiter sollte immer ein „Reich-Gottes-Blick" sein, wenn es um Mitarbeiter geht. Wir dürfen darauf vertrauen, dass der Herr uns die Menschen schickt, die er selbst beruft und die dann auch genau bei uns an der richtigen Stelle sind. Es geht nicht darum, blindlings Mitarbeiter anzuwerben und festzuhalten, sondern darum, Menschen gemäß ihrer Berufung einzusetzen. Für die beste Strategie zur Mitarbeitergewinnung halte ich den Rat Jesu aus Mt. 9,38: „Darum bittet den Herrn der Ernte, dass er Arbeiter in seine Ernte sende."

Bei vielen Gelegenheiten bitten wir Gott im Gebetshaus, dass er uns berufene Fürbitter und Anbeter schickt: aus unserer Stadt, aber auch aus ganz Deutschland. Ehrenamtliche, Teilzeitler, Vollzeitler – wir rufen im Gebet nach ihnen, damit in unserer Stadt kontinuierlich gebetet wird. Und eines wissen wir: Gott erhört Gebet. Für alle, die in einem Gebetshaus mitarbeiten, ist es von großer Bedeutung, sich immer wieder die Vision vor Augen zu stellen, sich damit zu konfrontieren und sich daran zu erfreuen. Das Leitungsteam ist gefordert, die Mitarbeiterschaft zu ermutigen und herauszufordern, nicht nur die von ihnen selbst geleitete Stunde zu sehen, sondern das große Ganze – das Ziel, die Vision – das Haus des Gebets.

Die ersten Mitarbeiter stoßen meist durch ihre persönlichen Beziehungen zu den Gründern des neuen Gebetshauses dazu. Es gibt dabei aus meiner Sicht drei Arten von Menschen, die ziemlich schnell auf die Initiatoren eines Gebetshauses zukommen werden:

1. Menschen, die von Gott berufen wurden, einen Lebensstil des Gebets zu führen,
2. Menschen, denen die Idee eines Gebetshauses gefällt,
3. Menschen, die aus Verletzung oder Unzufriedenheit mit den lokalen Kirchen eine neue geistliche Heimat suchen.

Den Gründern eines neuen Dienstes muss bewusst sein, dass dieser immer auch Personen aus der dritten Gruppe anziehen wird. Dazu können Menschen gehören, die es nicht geschafft haben, sich verbindlich einer Kirche oder Gemeinde anzuschließen oder dort zu bleiben. Das kann natürlich die verschiedensten Gründe haben. Vielleicht sind sie sehr verletzt worden und scheuen sich, neue Verbindlichkeiten einzugehen. Aber es gibt durchaus auch Menschen, die sich aus Stolz oder einem anderen Mangel nicht in eine Gemeinde einbinden lassen wollen und nicht bereit sind, sich in gesunder Weise unter eine geistliche Leiterschaft zu stellen. Sie meinen, dass sie es eigentlich besser wissen. In einem neuen Werk sehen solche Menschen die Chance, sich neu zu positionieren, sich zu profilieren und endlich ihren Einfluss geltend machen zu können. Meine Worte mögen hart klingen, aber der Umgang mit dieser Personengruppe stellt eine Herausforderung dar. Auch aus diesem Grund sind klare Kriterien für Mitarbeiter wichtig. Mag zu Anfang alles himmlisch erscheinen, so gibt es im Laufe der Zeit doch die eine oder andere zwischenmenschliche Herausforderung zu bewältigen. Auch der neue Dienst kann nicht jedem das geben, wonach er sucht.

Wir haben gelernt, auch in diesem Bereich eng mit den Kirchengemeinden vor Ort zusammenzuarbeiten und uns bei Unsicherheit in Bezug auf bestimmte Menschen mit den verantwortlichen Leitern abzusprechen. Darüber hinaus haben wir ein Mitarbeiterprofil erstellt, in dem wir beschreiben, was unsere Vorstellung von einem Mitarbeiter ist und was wir erwarten – dazu gehört zum Beispiel die Zugehörigkeit zu einer Ortsgemeinde. In diesem kleinen Dokument steht das, was uns in Bezug auf eine Mitarbeit bei *open skies* wirklich wichtig ist. Jeder an einer Mitarbeit Interessierte bekommt dieses Profil zu Anfang ausgehändigt, um sich darüber klar zu werden, ob er mit den darin aufgeführten Aussagen und Anforderungen leben kann und will. Uns wiederum gibt es die Möglichkeit, die nötigen Konsequenzen umzusetzen, wenn das Verhalten eines Mitarbeiters dem Profil deutlich widerspricht. Nur wer dieses Profil bejaht, kann auch Mitarbeiter werden.

Menschen, die zur zweiten Gruppe gehören – die also die Idee eines Gebetshauses gut finden –, sind meist solche, die eine Zeit lang intensiv mitarbeiten und für die wir sehr dankbar sein können. Sie haben keine dauerhafte Berufung für die Mitarbeit in einem Gebetshaus, ihr Engagement stellt einen Übergangsprozess in ihrem Leben dar. Wir vertreten die Philosophie, auch dann in unsere Mitarbeiter zu investieren, wenn sie uns nach einiger Zeit wieder verlassen und sich anderswo einbringen wollen. Das, was ihnen bei uns vermittelt wurde, was sie gelernt und erfahren haben, wird ihnen und ihrer neuen Aufgabe zugutekommen. Manch einer wird zu uns stoßen, der einfach spontan begeistert ist, der aber seine persönliche Begeisterung mit der Freude am Neuen verwechselt und deshalb schon bald wieder weiterziehen wird.

Menschen, die aufgrund einer Berufung von Gott zu uns kommen, gehören zur ersten der oben erwähnten Gruppen. Sie geben sich in der Regel ganz ins Gebetshaus hinein, übernehmen Verantwortung, setzen neue Impulse und gehen mit uns durch dick und dünn. Sie haben eine klare Vision und sind sich ihrer Berufung bewusst. Einige von ihnen haben Leitungspotenzial und sind gleichzeitig demütig. Es sind die Mitarbeiter, von denen man als Leiter träumen kann. Sie sind in manch einem Bereich Vorbilder und fordern die gesamte Mitarbeiterschaft und die Leiter durch ihre Hingabe positiv heraus.

Eine wichtige Erkenntnis für jeden Leiter lautet: Die uns von Gott anvertrauten Mitarbeiter sind kostbare Persönlichkeiten und nicht Werkzeuge, mittels derer wir unsere Vision verwirklichen können. Der richtige Umgang mit den Mitarbeitern ist eine der großen Aufgaben für die Leiter. Das Leitungsteam muss darauf achten, dass sich keiner der Mitarbeiter übernimmt oder zugunsten seines Engagements im Gebetshaus andere ehrenamtliche Verpflichtungen vernachlässigt. Mitarbeiter müssen betreut, geschult und gefördert werden. Sie sollen zwar die Gesamtvision des Dienstes im Herzen tragen, aber eben auch wissen, dass sie nicht allein dafür verantwortlich sind, die Vision zu erfüllen. Jeder soll den Teil geben, den er beisteuern kann. Lieber ein Mitarbeiter, der sich auf seine einzelne Stunde im Gebetshaus freut, als einer, der unter der Verpflichtung für zu viele wöchentliche Stunden stöhnt und irgendwann frustriert und überlastet aufgibt.

Grundsätzlich liegt uns viel an der persönlichen Entwicklung unserer Mitarbeiter. Wir wollen sie eben nicht als Erfüllungsgehilfen, sondern als von Gott geliebte und berufene Menschen sehen, die ein kürzeres oder auch längeres Stück Weg mit uns gehen.

Jeder Mitarbeiter sollte die Gelegenheit haben, mit zumindest einem der Leiter engeren Kontakt zu haben. Er darf den Leiter in seinen Stärken und Schwächen erleben, um von ihm zu lernen. Er soll angeleitet werden, Gutes zu kopieren und seine eigenen Schlüsse aus seinen Erlebnissen mit dem Leiter zu ziehen. Zu den ihm übertragenen Verantwortungsbereichen darf er Förderung und konstruktiv-kritische Rückmeldung erwarten. Umgekehrt gibt es natürlich ebenfalls Erwartungen. Gerade ehrenamtlichen Mitarbeitern gegenüber empfinde ich es als Herausforderung, den Balanceakt zwischen Dankbarkeit für seine Investition einerseits und der manchmal notwendigen Einforderung von Verbindlichkeit auf der anderen Seite zu bewältigen. Die Erwartungen an einen potenziellen Mitarbeiter sollte man ganz klar vor Beginn einer Zusammenarbeit formulieren und mit ihm abklären.

Geeignete Räumlichkeiten

Langsam sollten wir uns der Frage widmen, wo eigentlich das Gebetshaus real stehen soll. „Gebets-Haus" ist ja kein Begriff, der unbedingt und in erster Linie ein Haus im Sinne eines Gebäudes beschreibt, sondern eher einen Dienst. Als das Freiburger Gebetshaus entstand, waren unsere Kontakte zu den verschiedenen Kirchengemeinden der Stadt schon so vertrauensvoll, dass wir mit den ersten zwei Stunden Anbetung und Gebet in einem Nebenraum einer evangelischen Kirche beginnen konnten. *Open skies* war in der Stadt schon einigermaßen bekannt, weil es die regelmäßigen Anbetungsabende zu diesem Zeitpunkt schon fast drei Jahre gab. Die früher erwähnte Hemmschwelle war niedriger geworden. Jeder Besucher wusste, dass es sich beim „Gebetshaus" um eine überkonfessionelle Veranstaltung handeln würde. Auf unserem Weg zu einem echten Haus sind wir bei der vierten Etappe angekommen und im Moment sehr zufrieden mit unseren aktuellen Räumlichkeiten. Dennoch verlieren wir das Ziel eines großen, eigenen Hauses nicht aus den Augen, denn wir haben die Vision, dass das Gebetshaus – gleichsam als „Befeuerungsofen" – in einem großen Haus mit anderen christlichen Diensten beheimatet sein wird. Einige Ansprüche, denen die Räumlichkeiten für ein Gebetshaus genügen müssen, möchte ich kurz benennen.

Der Gebetsraum muss leicht zugänglich sein. Ein Raum in einem Gebäude, zu dem man immer einen Schlüssel braucht, stellt eine große organisatorische Herausforderung dar: Wie sollen die Besucher in den Raum kommen? Wenn sie klingeln müssen, ist das für alle bereits Anwesenden störend. Auch für die Anbetungs- und Gebetsleiter ist es auf Dauer lästig, wenn sie sich immer wieder einen Schlüssel organisieren müssen. Die wenigsten Gebetshäuser beginnen gleich mit kontinuierlichem Gebet und so ist die Schlüsselfrage tatsächlich eine Schlüsselfrage. Das Haus, in dem wir unsere Räumlichkeiten haben, ist zum Glück meist schon vor sieben Uhr morgens und bis in den späten Abend hinein offen. Die Stockwerktür und unsere Eingangstür sind mit einem Codeschloss versehen, was den Zugang für die Mitarbeiter sehr einfach macht: Jeder hat den Zugangscode und kann auf- und abschließen, wenn er die „Hürde" der Haustür hinter sich hat. Diese Hürde betrifft aber nur Mitarbeiter, die sehr früh morgens oder sehr spät abends kommen. Sie bekommen entweder einen eigenen Schlüssel oder nutzen einen, der in einem Geschäft im Zentrum deponiert ist. Dort tragen sich die Mitarbeiter in eine Liste ein und können dann einen Schlüssel ausleihen.

Von Beginn an war es mir wichtig, dass das Gebetshaus eigene Räumlichkeiten im Zentrum unserer Stadt findet. Mehrere andere Angebote, die zwar schön, aber nicht zentral waren, haben wir nicht ernsthaft in Betracht gezogen, weil wir dort sein wollten, wo das Leben stattfindet. Das hat mehrere Gründe. Zuerst einmal sehe ich eine durchaus geistliche Komponente: So wie David das Zelt mit der Bundeslade in unmittelbarer Nähe des Ortes seiner Regierung haben wollte, so wollten auch wir nicht irgendwo „auf der grünen Wiese" sein, sondern dort, wo das Herz unserer Stadt schlägt: im Zentrum, in der Nähe des Rathauses, in der Nähe des Münsters, der Stadtverwaltung und des Regierungspräsidiums. Der zweite Grund für einen Raum im Zentrum ist die gute Verkehrsanbindung. Anders als es beispielsweise beim IHOP in Kansas City/USA der Fall ist, fahren die Menschen hierzulande nicht so gerne kilometerweit mit dem Auto, um zu einem Veranstaltungsort zu gelangen. Freiburg ist zudem eine Studentenstadt und nur wenige Studenten haben ein eigenes Auto, aber jeder fährt Rad. Und nicht zuletzt kommt die gute Erreichbarkeit mit öffentlichen Verkehrsmitteln den älteren Menschen zugute, die das Gebetshaus aufsuchen wollen.

Ein dritter Grund ist die Möglichkeit, dass Menschen von der Straße leicht ins Gebetshaus finden können: Unsere Räume befinden sich mitten in der Fußgängerzone. Im Sommer sind die Fenster oft geöffnet und so kann man draußen den Lobpreis hören – was schon Passanten dazu gebracht hat, einfach mal ins Gebetshaus hineinzuschauen. Ein Raum in der Innenstadt hat zudem auch den Vorteil der größeren Sicherheit. Hier sind meistens Leute unterwegs und man kann sich auch mitten in der Nacht einigermaßen sicher fühlen – bei einem außerhalb gelegenen Gebäude, beispielsweise in einem Industriegebiet, wäre Sicherheit kaum ohne einen ständigen Ordnerdienst zu gewährleisten. Obwohl wir bisher wenig Schwierigkeiten mit Störungen oder Belästigungen im Gebetshaus hatten, gibt es natürlich in einem so öffentlich zugänglichen Raum immer wieder einmal „Besucher", die stören oder auch etwas stehlen wollen – aber das ist die Ausnahme. Immerhin waren schon Menschen im Gebetshaus, die sich nach dem Besuch bekehrt haben. Wir lieben es, im Stadtzentrum zu sein!

Die Zentrumslage ist allerdings kein Muss. Andere Gebetshäuser haben andere Erfahrungen mit der Lage ihrer Räumlichkeiten gemacht. Ausschlaggebend für die Anzahl der Besucher eines Gebetshauses ist in erster Linie der Hunger nach Gott und seine Gegenwart, nicht die Örtlichkeit.

Zur Infrastruktur eines Gebetsraumes gehören einige Dinge unbedingt dazu, andere dagegen sind nicht so wichtig, aber angenehm. Wichtig ist, dass der Raum gut zu lüften ist, dass man mit der Musik und dem Kommen und Gehen möglichst niemanden stört und dass es eine Toilette gibt. Ein zusätzlicher Raum für die Mitarbeiter, wo sie ihre Gebetsstunden vorbesprechen oder zusammen Kaffee trinken können, ist von Vorteil. Wenn das Gebetshaus gewachsen ist und die ersten Mitarbeiter teil- oder vollzeitlich tätig sind, werden weitere Räume für Büros und Dinge wie Telefon- und Internetanschluss nötig.

Die Innenausstattung des Gebetsraumes ist zu sehr von den individuellen Vorlieben abhängig, als dass es etwas Zwingendes zu empfehlen gäbe. Generell ist eine angenehme Atmosphäre wichtig und wir sind froh und dankbar, dass sich ein Team von künstlerisch begabten Mitarbeitern alle paar Monate daran macht, den Raum neu zu gestalten. Der an sich schon schöne Raum wird dann jeweils durch kunstvolle Installationen, Fotografien, Gemälde oder Kalligrafien gestaltet. Wichtig sind Stühle. Unsere Mitarbeiter und Besucher gehören allen Altersgruppen an, und nicht jeder mag nur stehen oder auf dem Boden sitzen. Es gibt bei uns im Gebetsraum eine Anzahl von Stühlen, aber auch bequeme Sitzkissen und Kniebänkchen und ausreichend freie Fläche zum Knien, Liegen oder Tanzen.

Eine weitere Hilfe ist es, Musikinstrumente zur Verfügung zu stellen, zum Beispiel Gitarren, ein Keyboard und einige Percussion-Instrumente. Natürlich hängt die Instrumentierung davon ab, wie groß der Raum ist und wie man die Anbetungs- und Gebetszeiten musikalisch gestalten will: Soll ein Team von Musikern, eine richtige Band spielen, oder sollen es nur ein, zwei Gitarrenspieler sein? In allen Fällen ist es sinnvoll, dass die Musiker ihre Instrumente nicht von zu Hause mitbringen müssen.

Weiter gehört eine Anzahl von Bibeln, Liederbüchern und Gebetbüchern zur Ausstattung des Gebetsraums. Eine kleine Stereoanlage und CDs sind denjenigen Gebetsleitern eine Hilfe, die selbst kein Instrument spielen.

Anmerkungen

1 lat. für „Erster unter Gleichen"

Teil 3

Praktische Umsetzung

In den ersten beiden Teilen dieses Buchs habe ich versucht, ein Fundament für einen Lebensstil des Gebets zu legen. Meine Absicht war es, die theologische Grundlage zu erklären und aufzuzeigen, dass wir in einer Tradition von Menschen und Bewegungen stehen, denen kontinuierliches Gebet ein Anliegen war und ist. Jede Generation steht quasi immer auf den Schultern derer, die vor ihr Pionierarbeit geleistet und den Weg frei gemacht haben für das, wozu der Herr uns gebraucht. Es war mir wichtig, aufzuzeigen, welche persönlichen und auch strukturellen Voraussetzungen es im Kontext einer Gebetshausgründung gibt und welche vorbereitenden Schritte man gehen kann, wenn man eine entsprechende Berufung spürt. Der dritte Teil beschäftigt sich mit der praktischen Umsetzung der großen Vision vom Gebetshaus und mit dem Lebensstil, den wir als Mitarbeiter oder Leiter eines Gebetshauses wahrscheinlich für lange Zeit entwickeln werden. Wie kann diese Vision Tag für Tag gelebt werden, welche gesunden Leitungsstrukturen gibt es, und wie schützen wir uns vor einem Ausbrennen? Welche Gebetsarten sind in einem Gebetshaus zu finden, gibt es Dinge, die dort keinen Platz haben? All diese Fragen wollen wir uns nun anschauen. Manche habe ich in den ersten Teilen bereits angesprochen, in Teil 3 möchte ich diese vertiefen.

Das Leitungsteam

Oft setzt sich das erste Leitungsteam aus einer Gruppe von Freunden zusammen. Alle tun alles gemeinsam und jeder ist für alles zuständig. Es ist eine familiäre Gruppe, die da zusammen Reich Gottes baut. Je größer aber die Anzahl der Mitarbeiter wird, desto höher wird auch der Anspruch an Leitung und desto wichtiger die Notwendigkeit von guter Leiterschaft. Die flachen, familiären Strukturen müssen wachsen, um dem zunehmenden Leben im Gebetshaus einen gesunden Halt zu geben. Man kann mit der Zeit nicht mehr alles gemeinsam bedenken und entscheiden. Gabenorientiertes Leiten wird zunehmend wichtig, die Aufteilung von Verantwortungsbereichen und Zuständigkeiten für das weitere Wachstum unabdingbar. Das Leitungsteam verändert sich vielleicht – manchmal ist auch das ein unverzichtbarer Schritt, etwa dann, wenn einzelne Leiter von der ehrenamtlichen Mitarbeit in Teil- oder Vollzeit wechseln und so ihr Einblick, ihr Einfluss und die Anzahl derer, die ihnen folgen, zunimmt. Leiter zu sein ist weniger eine Stellenbeschreibung als vielmehr eine sichtbare Gabe von Gott. Man erkennt Leiter daran, dass sie von den Leitern und Mitarbeitern akzeptiert werden. Menschen folgen ihnen und lassen sich von ihnen führen. Sie haben ihre Berufung angenommen und Gottes Bestätigung ist für andere sichtbar. Die Mitarbeiter sind ihnen wichtig und sie nehmen sich ausreichend Zeit, um vor Gott zu stehen und für den Dienst zu beten und zu hören, was Gott sagt.

Open skies ist nach zehn Jahren noch immer ein Pionierdienst. Das gefällt mir sehr. Pionier zu sein heißt: Neuland zu betreten, auf Entdeckungsreise zu sein, Einfluss zu nehmen, Dinge zu verändern. Aber es bedeutet auch, manchmal durch völlig unbekannte Situationen gehen zu müssen, schwer zu arbeiten, in Gefahr zu sein, sich zu irren, unbedingt korrekturfähig bleiben zu müssen und den Mut aufzubringen, von falschen Wegen umzukehren.

Auch wir mussten uns nach einigen Jahren Fragen stellen wie: Arbeitet jeder von uns eigentlich entsprechend seinen Gaben und seiner Berufung? Ist jemand in Gefahr, vor lauter Arbeit und Aufgaben auszubrennen? Hat sich jemandes Arbeitszweig verändert oder hat ein Arbeitszweig vielleicht ganz aufgehört zu existieren? Auf der Beziehungsebene wollten wir weiterhin eine „Familie" sein, aber strukturell mussten wir die Sache professioneller anpacken. Dazu haben wir uns adäquate Hilfe von außen geholt.

Vor zwanzig Jahren arbeitete ich eine Weile in einer psychiatrischen Kinder- und Jugendklinik und lernte dort das Prinzip der Supervision[1] kennen – ich war begeistert. Jedes geistliche Leitungsteam sollte sich regelmäßig einem solchen Prozess stellen. Eine „super Vision" zu haben ist eines, sie gesund umzusetzen aber etwas anderes – und dazu kann die Supervision ein sehr gutes Hilfsmittel sein.

Wir fanden einen Unternehmensberater, der gleichzeitig auf nationaler Ebene in der Leitung eines christlichen Dienstes arbeitet und bereit war, uns auf dem Weg unseres strukturellen Veränderungsprozesses zu unterstützen. Zu Anfang stellten wir uns die Frage, was *open skies* eigentlich zum damaligen Zeitpunkt war und welches Potenzial wir sahen. Immerhin war in den sechs Jahren des Bestehens schon einiges gewachsen. Was wäre denn, wenn es den Dienst plötzlich nicht mehr gäbe – hätte das überhaupt eine Auswirkung auf unsere Stadt? Und wohin genau wollten wir kommen?

Dann wandten wir uns den Personen des Leitungsteams zu: Wer hat welche Begabungen, wer leitet bereits aktiv, wer trägt Eigenverantwortung und wer eher nicht?

Deutlich wurde auch, dass neben einer klaren Beschreibung von Zuständigkeit, Verantwortungsbereichen, Kompetenzen und einem dazugehörigen Vertrauensvorschuss eine schlankere Leitung des Dienstes nötig wurde. Es war nicht immer einfach, in einer Gruppe von neun Leitern schnell zu einer Entscheidung zu finden, allein schon deshalb, weil einige ihre E-Mails seltener lasen oder beantworteten als andere.

Unsere derzeitige Leitungsstruktur bei *open skies* kann man in Kurzform wie folgt beschreiben: Es gibt eine geistliche Leiterschaft, die sich nicht vorrangig mit organisatorischen Entscheidungen oder administrativen Themen beschäftigt. Die Treffen dieser Personen sind reserviert für persönlichen Austausch, für das Suchen nach Gottes Leitung und für Gebet. Sie hören gemeinsam auf Gott und entwickeln aus der Gemeinschaft mit ihm die „Marschrichtung" für den ganzen Dienst. Nur in Ausnahmefällen beschäftigt sich diese kleine Gruppe mit anderen Dingen. Aber sie trifft sich regelmäßig mit einer zweiten Gruppe von Leitern zu Austausch und Gebet.

In dieser zweiten Gruppe, dem Leitungsteam, wird geistlich mitgeleitet, hier werden wichtige Entwicklungen besprochen und wesentliche Entscheidungen getroffen. Dieses Team, die „exekutive" Leitung, hat die Aufsicht über den gesamten Dienst. Eine Hauptaufgabe dieses Teams ist die Mitarbeiterbetreuung.

Die dritte Leitungsgruppe sind die selbstständig arbeitenden Bereichsleiter, die jeweils für einen bestimmten Bereich, wie beispielsweise die Administration, die Technik, für die Anbetungsabende oder für PR zuständig sind. Sie arbeiten eng mit den Mitarbeitern innerhalb ihrer Bereiche zusammen. Aus dieser Gruppe heraus werden Aufgaben delegiert, Kompetenzen vergeben und die Leiter betreut, die für einzelne Aufgaben aus den Bereichen zuständig sind. Das sind dann die ebenfalls eigenständig arbeitenden Sachbereichsleiter: die Leiter der einzelnen Gebetsstunden, der Zuständige für den Bereich Finanzen, der Haustechniker, der Webmaster und so weiter.

Im Leitungsteam sollte jeder der folgenden Schwerpunkte mindestens einmal vertreten sein:

1. ein operational begabter Leiter,
2. ein pastoral begabter Leiter,
3. ein apostolisch begabter Leiter.

Warum ist das wichtig? Die Zusammenarbeit in einem Kreis unterschiedlich und ergänzend begabter Leiter verhilft zu einem gesunden Wachstum. Man stelle sich vor, in diesem Team wären nur apostolische Leiter. Deren Herz ist in der Regel voller Leidenschaft, neuer Impulse und Visionen. Sie wollen etwas Neues anpacken, gründen, bei den ersten Schritten begleiten, festigen und dann weiterziehen. Wenn in einem solchen Team nicht auch ein operational begabter Leiter wäre, der auch einmal sagen kann: Stopp, woher nehmen wir die Mitarbeiter/die Finanzen/die Räumlichkeiten usw.?, könnte es leicht chaotisch werden. Wenn kein pastoraler Leiter mit dabei wäre, würden die Mitarbeiter eventuell nicht gefördert, sondern ständig nur gefordert und irgendwann überfordert. Die oben genannten Dienstbegabungen sind allerdings nur das Minimum. Diese Profile braucht man unbedingt! Darüber hinaus ist es eine große Hilfe, wenn es auch einen prophetisch begabten Leiter im Team gibt, der im Hören auf Gott geschult und somit in der Lage ist, Ermutigung oder Korrektur einzubringen. Um die Mitarbeiter auch in biblischer Lehre zum Thema des Dienstes zu schulen, ist ein Leiter mit Lehrbegabung wichtig, und um eine gesunde evangelistische Komponente „im Boot" zu haben, ist ein evangelistisch begabter Leiter eine gute Ergänzung. Natürlich kann ein Leiter auch mehrere Begabungen in sich vereinen.

Diese Leitungsstruktur gewährleistet schnelle Kommunikationswege, eine überschaubare Anzahl regelmäßiger Treffen für den Einzelnen, gabenorientiertes Arbeiten und ein gutes Beziehungsgeflecht. Viele intensive Besprechungen und ein Leitungsgabentest während der Supervision haben uns dabei geholfen, die Personen für die verschiedenen Leitungsgruppen zu finden. Leiterschaft ist viel mehr, als nur zu organisieren. Sie findet auch nicht nur ausschließlich statt, wenn man „dienstlich" unterwegs ist, sondern äußert sich in einem Leben der Hingabe. Eine der größten Herausforderungen für einen Leiter ist es, sich in Bezug auf seine Verantwortung ausreichend Zeit für das Hören auf Gott zu nehmen. Zu schnell verkümmern gute Gebetsabsichten angesichts zu großer Berge an administrativen Aufgaben – das darf nicht sein!

Beziehung: eine dienende Haltung behalten

Um auf Dauer in die vorhandene und sich weiter entwickelnde geistliche Landschaft einer Stadt – sprich: den Leib Christi – integriert zu bleiben, sind ebenfalls einige Punkte von Bedeutung, durch die neue Freundschaften und Zusammenarbeit, Vergebung und Versöhnung, gegenseitige Inspiration und Unterstützung entstehen können. Beziehung im Reich Gottes ist etwas Grundlegendes und sehr Bedeutsames. Die Beziehung zu Gott muss an erster Stelle in unserem Leben stehen, aber die zwischenmenschlichen Beziehungen sind ebenfalls von großer Bedeutung. Ich habe die Erfahrung gemacht, dass Annäherung und Versöhnung zwischen Leitern verschiedener Denominationen durch authentische Gemeinschaft in Gang kommen. Lernt man sich kennen und bringt dem anderen echte Wertschätzung entgegen, öffnen sich plötzlich Türen zu Beziehungen, die man kaum für möglich gehalten hätte. Selbst Menschen, die man bisweilen als Gegner oder gar Feinde eingeschätzt hat, können durch die vergebende und annehmende Kraft der Liebe Gottes in uns zu echten Freunden werden. Die Prüfung der eigenen Motive kann dabei eine sehr große Hilfe sein: Sind mir die Kontakte wichtig, um „meinen" Dienst gut entwickeln zu können, oder liegt mir tatsächlich etwas am anderen? Habe ich ein Herz für seine Nöte, einen Blick für seine Vision, ein Ohr für seine Anliegen?

Open skies ist ein beziehungsorientierter Dienst. Nicht nur zu unseren Mitarbeitern und untereinander pflegen wir vom Leitungsteam möglichst gute Beziehungen, sondern auch zu den anderen geistlichen Leitern der Stadt. Wer ein Gebetshaus leitet, kann dies entweder zurückgezogen und für sich allein tun oder von Anfang an Beziehung zum Leib Christi der Stadt suchen. Er vermittelt auf diese Weise, dass der eigene Dienst nicht das Nonplusultra darstellt, sondern ein Dienst sein soll, der andere unterstützen und sich in die vorhandene Struktur des Leibes Christi einfügen möchte. Für das Freiburger Gebetshaus ist die Unterstützung der vorhandenen Kirchen und Gemeinden ein Schwerpunkt. Unser Ansatz soll ein dienender sein.

Mitarbeiterbetreuung

Jeder Leiter sollte für eine gewisse Anzahl von Mitarbeitern verantwortlich sein und mit ihnen in Kontakt stehen. Auf diese Weise ist auch gewährleistet, dass jeder Mitarbeiter weiß, wer sein Ansprechpartner ist und an wen er sich mit Fragen, Vorschlägen oder Problemen wenden kann. Gewöhnlich gehören Mitarbeitertreffen nicht zu den beliebtesten Terminen bei Menschen mit vollen Kalendern. Aber sie sind wichtig, um das Gefühl zu etablieren und zu stärken, dass wir als Einzelne Anteil an einer größeren, gemeinschaftlichen Vision haben. Unsere „Family-Treffen" sind der Ort, an dem alle Mitarbeiter gemeinsam die Möglichkeit haben, aktuelle Neuigkeiten zu hören und einander zu treffen. Bei dieser Zusammenkunft kann die Vision immer wieder neu allen vor Augen gestellt werden. Das Family-Treffen trägt bewusst diesen Namen, weil bei dieser Gelegenheit nicht die organisatorischen Dinge im Vordergrund stehen, sondern die gemeinsame Anbetung und das Gebet, der persönliche Austausch und die Vermittlung geistlicher Impulse. Einmal im Jahr gibt es obendrein ein Sommerfest für alle. Daneben finden ab und zu Bereichstreffen statt, zu denen sich nur Mitarbeiter des jeweiligen Bereiches mit ihren Leitern zu Austausch und Gebet treffen.

Fortbildung für Mitarbeiter

Ich habe es schon einmal gesagt: Mitarbeiter sind keine Erfüllungsgehilfen der Vision eines Leiters, sondern von Gott berufene Menschen, die er in dieselbe Vision hineingestellt hat. Natürlich ist es normalerweise so, dass Gott zu Einzelpersonen spricht und ihnen einen spezifischen Ruf gibt – wie etwa, ein Gebetshaus zu gründen. Und natürlich kann derjenige, der einen solchen Ruf empfängt, ein Gebetshaus beginnen – aber er kann die Vision nicht allein umsetzen. Er braucht Mitarbeiter und Gesinnungsgenossen zur Umsetzung der Vision. Insofern helfen die Mitarbeiter zwar dabei, die Vision des Leiters in die Realität umzusetzen, aber sie tun das, weil Gott ihnen dieselbe Vision ins Herz gelegt hat.

Mitarbeiter müssen gefordert und gefördert werden. Gefordert werden sie beispielsweise dadurch, dass sie im Team arbeiten und jedes Mal eine Entscheidung treffen müssen, wenn Gott den Leitern einen neuen Schwerpunkt, eine Korrektur oder einen zusätzlichen Dienstaspekt zeigt. Dann muss sich der Mitarbeiter fragen: „Habe ich genug Vertrauen zur Leiterschaft, um mitzugehen? Habe ich genügend Glauben, um das anzunehmen und umzusetzen, was der Heilige Geist uns gerade zeigt?"

Gefördert werden Mitarbeiter durch unsere persönliche Begleitung und durch Programme wie interne Schulungen und Kreise, in denen sie die Möglichkeit bekommen, zu lernen und sich aktiv an der Gestaltung des Dienstes zu beteiligen. Im Moment gibt es bei *open skies* verschiedene Angebote dieser Art. Neben den Pflichttreffen, wie dem Family-Treffen und der Schulung „Deeper!" gibt es das „Mitarbeitergebet" und die „Zellgruppe". Durch „Deeper!" werden die Mitarbeiter intensiv zu den Aspekten rund um einen Lebensstil des Gebets geschult. Unser Ziel ist, ihre persönliche Beziehung zu Gott zu stärken und ihnen Hilfestellung und ein tieferes Verständnis davon zu geben, was sie im Gebetshaus tun und erleben. Die Schulung ist gespickt mit möglichst begeisternder Lehre und praxisorientierten Workshops. Jeder Teilnehmer soll in seinem Alltag von dem profitieren können, was er bei Deeper! hört und erlebt.

Beim Mitarbeitergebet sind immer mindestens zwei Leiter dabei und berichten kurz, welche aktuellen Gebetsanliegen es bei *open skies* gibt. So sind die Mitarbeiter stets informiert über das, was läuft, und können im Gebet mithelfen, den Dienst zu tragen.

Die Zellgruppe ist eine Art „Thinktank". Mitarbeiter, die gemeinsam neue Ideen ausarbeiten und bestimmte verbesserungswürdige Punkte besprechen wollen, kommen hier zusammen und leisten Konzeptarbeit. Sie sind dabei unter sich, aber einer von ihnen trifft sich bei Bedarf mit den Leitern und trägt die neuen Ideen vor. Von diesem „Thinktank" haben wir schon sehr profitiert!

Vor einiger Zeit haben wir auch eine Art „Manual" für Gebetsleiter erstellt. Es ist ein kleines Heft, in dem grundlegende Informationen darüber enthalten sind, was ein Gebetsleiter ist und was nicht, wie man Gebetsstunden gestalten kann, und welche Typen von Gebetsleitern es gibt. Jeder neue Leiter bekommt dieses Material ausgehändigt.

Finanzen

Kommen wir zu der wichtigen Frage, wie sich ein Gebetshaus finanzieren lässt.

Sicher gibt es auch hier unterschiedliche Modelle, aber auf der Basis der Studie zur Wiederherstellung der Hütte Davids und unserer eigenen Erfahrung möchte ich einige Hinweise geben, wie die Finanzierung aussehen kann.

Finanzielle Mittel fallen zu Anfang wohl hauptsächlich für die Miete der Räumlichkeiten an. Nach und nach können jedoch weitere Kosten für Büromaterialien, eine attraktive Webseite, Plakate, Flyer und natürlich für Mitarbeiter anfallen, die finanzielle Unterstützung bekommen, damit sie weniger Zeit für ihre Jobs aufwenden müssen und mehr Zeit in ihre Berufung investieren können. Der allergrößte Teil der finanziellen Mittel für *open skies* stammt aus Spenden. Eine sauberer Umgang mit Geld ist unverzichtbar. Um rechtlich einwandfreie Strukturen zu schaffen, empfahl sich für uns die Form eines Vereins, der als gemeinnützig anerkannt wurde. Dadurch bekamen wir die Möglichkeit, ein Vereinskonto zu eröffnen, über das die Spendeneinnahmen fließen können. Mithilfe der Vereinsstruktur kann jederzeit Rechenschaft über die finanziellen Verhältnisse, über die Ein- und Ausgaben und die Verwendung der Spendengelder abgelegt werden. Aufgrund der Gemeinnützigkeit können den Spendern einmal im Jahr Spendenbescheinigungen ausgestellt werden, die bei deren Steuererklärung Berücksichtigung finden.

Ein Verein als solcher muss nicht groß und aufwändig sein. Der Verein „*open skies*-Freiburg e.V." besteht aus wenigen Personen, er dient der Sache und soll nicht zu einer eigenen „Sache" werden. Die Spenden kommen auf ganz verschiedene Art und Weise zusammen.

Wir haben von Beginn an einen Freundeskreis aufgebaut. Die zum Freundeskreis gehörenden Personen erhalten mindestens einmal im Monat eine E-Mail mit den aktuellen Entwicklungen von *open skies*. Daneben werden auch Gebetsanliegen und finanzielle Bedürfnisse genannt. Auf diese Weise wissen unsere Freunde schnell, wenn bei *open skies* Ausgaben anstehen, und wir haben bisher die Erfahrung gemacht, dass gerne gegeben wird. Manche Spender reagieren spontan und spenden punktuell. Wir haben jedoch auch einen festen Kreis von sogenannten „Mietpaten" aufgebaut: Sie überweisen jeden Monat einen kleinen oder größeren Betrag für die Deckung der Mietkosten.

Zusätzlich zur Möglichkeit der Überweisung von Spenden hängt ein „Spendenbriefkasten" in unseren Räumen und natürlich wird bei den alle zwei Monate stattfindenden Anbetungsabenden und bei unseren Schulungen eine Kollekte eingesammelt. Aber ich habe auch noch unerfüllte Träume für den Bereich der Finanzen: Kirchen und Gemeinden, aber auch säkulare Unternehmen sollen den Segen des Gebetshauses in ihrer Stadt noch deutlicher erkennen und aus diesem Grund das Gebetshaus finanziell unterstützen. Das ist mein Ziel.

Finanzielle Freisetzung von Mitarbeitern

Eine neue Herausforderung taucht dann auf, wenn nicht nur ehrenamtliche Mitarbeiter zum Gebetshaus stoßen, sondern Gott Menschen in Teil- oder gar Vollzeit ins Gebetshaus beruft. Wie sollen sie versorgt werden, wer kommt für ihren Unterhalt auf?

Ein gut funktionierendes Beispiel ist das „Partnerprogramm". Es funktioniert so, dass die beim Verein angestellten Mitarbeiter

Praktische Umsetzung / 171

mithilfe des Programmleiters einen persönlichen Spenderkreis aufbauen, durch den ihr Unterhalt gesichert wird – die „Partner". Für eine bestimmte Anlaufzeit gewährt der Verein den Mitarbeitern eine monatliche Unterstützung aus dem allgemeinen Spendenpool. Bis dahin sollten sie genügend Partner für die monatliche Summe finden, die sie benötigen. Der Leiter, der die finanziellen Bedürfnisse der Mitarbeiter kennt, bringt neue potenzielle Partner, die nicht aus dem Beziehungsumfeld des Empfängers kommen, sondern sich direkt an den Verein gewandt haben, mit den jeweils zu versorgenden Teil- oder Vollzeitlern in persönlichen Kontakt. In der Regel unterstützen wir unsere angestellten Mitarbeiter zusätzlich mit einem Minijob-Gehalt. Die Partner verpflichten sich, monatlich eine bestimmte Geldsumme – zweckgebunden für die Entlohnung des Mitarbeiters XY – an den Verein zu spenden. Entsprechend den regelmäßigen Spendeneingängen ist dann auch das Gehalt des Mitarbeiters – abzüglich der Sozialversicherungskosten und der Steuern. Ist das Gebetshaus ein gemeinnütziger Verein, hat der Spender den Vorteil, dass er einmal im Jahr eine steuerlich absetzbare Spendenbescheinigung bekommt. In Freiburg haben wir die Regel, dass selbst bei einer sozialversicherungspflichtigen Anstellung der finanzielle Aufwand für den Verein nie höher wird als die Ausgaben für einen Minijob. Alles was darüber hinausgeht, kommt von den Partnern. Uns ist es wichtig, uns auch als Verein an der finanziellen Versorgung der Mitarbeiter zu beteiligen, damit sie die finanzielle Verantwortung nicht allein tragen und für ihren Unterhalt beten und glauben müssen, sondern das gesamte Werk einen Teil der Glaubens- und finanziellen Verantwortung mitträgt. Das Partnerprogramm haben wir von unseren Freunden vom Gebetshaus in Augsburg übernommen, aktuell sind wir dabei, es einzuführen.

Unser Verständnis der finanziellen Unterstützung von Mitarbeitern ist nicht, dass wir sie für abgeleistete Stunden Gebet bezahlen, sondern dass wir dazu beitragen, Menschen, die eine Berufung dazu haben, einen Lebensstil des Gebets zu ermöglichen.

Wie wird im Gebetshaus gebetet?

Die Frage nach der Einheit

Auch diesem Abschnitt möchte ich wieder voranstellen, dass es sich nicht um eine vollständige Aufzählung der Möglichkeiten des Gebets in einem Gebetshaus oder gar um Vorgaben handelt. Ich habe seit Jahren Kontakt zu verschiedenen Gebetshäusern und habe unterschiedliche Frömmigkeitsstile, Gebetsarten und Formen der Anbetung kennengelernt. Ich möchte keinen Stil und keine Art besonders hervorheben. Persönliche Erkenntnis, Schwerpunkte von Gott, stilistische Vorlieben, das Vorbild anderer Gebetshäuser und die Möglichkeiten der jeweiligen Mitarbeiter können die Art und Weise, wie in einem Gebetshaus gebetet wird, prägen und Einfluss darauf haben, wie die Anbetung gestaltet wird.

Open skies hat neben dem Herzstück – dem Gebetshaus – auch die Vision der Versöhnung und Einheit der unterschiedlichen christlichen Kirchen, Gemeinden und Gruppierungen. Als ganzer Leib Christi mit seinen unterschiedlichen Gliedern soll der Stadt und einander gedient und so das Reich Gottes vorangetrieben werden. Respekt, Demut und gegenseitige Wertschätzung spielen eine große Rolle für das Unternehmen „überkonfessionelles Gebetshaus". Vielleicht ist es in mancher Hinsicht etwas leichter, ein Gebetshaus mit einer homogenen Gruppe zu starten und zu betreiben, einer Gruppe, die denselben Frömmigkeitsstil und das gleiche Verständnis von Gebet hat. Aber ist solch ein Gebetshaus dann wirklich auch das Gebetshaus für die ganze Stadt? Was ist mit den anders geprägten Gläubigen – sollen sie eigene Gebetshäuser gründen? Ich frage mich, ob die manchmal holperige, aber breite Einheit einer so unterschiedlich zusammengefügten Gruppe wie der in Freiburg nicht mehr Freude bei Gott auslöst als eine in Theologie und Form übereinstimmende Gruppe. Ich erinnere mich gut an eine Predigt von Walter Heidenreich, die ich 1986 gehört habe. Er erzählte davon, wie ein Passant mit den folgenden Worten auf die Straßenevangelisation von Walters Gruppe reagierte: „Ihr predigt uns die Botschaft der Versöhnung – versöhnt euch erst einmal selber!" Diese Worte haben damals bei mir eingeschlagen wie eine Bombe und auch heute noch sehe ich diese Aussage als sehr wichtig an. Jesus selbst hat gesagt:

„Daran werden alle erkennen, dass ihr meine Jünger seid, wenn ihr Liebe untereinander habt" (Joh. 13,35).

Jesu Gebet um Einheit aus dem 17. Kapitel des Johannesevangeliums ist eines der dringlichsten schriftlich festgehaltenen überhaupt. Egal, ob sich eine kleine Gruppe von einander nahestehenden Christen in Einheit übt oder eine große, facettenreiche: Einheit bedeutet, sich eines gemeinsamen Zieles bewusst zu werden und sich trotz seiner Unterschiedlichkeit zusammen auf dieses Ziel zu fokussieren. Ich freue mich so darüber, dass sich im Haus des Gebets in Freiburg Christen unterschiedlichster Prägung treffen, um anzubeten und Fürbitte zu tun. Das Erstaunliche dabei ist: Es funktioniert. Es ist eine Freude und Bereicherung, gerade an Gebetszeiten teilzunehmen, die von Geschwistern anderer Prägung als der eigenen geleitet werden. Wie viel habe ich schon von anderen gelernt! Zu sehen, wie Pfingstler, Baptisten, evangelische Landeskirchler, Katholiken und Christen aus vielen weiteren Gemeinden das Haus des Gebets mit Leben erfüllen, macht wahrscheinlich nicht nur uns Mitarbeitern, sondern dem Herrn selber die größte Freude. Ich erinnere mich an einen grandiosen Nachmittag im Gebetshaus, als ich die Augen öffnete und folgendes Bild sah: Mir gegenüber saß eine junge, tätowierte Frau von den Jesus Freaks, links neben mir zwei Franziskaner in ihren Kutten. Einige weitere Beter aus verschiedenen Freikirchen waren ebenfalls da und rechts von mir saß eine Diakonisse. Ich hätte ein Foto machen sollen! (Aber ich konnte nicht, denn ich leitete diese Stunde ...)

Da das Gebetshaus einen öffentlichen Raum darstellt, soll jeder Christ zu jeder Zeit die Möglichkeit haben, an diesen so unterschiedlich geprägten Gebetsstunden teilzunehmen.

Zum Thema Gebet sind viele exzellente Bücher geschrieben worden, deshalb werde ich diesen Teil nur so weit ausführen, dass der Leser eine Vorstellung von verschiedenen Gebetsarten bekommen kann. Nochmals: Die Möglichkeiten sind unglaublich vielfältig – in zwei Jahren könnte sich diese Liste schon wieder erweitert haben!

Gebet nach Gottes Willen

Im Neuen Testament (Mt. 6,10) lehrt Jesus seine Jünger, wie sie beten können. Uns allen ist dieses Gebet als das „Vaterunser" vertraut. Ich möchte gerne unser Augenmerk auf Vers 10 richten, wo es heißt: „Dein Reich komme. Dein Wille geschehe, wie im Himmel so auf Erden." Wenn wir diesen Vers wörtlich nehmen, sollen wir also beten, dass Gottes Wille auf der Erde ebenso vollkommen umgesetzt wird, wie er im Himmel festgelegt wurde und seit Ewigkeiten umgesetzt ist. Die Frage aber ist: Sollen auf der Erde Zustände wie im Himmel herrschen oder geht es nicht eher um die vollkommene Umsetzung von Gottes Willen *für die Erde im Zeitalter vor Jesu Wiederkunft*? Ein guter Freund von mir sagt immer wieder: „Den Himmel wird es erst im Himmel geben." Ich glaube, das ist richtig, aber es wird mich nicht daran hindern, voller Leidenschaft für Zeichen und Wunder zu beten, die der Herr uns verheißen hat und in unserer Zeit auf der Erde tun will. Doch wir leben tatsächlich in einer gefallenen Welt, in der es Sünde, Krankheit und Tod gibt, und diese Realitäten werden sich erst dann ändern, wenn die großartigen Ereignisse, von denen wir im Buch der Offenbarung lesen, stattgefunden haben:

> „Und ich sah einen neuen Himmel und eine neue Erde; denn der erste Himmel und die erste Erde waren vergangen, und das Meer ist nicht mehr. Und ich sah die heilige Stadt, das neue Jerusalem, aus dem Himmel von Gott herabkommen, bereitet wie eine für ihren Mann geschmückte Braut. Und ich hörte eine laute Stimme vom Thron her sagen: Siehe, das Zelt Gottes bei den Menschen! Und er wird bei ihnen wohnen, und sie werden sein Volk sein, und Gott selbst wird bei ihnen sein,

ihr Gott. Und er wird jede Träne von ihren Augen abwischen, und der Tod wird nicht mehr sein, noch Trauer noch Geschrei noch Schmerz wird mehr sein; denn das Erste ist vergangen. Und der, welcher auf dem Thron saß, sprach: Siehe, ich mache alles neu" (Offb. 21,1-5a).

Dennoch ruft Gott uns auf, durch unser Leben und unser Gebet Einfluss auf die Welt zu nehmen, in der wir leben. Eine geschaffene Welt, die sich nach Erlösung sehnt, wie auch wir Menschen:

„Denn die Schöpfung ist der Nichtigkeit unterworfen worden - nicht freiwillig, sondern durch den, der sie unterworfen hat - auf Hoffnung hin, dass auch selbst die Schöpfung von der Knechtschaft der Vergänglichkeit frei gemacht werden wird zur Freiheit der Herrlichkeit der Kinder Gottes. Denn wir wissen, dass die ganze Schöpfung zusammen seufzt und zusammen in Geburtswehen liegt bis jetzt" (Röm. 8,20–22).

In der Zeit der Heilsgeschichte, in der wir seit Jesu erstem Kommen leben, soll unsere Fürbitte dem Willen Gottes entsprechen. Darauf weist uns auch der Apostel Johannes in seinem ersten Brief hin:

„Und dies ist die Zuversicht, die wir zu ihm haben, dass er uns hört, wenn wir etwas nach seinem Willen bitten" (1. Joh. 5,14).

Wie aber geht das: nach seinem Willen beten? Wie erkennen wir, was sein Wille ist? Auf diese Fragen gibt es zwei Antworten. Erstens müssen wir seinen Willen kennen, den er uns durch die Worte der Bibel geoffenbart hat. Die ewig gültigen Aussagen der Heiligen Schrift müssen uns Betern und Anbetern vertraut sein, damit wir wissen, wofür und in welcher Art wir für bestimmte Anliegen beten können. Um zu zeigen, was ich damit meine, möchte ich einige Beispiele aufführen.

Wir beten kontinuierlich für die Verlorenen, weil wir wissen:

„Dies ist gut und angenehm vor unserem Retter-Gott, welcher will, dass alle Menschen gerettet werden und zur Erkenntnis der Wahrheit kommen" (1. Tim. 2,3–4).

Wir beten, dass Jesus wiederkommt, denn in der Offenbarung steht:

„Und der Geist und die Braut sagen: Komm! Und wer es hört, spreche: Komm!" (Offb. 22,17a).

Wir beten für Menschen in Leitungsverantwortung:

„Ich ermahne nun vor allen Dingen, dass Flehen, Gebete, Fürbitten, Danksagungen getan werden für alle Menschen, für Könige und alle, die in Hoheit sind, damit wir ein ruhiges und stilles Leben führen mögen in aller Gottseligkeit und Ehrbarkeit" (1. Tim. 2,2).

Wir beten, dass wir den Willen Gottes erkennen und in ihm leben:

„Es grüßt euch Epaphras, der von euch ist, ein Knecht Christi Jesu, der allezeit für euch ringt in den Gebeten, dass ihr vollkommen und völlig überzeugt in allem Willen Gottes dasteht" (Kol. 4,12).

Und wir vergessen nie zu danken:

„Sagt in allem Dank! Denn dies ist der Wille Gottes in Christus Jesus für euch" (1. Thes. 5,18).

Zweitens hat Gott der neutestamentarischen Gemeinde die Gnadengaben des Heiligen Geistes gegeben. Sie sollen uns unterstützen, als Jünger Jesu zu leben, und zeigen auf oftmals erstaunliche Weise die Realität seines Reiches. Zu diesen Gaben gehört auch die Gabe der Prophetie oder Weissagung, nach der sich alle Christen ausstrecken dürfen.

„Strebt nach der Liebe; eifert aber nach den geistlichen Gaben, besonders aber, dass ihr weissagt!" (1. Kor. 14,1).

Diese Gabe hilft uns dabei, den Willen Gottes im Blick auf eine bestimmte Situation oder Entwicklung zu erkennen. Der Heilige Geist ist unser Ratgeber und derjenige, der uns in alle Wahrheit führt. Wenn wir nicht wissen, wie wir beten sollen, können wir uns an ihn wenden und sagen: „Vater, zeig uns durch den Heiligen Geist, wie wir jetzt beten sollen. Was ist dein Wille für diese Situation, was ist deine Sicht und dein Ziel?"

„Weissagungen verachtet nicht, prüft aber alles, das Gute haltet fest!" (1. Thes. 5,20–21).

„Wenn aber jener, der Geist der Wahrheit, gekommen ist, wird er euch in die ganze Wahrheit leiten; denn er wird nicht aus sich selbst reden, sondern was er hören wird, wird er reden, und das Kommende wird er euch verkündigen" (Joh. 16,13).

„Und so besitzen wir das prophetische Wort umso fester, und ihr tut gut, darauf zu achten als auf eine Lampe, die an einem dunklen Ort leuchtet, bis der Tag anbricht und der Morgenstern in euren Herzen aufgeht" (2. Pt. 1,19).

Auch im Neuen Testament lesen wir von Propheten, die durch ihre Gabe den Willen Gottes offenbar machten, und vom Reden des Heiligen Geistes, der den Gläubigen half, die richtigen Entscheidungen zu treffen. Es ist ein legitimes und wichtiges Gebet, den Herrn zu Beginn unserer Gebetszeiten einzuladen und um seine Führung durch den Heiligen Geist zu bitten. Prophetische Worte, Bilder und Eindrücke helfen uns, den Willen Gottes zu erkennen und entsprechend zu beten. Im Austausch vor den Gebetszeiten kann man sich mit seinen Mitbetern abstimmen und erfragen, welche Eindrücke sie in Bezug auf die Gebetsschwerpunkte der folgenden Stunde haben. Dabei gilt allerdings immer, dass wir prophetische Worte und Eindrücke prüfen sollen. Dadurch vermeiden wir Missbrauch und falsche Schwerpunkte. Faszinierend und fast geheimnisvoll ist die folgende Aussage von Paulus. In der Regel wird sie so ausgelegt, dass wir, wenn wir nicht wissen, wie wir beten sollen, die Gabe des Betens in neuen Sprachen in Anspruch nehmen dürfen. Dann können wir im ruhigen Vertrauen auf die Führung des Heiligen Geistes „im Geist" beten. Ich finde diese Auslegung hilfreich und verlasse mich gerne darauf. Natürlich gilt, dass wir mit der Gabe des Sprachengebets in Weisheit und Rücksichtnahme denen gegenüber umgehen, die sie noch nicht empfangen haben oder ein anderes theologisches Verständnis davon haben. Ich kann aber nur wieder betonen: Gute Beziehungen machen vieles möglich, und so bete ich oft in Sprachen, auch wenn Geschwister ohne diese Gabe zu den Anwesenden gehören – und es war noch nie ein Problem.

„Ebenso aber nimmt auch der Geist sich unserer Schwachheit an; denn wir wissen nicht, was wir bitten sollen, wie es sich gebührt, aber der Geist selbst verwendet sich für uns in unaussprechlichen Seufzern" (Röm. 8,26).

Zusammenfassend kann gesagt werden, dass wir den schriftlichen Willen Gottes kennen und auf die Führung des Heiligen Geistes vertrauen sollten, wann immer wir ins Gebet gehen. Es geht Gott nicht um die Anzahl der Worte in unseren Gebeten, sondern um unser Vertrauen darauf, dass er uns erhört, und um die Übereinstimmung unserer Gebete mit seinem Willen.

Stille

Ich möchte Stille nun bewusst an die erste Stelle der angekündigten kleinen Auflistung setzen, weil es uns in der Regel sehr schwerfällt, vor dem Herrn still zu sein. Stille findet in manchen christlichen Kreisen praktisch nicht mehr statt.

Ist Stille denn überhaupt Gebet? Sollten wir nicht vielmehr „beten, bis die Wände wackeln"? Ja, das sollten wir tun – aber ohne den Schatz des Stillseins vor Gott zu vernachlässigen. Still zu sein heißt nicht inaktiv zu sein. Ich finde den Gedanken faszinierend, Gott in der Stille zu begegnen, ihm dort Raum zu geben, konzentriert auf ihn zu hören, ihm Zeit zu schenken, uns ihm still zur Verfügung zu stellen. Still sein ist verbunden mit Hingabe. Denn dann zählen nicht mehr meine Gebetsanliegen, meine Ideen, meine Lieder, sondern Gott allein. Es geht um sein Wirken, seine Stimme, seinen Herzschlag.

Bevor ich einen ganz bestimmten Aspekt der Stille vor Gott näher betrachten möchte, sollen einige Verse aus der Bibel für sich sprechen. Den Leser ermutige ich, über diese Aussagen nachzudenken.

„Seid stille und erkennet, dass ich Gott bin! Ich will der Höchste sein unter den Heiden, der Höchste auf Erden" (Ps. 46,11, Luther 1984).

„Der Herr aber ist in seinem heiligen Palast. Schweige vor ihm, ganze Erde!" (Hab. 2,20).

„Alles Fleisch schweige vor dem Herrn! Denn er hat sich aufgemacht aus seiner heiligen Wohnung" (Sach. 2,17).

„Sei still dem Herrn und harre auf ihn! Entrüste dich nicht über den, dessen Weg gelingt, über den Mann, der böse Pläne ausführt!" (Ps. 37,7).

„Nur auf Gott vertraue still meine Seele, denn von ihm kommt meine Hoffnung" (Ps. 62,6).

Das Gebetshaus ist ein Ort der Begegnung. Menschen dürfen hier einfach vor Gott sein und ihn, seine Pläne und seine Zuneigung zu uns Menschen erkennen. Stille ist Staunen, ist ehrfurchtsvolles Aufblicken auf den herrlichen Gott in seinem herrlichen Tempel (oder Palast). Stille ist Hören, bedeutet sich zu verschenken, sein Leben auszugießen in Gottes Gegenwart. Ich meine, es ist etwas Gewaltiges, auf diese Weise im Gebetshaus zu beten.

Das Thema der Stille leitet direkt zu einer damit verwandten Art des Betens über, zu einem Aspekt des Gebets, der direkt aus der Stille erwächst:

Wachen

Nicht jeder, den der Herr in ein Gebetshaus ruft, ist augenscheinlich ein Fürbitter oder ein Anbeter. Und doch spürt auch er einen deutlichen Ruf von Gott, sich zu investieren. Wir haben uns die Frage gestellt, wo die Menschen einen Platz und eine Möglichkeit des Beitrags bekommen können, die eben nicht einen Schwerpunkt in der Fürbitte oder der Anbetung haben. Sind diese eher stillen Menschen zur Rolle von Zuschauern verurteilt oder gehören sie automatisch zur Riege derjenigen, die für gewöhnlich die praktischen Arbeiten übernehmen? – Nicht unbedingt. Beide

Gebetsformen, sowohl „Stille" als auch „Wachen", können solchen Menschen eine hervorragende Plattform bieten, um Anteil am Gebet und der Anbetung im Haus des Gebets zu haben. Der Gedanke des Wachens hat uns fasziniert und die Beschäftigung mit dem Thema inspirierte uns. Wir haben uns folgende Fragen gestellt: Was bedeutet „Wachen" eigentlich, und welche Aufgaben übt ein „Wächter" aus? Als Erstes fällt natürlich das Wort „wach" innerhalb von „Wachen" auf. Ein Wächter übernimmt eine „Wache" – eine Zeit der höchsten Konzentration, der völligen Aufmerksamkeit und des Achtens auf ein definiertes Gebiet oder Objekt, dem sein Wachen gilt. Zweitens hat der Wächter die Aufgabe, die von ihm Bewachten zu warnen, wenn er etwas Wichtiges erkennt oder Gefahr im Verzug ist. Damit er solche Dinge erkennen kann, müssen seine Sinne geschärft sein. Er dient also, indem er aufmerksam ist.

In unserer Beschäftigung mit dem Thema wurde bald klar, dass es unterschiedliche Arten des Wachens gibt. Die erste Art des Wachens hat sehr viel mit der eben beschriebenen Gebetsform der Stille zu tun. Es ist das stille Wachen in dem Sinne, dass ich mich selbst Gott zur Verfügung stelle. Das kann eine „Nachtwache" sein: Wenn die meisten Menschen schlafen, bin ich wach und in Gemeinschaft mit Gott – ob im Gebet, Anbetung oder eben in der Stille. Ich bin einfach „da" – für Gott, ansprechbar, offen für das, was er sagen möchte, offen für Anstöße für die Fürbitte, aber vor allem um ihm zu zeigen: „Ich schenke dir meine Aufmerksamkeit."

Als Zweites gibt es das Wachen mit dem Ziel, aktiv werden zu können. Ausgezeichnet zusammengefasst wird die Aufgabe des aktiven Wächters in den unten stehenden Versen.

> „Denn so hat der Herr zu mir gesprochen: Geh hin, stell einen Späher auf! Was er sieht, soll er berichten. Und sieht er einen Wagenzug, ein Pferdegespann, einen Zug Esel, einen Zug Kamele, dann horche er gespannt auf, mit großer Aufmerksamkeit! Da rief er wie ein Löwe: Auf der Turmwarte, Herr, stehe ich be-

ständig am Tag, und auf meinem Wachtposten stehe ich bereit alle Nächte hindurch! Und siehe da, es kam ein Wagenzug von Männern, ein Pferdegespann ... Und er fing an und sprach: Gefallen, gefallen ist Babel, und alle Götzenbilder seiner Götter sind zu Boden geschmettert! Du mein gedroschenes Volk und Sohn meiner Tenne! Was ich vom Herrn der Heerscharen, dem Gott Israels, gehört, habe ich euch verkündigt" (Jes. 21,6–10).

„Und es geschah am Ende von sieben Tagen, da geschah das Wort des Herrn zu mir so: Menschensohn, ich habe dich für das Haus Israel zum Wächter gegeben. Und hörst du ein Wort aus meinem Mund, so sollst du sie von mir verwarnen!" (Hes. 3,16–17).

Diese Art des Wachens setzt Erfahrung voraus. An dieser Stelle muss man geübt sein im Hören auf Gott und der Unterscheidung zwischen seinen eigenen Wünschen, Sehnsüchten und Ideen und den Impulsen und Worten Gottes. Hier sind Menschen mit prophetischer Begabung gefragt. Sie sollen ja nicht nur hören, sondern auch weitergeben können, was der Herr ihnen gezeigt hat. Die empfangenen Impulse können anderen Fürbittern und Anbetern wertvolle Anhaltspunkte für das „Was" und „Wie" in den Gebetszeiten geben.

Ebenso gibt es ein Wachen im Anschluss an unsere Gebete: Welche Antwort will Gott auf unsere Fürbitte geben?

„Auf meinen Posten will ich treten und auf den Wall mich stellen und will spähen, um zu sehen, was er mit mir reden wird und was für eine Antwort ich auf meine Klage erhalte" (Hab. 2,1).

Drittens gibt es das fürbittende, proklamierende Wachen. Im Unterschied zur ersten und zweiten Form des Wachens geht es hier weniger darum, auf Gott zu hören, um aktuelle Anliegen, Hinweise oder Impulse, die auf seinem Herzen sind, zu erfahren. Mehr im Vordergrund steht das Proklamieren, das fürbittende Vortragen der von Gott bereits gegebenen Verheißungen, also dass man Gott „erinnert", wie es im folgenden Vers beschrieben wird, der uns allen gut bekannt ist.

„Auf deine Mauern, Jerusalem, habe ich Wächter bestellt. Den ganzen Tag und die ganze Nacht werden sie keinen Augenblick schweigen. Ihr, die ihr den Herrn erinnert, gönnt euch keine Ruhe" (Jes. 62,6).

Diese Worte geben uns einen zusätzlichen Hinweis darauf, dass Gott kontinuierliches Gebet liebt. Er steht zu seinem Wort und ruft uns auf, seinen Verheißungen zu glauben, sie zu proklamieren und für ihre Erfüllung zu beten. Generell sind wir alle aufgerufen zu wachen. Es ist eine gute Erfahrung für alle berufenen Fürbitter und Anbeter, sich mit dem Thema Wachen zu beschäftigen und die ein oder andere Stunde im Haus des Gebets zu nutzen, um zu wachen.

„Mit allem Gebet und Flehen betet zu jeder Zeit im Geist, und wachet hierzu in allem Anhalten und Flehen für alle Heiligen" (Eph. 6,18).

Die nächsten beiden Verse weisen weniger auf eine Gebetsart hin als mehr auf einen persönlichen Lebensstil.

„Was ich aber euch sage, sage ich allen: Wacht!" (Mk. 13,37).

„Wacht und betet, damit ihr nicht in Versuchung kommt! Der Geist zwar ist willig, das Fleisch aber schwach" (Mt. 26,41).

Im Garten Gethsemane hat sich Jesus nach Freunden gesehnt, die mit ihm durch eine schwierige Zeit gehen, bei ihm sind und ihn unterstützen. Durch diese Art von Wachen ehren wir Jesus und weisen uns als Freunde Gottes aus.

„Dann spricht er zu ihnen: Meine Seele ist sehr betrübt, bis zum Tod. Bleibt hier und wacht mit mir!" (Mt. 26,38).

Wachsam zu sein, heißt auch, darauf zu achten, mit was wir uns beschäftigen. Unser Fleisch ist schwach und liegt im Widerstreit mit unserem von Gott zum Leben erweckten Geist. Es geht um ganz praktische Dinge, wie die Fragen danach, was wir unsere Augen sehen und unsere Ohren hören lassen, mit welchen Gedanken wir uns beschäftigen oder wie und womit wir unsere Zeit verbringen.

Wir sollen beten, damit wir nicht in Anfechtung fallen. Beten ist ja in erster Linie Gespräch, also Gemeinschaft mit Gott. Diese Gemeinschaft und unsere Offenheit, alles vor ihm ehrlich auszubreiten und ihn um Hilfe für die Bereiche zu bitten, wo unsere Schwachpunkte liegen, gibt uns Stabilität.

Es handelt sich also um Prävention, um ein Gebet, welches sich folgendermaßen anhören könnte: „Vater, ich bemerke, dass ich in diesem Bereich schwach bin. Aber meine Beziehung zu dir ist mir zu kostbar, als dass ich mich der Anfechtung oder der Versuchung hingeben will. Schenk mir Überwindungskraft von dir."

Wir müssen bedenken, in welcher Situation Jesus die Worte aus Mt. 26 gesprochen hat: Es war im Garten Gethsemane, er hatte die Jünger darum gebeten, in einiger Entfernung zu ihm zu beten und mit ihm zu wachen. Stattdessen waren sie eingeschlafen. Ich weiß nicht, welche Auswirkung es auf die Situation oder auf die Jünger selbst gehabt hätte, wenn sie tatsächlich wach geblieben wären und gebetet hätten.

Die letzten beiden Verse zum Thema drücken ebenfalls aus, dass alle Christen einen Lebensstil des Wachens und Betens beherzigen sollten:

> „Wacht nun und betet zu aller Zeit, dass ihr imstande seid, diesem allem, was geschehen soll, zu entfliehen und vor dem Sohn des Menschen zu stehen!" (Lk. 21,36).

> „Seid nüchtern, wacht! Euer Widersacher, der Teufel, geht umher wie ein brüllender Löwe und sucht, wen er verschlingen kann" (1. Pt. 5,8).

Prophetisches Gebet

Oft ist das prophetische Gebet eine Fortführung des Wachens. Diese Schnittstelle ist ein gutes Beispiel dafür, wie die einzelnen Gebetsarten miteinander verzahnt sein können und wie wir als Mitarbeiter im Haus des Gebets einander sozusagen den Staffelstab übergeben können. Während wir wachen, rechnen wir damit, dass der Herr zu uns redet. Dies geschieht auf unterschiedliche Art und Weise, aber in der Regel mit einem von drei Zielen, nämlich:

1. dass wir auf etwas aufmerksam gemacht werden, für das wir beten können,
2. um uns zu korrigieren oder zu ermutigen,
3. um uns eine Vorstellung davon zu geben, wie Gott bestimmte Dinge für die Zukunft vorgesehen hat.

Für das prophetische Gebet ist der dritte Punkt der wichtigste. Im prophetischen Gebet geht es darum, dass Dinge, die Gott bereits beschlossen hat, zur richtigen Zeit und ungehindert zur vollen Existenz kommen. Wir proklamieren die Wahrheit der Verheißungen Gottes in die unsichtbare Welt hinein. Wir „erinnern" den Herrn an seine Zusagen (siehe Jes. 62,6). Wir beten gemäß dem Vaterunser, dass Gottes Wille auf der Erde geschehe, wie er im Himmel beschlossen und vollständig umgesetzt ist. Um prophetisch beten zu können, müssen wir uns gut mit dem auskennen, was das Wort Gottes zu den betreffenden Themen sagt. Wir müssen mit Gottes Willen vertraut sein und es erkennen, wenn er eine bestimmte biblische Aussage, ein prophetisches Bild oder Wort gebrauchen möchte, um uns im Gebet anzuleiten. Zum prophetischen Gebet kann auch das „geistliche Regieren" gehören; dies gilt insbesondere dann, wenn die von Gott eingesetzte geistliche Leiterschaft einer Stadt zusammen betet. Dann werden Gottes Verheißungen in die geistliche und materielle Welt hineingesprochen und als Wahrheiten proklamiert, die in der Realität sichtbar werden sollen.

Ringendes Gebet oder leidenschaftliche Fürbitte

Das ringende Gebet nimmt einen weiteren großen Teil der Gebetszeiten in unserem Gebetshaus ein. Man könnte anstelle von „ringen" auch „kämpfen" oder „flehen" sagen. Dabei ringen oder kämpfen wir nicht mit Gott, sondern durch die dringlich vorgebrachten Gebete um den Sieg in bestimmten Bereichen. Manches, was in unserer Stadt läuft, wollen wir nicht akzeptieren, und wir ringen um eine Veränderung.

Ich bin persönlich kein großer Fan von lautstarkem Gebet, muss aber immer wieder daran denken, wie uns im Hebräerbrief beschrieben wird, wie Jesus betete:

> „Der hat in den Tagen seines Fleisches sowohl Bitten als auch Flehen mit starkem Geschrei und Tränen dem dargebracht, der ihn aus dem Tod retten kann, und ist um seiner Gottesfurcht willen erhört worden" (Hebr. 5,7).

Erstaunlich! Mir scheint dieser Vers einer der am wenigsten zitierten Verse der Heiligen Schrift zu sein. Jesus betete offenbar mit großer Leidenschaft, sogar unter Tränen – und, vorsichtig ausgedrückt: manchmal ziemlich laut!

Beim Ringen geht es aber nicht primär um Lautstärke, sondern um Leidenschaft. Jesus war von seinen Gebetsanliegen wirklich betroffen. Er konnte den Status quo kaum aushalten und brachte seine Anliegen vor Gott, der nicht nur vom Tode erretten kann, sondern auch alle anderen Probleme unseres Lebens, unserer Familien und unserer erweiterten sozialen Gemeinschaften lösen kann. Ringendes Gebet ist notwendig – im wortwörtlichen Sinn: Not wird gewendet, wo wir uns unablässig im Gebet einsetzen.

Die Bibel lesen, beten und singen

Das Wort Gottes hat Kraft, es lesend, betend oder singend auszusprechen, ebenfalls. Es ist ewig gültig, unveränderlich und lebensspendend. Zum Teil ist es herausfordernd, höchst poetisch, immer voller Liebe und stammt aus einem mit Leidenschaft gefüllten Herzen. Am schönsten hat dies David ausgedrückt:

> „Die Worte des Herrn sind reine Worte – Silber, am Eingang zur Erde geläutert, siebenmal gereinigt" (Ps. 12,7).

Jeder von uns kennt Bibelstellen, in denen Gott die Bedeutung seines Wortes hervorhebt. Es besteht nicht aus toten Buchstaben, sondern wird durch den Heiligen Geist lebendig.

> „Der Geist ist es, der lebendig macht; das Fleisch nützt nichts. Die Worte, die ich zu euch geredet habe, sind Geist und sind Leben" (Joh. 6,63).

Die Bibel laut zu lesen oder biblische Aussagen und Gebete zu unseren eigenen werden zu lassen, ist nicht nur inspirierend und stärkt unseren Glauben, sondern es ist auch eine Hilfe, um fokussiert für bestimmte Dinge beten zu können. In vielen Gebetshäusern werden zum Beispiel die sogenannten „apostolischen Gebete" genutzt, um für die entsprechenden Anliegen zu beten. Eine Auflistung der apostolischen Gebete findet sich am Ende dieses Abschnitts.

In der Bibel werden wir sogar dazu aufgerufen, das Wort Gottes zu singen. Das mag manchem von uns fremd vorkommen, aber wenn wir genau hinschauen, sind doch viele unserer zeitgenössischen Lobpreislieder nichts anderes als „moderne Psalmen" oder gar vertonte Bibelworte. Im Gebetshaus erleben wir das oft: Nachdem wir mit einem bekannten Lied die Stunde eröffnet haben, lösen wir uns bald vom eigentlichen Text und singen entweder Worte unserer Liebe oder Sehnsucht zu Gott oder wir proklamieren und bestätigen Gottes Verheißungen für uns und unsere Stadt. Das sind sehr intensive Gebetszeiten. Das Wort Gottes ist wunderschön, und es singend auszusprechen, macht große Freude.

> „Meine Zunge soll dein Wort besingen" (Ps. 119,172a).

> „Und berauscht euch nicht mit Wein, worin Ausschweifung ist, sondern werdet voller Geist, indem ihr zueinander in Psalmen und Lobliedern und geistlichen Liedern redet und dem Herrn mit eurem Herzen singt und spielt!" (Eph. 5,18–19).

> „… sein Wort rühme ich …" (aus Ps. 56,5).

Das Wort Gottes ist ein wirksames Mittel, um sich gegen die Angriffe des Feindes zu wehren. Noch einmal: Wir müssen das Wort Gottes kennen, gerade dann, wenn wir es im Gebet benutzen wollen. Als Jesus in der Wüste vom Teufel versucht wurde (siehe Lk. 4,2), bestand seine erfolgreiche Gegenwehr im Wissen um Gottes Pläne und Herz und in der Anwendung des Wortes Gottes: der ewigen Wahrheit.

> „Eine Leuchte für meinen Fuß ist dein Wort, ein Licht für meinen Pfad" (Ps. 119,105).

> „Nehmt auch den Helm des Heils und das Schwert des Geistes, das ist Gottes Wort!" (Eph. 6,17).

> „Denn das Wort Gottes ist lebendig und wirksam und schärfer als jedes zweischneidige Schwert und durchdringend bis zur Scheidung von Seele und Geist, sowohl der Gelenke als auch des Markes, und ein Richter der Gedanken und Gesinnungen des Herzens ..." (Hebr. 4,12).

Die Bibel selbst enthält viele Gebete. Eine grandiose, glaubensstärkende Hilfe für das kontinuierliche Gebet in einem Gebetshaus ist das Singen, Proklamieren und Beten der Gebete, die uns von Jesus, Paulus oder anderen biblischen Personen überliefert sind. Sie bieten hervorragende Richtlinien, an denen wir unsere Fürbitte ausrichten können, und empfehlen sich geradezu als Vorlagen für frei formulierte Gebete zu Anliegen, die ganz offenbar im Zentrum der Aufmerksamkeit Gottes stehen. Ich möchte einige Beispiele dazu auflisten:

Die apostolischen Gebete des Paulus[2]

1. Ein Gebet um Veränderung unserer Herzen durch Offenbarung über Jesus und um Erkenntnis unserer Bestimmung:

> „... dass der Gott unseres Herrn Jesus Christus, der Vater der Herrlichkeit, euch gebe den Geist der Weisheit und Offenbarung in der Erkenntnis seiner selbst. Er erleuchte die Augen eures Herzens, damit ihr wisst, was die Hoffnung seiner Berufung, was der Reichtum der Herrlichkeit seines Erbes in den

Heiligen und was die überragende Größe seiner Kraft an uns, den Glaubenden, ist, nach der Wirksamkeit der Macht seiner Stärke" (Eph. 1,17–19).

2. Ein Gebet um die Freisetzung übernatürlicher Kraft in unseren Herzen und um die Erfahrung von Gottes Liebe:

> „Er gebe euch nach dem Reichtum seiner Herrlichkeit, mit Kraft gestärkt zu werden durch seinen Geist an dem inneren Menschen; dass der Christus durch den Glauben in euren Herzen wohne und ihr in Liebe gewurzelt und gegründet seid, damit ihr imstande seid, mit allen Heiligen völlig zu erfassen, was die Breite und Länge und Höhe und Tiefe ist, und zu erkennen die die Erkenntnis übersteigende Liebe des Christus, damit ihr erfüllt werdet zur ganzen Fülle Gottes" (Eph. 3,16–19).

3. Ein Gebet um stärkere Herzenserfahrung der Liebe Gottes, durch die wir besser unterscheiden können und mit der Frucht der Gerechtigkeit erfüllt werden:

> „Und um dieses bete ich, dass eure Liebe noch mehr und mehr überreich werde in Erkenntnis und aller Einsicht, damit ihr prüft, worauf es ankommt, damit ihr lauter und unanstößig seid auf den Tag Christi, erfüllt mit der Frucht der Gerechtigkeit, die durch Jesus Christus gewirkt wird, zur Herrlichkeit und zum Lobpreis Gottes" (Phil. 1,9–11).

4. Ein Gebet um die Erkenntnis des Willens Gottes, damit wir im Dienst fruchtbar sind und gestärkt werden:

> „Deshalb hören auch wir nicht auf, von dem Tag an, da wir es gehört haben, für euch zu beten und zu bitten, dass ihr mit der Erkenntnis seines Willens erfüllt werdet in aller Weisheit und geistlichem Verständnis, um des Herrn würdig zu wandeln zu allem Wohlgefallen, fruchtbringend in jedem guten Werk und wachsend durch die Erkenntnis Gottes, gekräftigt mit aller Kraft nach der Macht seiner Herrlichkeit, zu allem Ausharren und aller Langmut, mit Freuden dem Vater danksagend, der euch fähig gemacht hat zum Anteil am Erbe der Heiligen im Licht ..." (Kol. 1,9–12).

Praktische Umsetzung / 189

5. Ein Gebet um die Einheit des Leibes Jesu in der Stadt:

„Der Gott des Ausharrens und der Ermunterung aber gebe euch, gleichgesinnt zu sein untereinander, Christus Jesus gemäß, damit ihr einmütig mit einem Munde den Gott und Vater unseres Herrn Jesus Christus verherrlicht. Deshalb nehmt einander auf, wie auch der Christus euch aufgenommen hat, zu Gottes Herrlichkeit!" (Röm. 15,5–7).

6. Ein Gebet um die Erfüllung mit übernatürlicher Freude, Frieden und Hoffnung:

„Der Gott der Hoffnung aber erfülle euch mit aller Freude und allem Frieden im Glauben, damit ihr überreich seiet in der Hoffnung durch die Kraft des Heiligen Geistes!" (Röm. 15,13).

7. Ein Gebet darum, den Reichtum der Gaben des Heiligen Geistes zu erleben:

„Ich danke meinem Gott allezeit euretwegen für die Gnade Gottes, die euch gegeben ist in Christus Jesus: In ihm seid ihr in allem reich gemacht worden, in allem Wort und aller Erkenntnis, wie denn das Zeugnis des Christus unter euch gefestigt worden ist. Daher habt ihr an keiner Gnadengabe Mangel, während ihr das Offenbarwerden unseres Herrn Jesus Christus erwartet, der euch auch festigen wird bis ans Ende, sodass ihr untadelig seid an dem Tag unseres Herrn Jesus Christus" (1. Kor. 1,4–8).

8. Ein Gebet um Errettung Israels durch Jesus:

„Brüder! Das Wohlgefallen meines Herzens und mein Flehen für sie zu Gott ist, dass sie gerettet werden" (Röm. 10,1).

9. Ein Gebet um die Freisetzung des apostolischen Dienstes, um überfließende Liebe und um Heiligkeit:

„Denn was für Dank können wir Gott euretwegen abstatten für all die Freude, womit wir uns euretwegen freuen vor unserem Gott; wobei wir Nacht und Tag aufs Inständigste bitten, euer Angesicht zu sehen und das zu vollenden, was an eurem

Glauben mangelt? Unser Gott und Vater selbst aber und unser Herr Jesus richte unseren Weg zu euch. Euch aber lasse der Herr zunehmen und überreich werden in der Liebe zueinander und zu allen – wie auch wir euch gegenüber sind –, um eure Herzen zu stärken, untadelig in Heiligkeit zu sein vor unserem Gott und Vater bei der Ankunft unseres Herrn Jesus mit allen seinen Heiligen" (1. Thes. 3,9–13).

10. Ein Gebet um Heiligung:

„Er selbst aber, der Gott des Friedens, heilige euch völlig; und vollständig möge euer Geist und Seele und Leib untadelig bewahrt werden bei der Ankunft unseres Herrn Jesus Christus! Treu ist, der euch beruft; er wird es auch tun" (1. Thes. 5,23–24).

11. Ein Gebet um Ausstattung für und Vorbereitung auf das Empfangen der Fülle von Gottes Berufung für die Gemeinde:

„Deshalb beten wir auch allezeit für euch, dass unser Gott euch würdig erachte der Berufung und dass er alles Wohlgefallen an der Güte und das Werk des Glaubens in Kraft vollende, damit der Name unseres Herrn Jesus in euch verherrlicht werde und ihr in ihm nach der Gnade unseres Gottes und des Herrn Jesus Christus" (2. Thes. 1,11–12).

12. Zwei Gebete um Offenheit für das Wort Gottes:

„Übrigens, Brüder, betet für uns, dass das Wort des Herrn laufe und verherrlicht werde wie auch bei euch" (2. Thes. 3,1).

„Haltet fest am Gebet, und wacht darin mit Danksagung; und betet zugleich auch für uns, dass Gott uns eine Tür des Wortes öffne, das Geheimnis des Christus zu reden, dessentwegen ich auch gebunden bin" (Kol. 4,2–3).

Jesus lehrt uns beten

Jesus selbst hat uns durch sein persönliches Gebetsleben, aber auch durch konkrete Lehre Anleitungen für ein fruchtbares Gebetsleben gegeben. Allein schon das Vaterunser ist ein Gebet, mit dem man sich tagelang und immer wieder neu im

Gebet beschäftigen kann. Anstatt es in einem ganzen Stück zu beten, kann man sich Vers für Vers vornehmen und dann beten, was im eigenen Herzen zu diesem Vers anklingt. Etwa so: „Unser Vater ... Gott, wie herrlich ist es, dass du mein Vater bist. Du bist immer da für mich, du hast mich ersehnt, du hast auf meine Rückkehr zu dir gewartet, du hast nur Gutes für mein Leben geplant. Du bist ewig mein Vater, du stehst zu mir, du sorgst für mich, du glaubst an mich ..." Und auf diese Weise kann es immer weitergehen – Vers für Vers.

1. Das Vaterunser:

   „Betet ihr nun so: Unser Vater, der du bist in den Himmeln, geheiligt werde dein Name; dein Reich komme; dein Wille geschehe, wie im Himmel, so auch auf Erden! Unser tägliches Brot gib uns heute; und vergib uns unsere Schulden, wie auch wir unseren Schuldnern vergeben haben; und führe uns nicht in Versuchung, sondern rette uns von dem Bösen!" (Mt. 6,9–13).

2. Ein Gebet um Arbeiter für die Ernte:

   „Dann spricht er zu seinen Jüngern: Die Ernte zwar ist groß, die Arbeiter aber sind wenige. Bittet nun den Herrn der Ernte, dass er Arbeiter aussende in seine Ernte!" (Mt. 9,37–38).

3. Ein Gebet um die Erfüllung mit dem Heiligen Geist:

   „Wenn nun ihr, die ihr böse seid, euren Kindern gute Gaben zu geben wisst, wie viel mehr wird der Vater, der vom Himmel gibt, den Heiligen Geist geben denen, die ihn bitten!" (Lk. 11,13).

4. Ein Gebet um Stärke in Versuchung:

   „Und er kommt zu den Jüngern und findet sie schlafend; und er spricht zu Petrus: Also nicht eine Stunde konntet ihr mit mir wachen? Wacht und betet, damit ihr nicht in Versuchung kommt! Der Geist zwar ist willig, das Fleisch aber schwach" (Mt. 26,40–41).

Das große Gebet der ersten Gemeinde

Ein weiteres wunderbares Vorbild für unsere Fürbitte stellt das große Gebet der ersten Gemeinde dar, wie wir es in Apostelgeschichte 4 lesen können. Es ist ein Gebet um die Kühnheit des Heiligen Geistes in uns und um die Freisetzung von Zeichen und Wundern.

> „Sie aber, als sie es hörten, erhoben einmütig ihre Stimme zu Gott und sprachen: Herrscher, du, der du den Himmel und die Erde und das Meer gemacht hast und alles, was in ihnen ist; der du durch den Heiligen Geist durch den Mund unseres Vaters, deines Knechtes David, gesagt hast: ‚Warum tobten die Nationen und sannen Eitles die Völker? Die Könige der Erde standen auf und die Fürsten versammelten sich gegen den Herrn und seinen Gesalbten.' Denn in dieser Stadt versammelten sich in Wahrheit gegen deinen heiligen Knecht Jesus, den du gesalbt hast, sowohl Herodes als auch Pontius Pilatus mit den Nationen und den Völkern Israels, alles zu tun, was deine Hand und dein Ratschluss vorherbestimmt hat, dass es geschehen sollte. Und nun, Herr, sieh an ihre Drohungen und gib deinen Knechten, dein Wort mit aller Freimütigkeit zu reden; indem du deine Hand ausstreckst zur Heilung, dass Zeichen und Wunder geschehen durch den Namen deines heiligen Knechtes Jesus" (Apg. 4,24–30).

Die Gebete aus der Heiligen Schrift sind aber keine magischen Formeln, sondern positive Gebete, die uns als Beispiele dienen dürfen. Sie können Leitlinien zu bestimmten Themen für uns sein. Sehr gern zitiere ich solche Gebete in meiner eigenen Fürbitte und bete dann mit meinen eigenen Worten zum selben Thema weiter. Die oben abgedruckten Gebete sind Gebete nach dem Herzen Gottes, sie enthalten zum Teil sogar genaue Anweisungen, wofür und wie man beten soll. Zudem ermutigen uns diese Gebete, in ähnlicher Weise und mit Glaubenszuversicht zu beten. Wenn Paulus heute noch lebte – würden wir nicht versuchen, von ihm zu lernen, wie man betet?

Harp & Bowl

Normalerweise verbindet ein Gebetshaus die beiden – ich sage einmal – „Hinwendungen zu Gott", Anbetung und Gebet. Beides wollen auch wir in unserer Stadt stärken. Beides führt zur positiven Veränderung der geistlichen Atmosphäre. Beides ist christuszentriert. Beides führt Christen zusammen. Die Kombination von Anbetung und Fürbitte hat große Bedeutung und es ist weise, die Fürbitte aus der Anbetung fließen zu lassen. Im IHOP in Kansas City wurde ein spezieller Gebetsstil namens *Harp & Bowl* („Harfe und Schale") entwickelt, der diese beiden Elemente wunderbar verbindet. In vielen Gebetshäusern hat sich diese Art zu beten etabliert. Diese Kombination ist völlig organisch, denn in der Anbetung begegnen wir dem Liebhaber der Menschen, dessen Herz für die Verlorenen schlägt. Diese Begegnung kann uns direkt zur Fürbitte führen. Diese wiederum führt zu Dank und proklamierendem Singen der Wahrheiten Gottes. Kontinuierliche Fürbitte ohne die gleichwertige Ergänzung der Anbetung ist oft einfach zu schwer – man steht in der Gefahr auszulaugen, „trockenzulaufen". Der sich in der Anbetung vollziehende Schritt in Gottes liebende Gegenwart, der Blick auf seine Schönheit und die Erfahrung seiner Liebe geben unserer Seele und unserem Geist Nahrung und uns Energie für das anhaltende Gebet.

Harp & Bowl steht für die in Offb. 5,8 erwähnten Harfen und die Schalen, die vor das Lamm Gottes gebracht werden. Meist wird *Harp & Bowl* in einer Gruppe angewandt, deren Mitgliedern feste Rollen zugewiesen sind. So gibt es den Anbetungsleiter, den Gebetsleiter, die Sänger und die Instrumentalisten. In der Regel beginnt der Anbetungsleiter eine *Harp & Bowl*-Session damit, dass er etwa zwanzig Minuten lang bekannte Anbetungslieder singt, die alle zusätzlich anwesenden Personen mitsingen können. Während die Musiker anschließend weiter spielen, nennt der Gebetsleiter eine Bibelstelle und/oder ein bestimmtes Gebetsanliegen. Die Musiker spielen für die nun beginnende Fürbittezeit eine einfache, aus wenigen Akkorden bestehende Begleitung, die sich ständig wiederholt. Die Worte der vorgelesenen Bibelstelle oder das Gebetsanliegen werden nun vom Anbetungsleiter und den Sängern aufgegriffen und gesungen. Dabei werden von einzelnen Sängern verschiedene Aspekte betont und als Chorus gesungen, zu dem die anderen Sänger und Musiker unterstützend mitsingen und spielen. Der Gebetsleiter betet zwischendurch immer wieder für das betreffende Anliegen und bringt neue Aspekte ein. Auf diese Weise werden die unterschiedlichen Teile der Bibelstellen oder Anliegen von verschiedenen Sängern und dem Gebetsleiter vor Gott gebracht und jeweils von der ganzen Gruppe verstärkt und unterstützt. *Harp & Bowl* ist eine erfrischende Gebetsart mit viel Dynamik. Gegen Ende der jeweiligen Session übernimmt der Anbetungsleiter wieder die Leitung und schließt mit einer weiteren Anbetungszeit ab.

Auch wir in Freiburg nutzen und schätzen dieses großartige Modell, allerdings nicht als einzige Form des Gebets. Das hat seine Gründe in den unterschiedlichen, vielfältigen Frömmigkeitsstilen der jeweiligen Leiter im Gebetshaus. Die dadurch entstehende Ergänzung haben wir sehr zu schätzen gelernt.

Musikalische Anbetung

Anbetung spielt eine zentrale Rolle bei *open skies*. Das ganze Werk ist aufgebaut auf dem Fundament der Anbetung und dem Wunsch, Gott zu ehren.

Im Gebetshaus gibt es viele unterschiedliche Musikstile, Begabungen und Vorlieben. Auch in dieser Hinsicht ist das Leitungsteam sehr offen für ein breites Spektrum. Wir sind uns der Tatsache bewusst, dass Gott nach Anbetern sucht (Joh. 4), und wollen ihn mit unserer Anbetung lieben und ehrlich unser Herz vor ihm ausbreiten. Das darf gerne in unterschiedlicher Form und auch in unterschiedlicher Musikalität geschehen – es müssen auch nicht immer die Profis ran. Als Hilfe haben wir den erwähnten Leitfaden für unsere Gebetsleiter entwickelt, der ihnen ein besseres Verständnis für ihren Dienst vermitteln kann und ihnen Hilfen zur Gestaltung ihrer Gebetsstunden zur Verfügung stellt.

Oft machen wir uns klar, dass unsere Lieder Gebete in gesungener Form sind, und beten mit unseren Anbetungsliedern bewusst auch für die Menschen unserer Stadt. So wird mancher Ausdruck der persönlichen Anbetung zur Fürbitte für die Menschen Freiburgs und der Umgebung. Und mancher Ausdruck großer persönlicher Sehnsucht verschmilzt in der Anbetung mit der Sehnsucht der Menschen, die Jesus noch nicht kennen. Wir kommen also in der Anbetung nicht nur persönlich vor Gott, sondern singen und beten stellvertretend für die unerretteten Menschen, um sie so vor den Thron Gottes zu bringen. Das „Ich bete dich an" kann also durchaus zu einem „Alle sollen dich anbeten", das „Ich brauche dich" zu einem „Wir brauchen dich" werden.

Anbetungszeiten sind in der Regel Zeiten des ehrlichen, staunenden und gelassenen Seins vor Gott. Immer wieder kommen Menschen ins Gebetshaus, um einfach die Atmosphäre der Anbetung Gottes zu erfahren, weil sie ihnen guttut. Wir konnten schon regelrecht zusehen, wie sich jemand im Laufe der Zeit verändert hat, einfach dadurch, dass er sich immer wieder der Gegenwart Gottes in der Anbetung ausgesetzt hat – sogar ohne sich aktiv daran zu beteiligen.

Mit den Worten „aufschauen, aufatmen, aufhören" ist sehr gut umschrieben, um was es bei der Anbetung auch gehen darf. Grundsätzlich spielt immer die Begegnung mit Gott eine bedeutsame Rolle. Ich darf zu Gott auf- und von meinen Sorgen wegschauen. Ich darf an dem Ort der Ruhe und Geborgenheit – in Gottes Gegenwart – aufatmen und selbst zur Ruhe kommen. Und ich darf aufhören, und zwar im Sinne von „hören, was der Geist Gottes mir sagen möchte" – aber auch aufhören, etwas zu tun, zu leisten.

Auf eine theologische Abhandlung zum Thema Anbetung möchte ich an dieser Stelle verzichten. Einerseits haben sich sicher die meisten Leser bereits mit dem Thema beschäftigt und andererseits hält der christliche Buchmarkt auch hierzu ausgezeichnetes Material bereit.

Im Freiburger Gebetshaus gibt es so manchen Gebets- und Anbetungsstil. Einige habe ich etwas näher beschrieben. Die Liste zeigt jedoch nicht auf, was es alles tatsächlich schon gibt oder noch geben wird. Und natürlich kann so manches im Gebetshaus in deiner Stadt ziemlich anders aussehen. Im letzten Abschnitt habe ich darauf verzichtet, die inhaltlichen Schwerpunkte der bei uns vorhandenen Gebetsstunden aufzuführen. Ich möchte nur anreißen, dass das Spektrum auch hier groß ist: Gebet für Israel, Gebet für Ehen und Familien, Stille, wachendes Gebet, Männergebet, Stadtgebet, Gebet für die Gefangenen im Freiburger Gefängnis, Gebet für Jugendliche, für Kinder, Gebet für Firmen, viele Anbetungszeiten, Anbetung mit der Bibel und manche Stunde, die nicht näher definiert ist.

Struktur und Leitung der Gebetsstunden

Es gibt verschiedene Modelle, um die Stunden in einem Gebetshaus zu strukturieren.

Wichtig ist, dass man diese Hilfsmittel richtig versteht und einsetzt: Eine Struktur muss immer dem bereits vorhandenen Leben dienlich sein, Hilfe für weiteres Wachstum bieten und eine stützende Funktion haben. Sie kann kein Leben produzieren und trägt auch kein Leben in sich selbst, kann jedoch sehr wohl Leben fördern.

Wenn ich vom Strukturieren der Gebetsstunden spreche, dann tue ich dies im Blick auf zwei Personengruppen, nämlich im Blick auf die Leiter einerseits und die Besucher einer Stunde andererseits. Der ersten Gruppe gibt das zum einen eine Art Rahmen, innerhalb dessen sie sich bewegen können, und zum anderen eine Leitlinie, entlang derer sie die Gebetsstunde leiten können. Eine Struktur bietet daneben eine gewisse Sicherheit, denn es kommt durchaus vor, dass ein Leiter keine speziellen Impulse von Gott für seine Stunde bekommen hat und sich sonst ein bisschen hilflos fühlt. In diesem Fall tut es gut, auf eine sinnvolle Struktur zurückgreifen zu können. Wenn wir uns die jüdischen Gottesdienste und Frömmigkeitsformen anschauen, dann sehen wir auch dort klare und festgelegte Abläufe, die ihren Sinn haben und auch inhaltlich richtig sind. Das Gebetsleben eines meiner guten Freunde ist in festgelegte Abschnitte geordnet und ein gutes Beispiel für eine sinnvolle Gebetsstruktur. Die geistlichen Schwerpunkte seiner Gebetszeiten und deren Reihenfolge drücken ein Verständnis der Erlösung und der Begegnung mit Gott aus, mit dem ich persönlich viel anfangen kann. Er beginnt mit einem Bußgebet, dem sich eine Zeit des Dankens und dann eine Zeit der Fürbitte anschließen. Den Besuchern unserer Gebetsstunden hilft die Strukturierung einer Stunde zu verstehen, an welcher Stelle man sich gerade befindet und wo man sich als Besucher einbringen kann. Unstrukturierte Stunden sind zwar keineswegs schlecht, generell aber fühlt sich ein Besucher wohler, wenn er weiß, wie in etwa die Stunde abläuft, die er besuchen und in die er sich eventuell aktiv einbringen möchte.

Wie ich in diesem Buch öfter erwähne, haben wir im Freiburger Gebetshaus kein allgemein gültiges Modell, welches für alle Gebetsstunden in gleicher Weise gilt. Dennoch empfinde ich es generell als gut, auch im Gebetshaus Strukturen zu legen. Denken wir an David, und wie genau er bestimmte Dinge festgelegt hat. Manchmal haben freikirchlich geprägte Christen Berührungsängste mit festen Abläufen oder dem Begriff Liturgie[3], weil ihnen zu Recht wichtig ist, dass Gott spontan in einen Gottesdienst eingreifen darf, ja sogar soll. Leben ist ihnen wichtiger als Form – und das ist gut so. Aber: Wir sollten das Kind nicht mit dem Bade ausschütten, denn eine Struktur oder Liturgie kann durchaus dazu beitragen, dass wir uns auf Gott fokussieren. Eine geeignete Liturgie kann uns helfen, zur Ruhe zu kommen. Sie kann zu einem vertrauten Weg werden, auf dem wir uns Gott nähern, um dann mit unseren eigenen Worten und Ausdrucksformen auf seine Liebe zu reagieren oder Fürbitte zu tun. In der Tat muss ich immer wieder schmunzeln, wenn ich die natürlich durchaus vorhandenen Traditionen und Liturgien in freikirchlichen Gemeinden entdecke. Strukturen sind keineswegs eine Bremse für den Heiligen Geist. Die Frage ist eher: Wie kann eine Struktur in einem so „bunten" Gebetshaus wie dem in Freiburg aussehen?

In unserem Fall ist jeder Gebetsstundenleiter aufgefordert, sich Gedanken darüber zu machen, wie seine Stunde ablaufen soll und wie er Besucher anleiten kann, sich zu beteiligen. Jeder Leiter muss die Form finden, die zu den Schwerpunkten seiner Stunde passt. Es geht also, wie gesagt, nicht um „die" Struktur schlechthin, sondern darum, den Gebetsstunden eine Form zu geben und angemessen Leitung auszuüben.

Das sollte so aussehen, dass der jeweilige Leiter zu Anfang seiner Stunde kurz sagt, wie diese ablaufen wird, oder zwischendurch Leitung dadurch ausübt, dass er den Besuchern mitteilt, was als Nächstes passieren soll. So wissen die Besucher, an welcher Stelle sie sich aktiv beteiligen können. Dies kann z. B. so aussehen:

Gebetsleiter: „Wir werden jetzt etwa zwanzig Minuten einfach anbeten und anschließend werde ich euch auffordern, mit euren eigenen Worten Gott für Gebetserhörungen zu danken, die ihr in der letzten Woche erfahren habt."

Gebetsleiter: „Nach der jetzt gleich folgenden Fürbittezeit werden wir einige Minuten still vor Gott. Ich werde dann beginnen, den Psalm 23 zu singen, und lade euch ein, frei mitzusingen."

Gebetsleiter: „Nach einer Anbetungszeit beten wir heute den Psalm 16."

Durch aktive Leitung kann einer Gebetsstunde auch „unterwegs" eine Struktur gegeben werden, die von der eigentlich festgelegten Form abweicht. Natürlich gibt es auch bei uns im Gebetshaus Stunden, die keinen festgelegten Ablauf haben. Gerade in solchen ist der Leiter aber gefordert, wach und aufmerksam zu sein und die Impulse, die der Heilige Geist ihm oder anderen Beteiligten gibt, den Anwesenden zu vermitteln und sie anzuleiten, in passender Art und Weise darauf zu reagieren.

Wer im Gebetshaus eine Gebetsstunde übernehmen möchte, muss sich darüber im Klaren sein, dass er nicht nur mit seiner Gitarre und geschlossenen Augen im Gebetsraum sitzen und die Umwelt vergessen kann, sondern dass er etwas tun muss: Er muss Leitung ausüben.

Die Gebetsstunden sind öffentlich. Jeder Leiter muss damit rechnen, dass neue Besucher hinzustoßen, Menschen, die noch nie in einem Gebetshaus waren und vielleicht nicht wissen, wie sie sich verhalten sollen oder dürfen.

Es kann vorkommen, dass Geschwister die Gebetsstunden besuchen, die die unbewusste Tendenz haben, die Leitung der Stunde an sich zu nehmen oder den anderen Anwesenden ihre persönlichen Erkenntnisse in Form von langen Gebeten mitzuteilen. Manchmal haben Besucher dringende Anliegen und wollen diese unbedingt und gerade in der Gebetsstunde berücksichtigt wissen, die sie besuchen. Wir haben auch schon erlebt, dass betrunkene Menschen von der Straße in unseren Gebetsraum kamen.

All diese und ähnliche Situationen verlangen nach Leitung in ganz praktischer Form. Ein Gebetsleiter muss die Fähigkeit haben, regulierend einzugreifen, wenn in seiner Stunde Dinge passieren, die im Gebetshaus nicht angemessen sind.

Ein Leiter, der sich für einen Schwerpunkt seiner Stunde entschieden und diesen mit dem Leitungsteam besprochen hat, darf ihn anschließend auch vertreten. Wenn jemand zum Beispiel eine Stunde der Stille leitet, darf und soll er einem redseligen Besucher durchaus mitteilen, dass lautes Gebet in dieser speziellen Stunde nicht gewünscht ist.

In der Regel sind wir alle sehr auf Harmonie bedacht und gehen Konflikten eher aus dem Weg, aber wenn keine Leitung ausgeübt wird, besteht Gefahr, dass die Gebetsstunden chaotisch werden und den Fokus verlieren. Eine klare Ausrichtung auf bestimmte Ziele hilft den Anwesenden, sich von Herzen für diese Ziele einzusetzen und mit den anderen Anwesenden in Einheit zu beten.

Ich weiß, dass der Umgang mit Situationen wie den oben aufgeführten nicht immer leicht ist, aber so etwas kann durchaus immer wieder einmal vorkommen. Ein gesundes Selbstbewusstsein, gepaart mit dem Verständnis der Verantwortung für die zu leitende Stunde, sind Voraussetzung für jeden Leiter. Nicht jeder Gebetsleiter aber bringt diese Fähigkeiten von Beginn an mit oder ist sich der Notwendigkeit bewusst, Leitung auszuüben. An dieser Stelle ist das Leitungsteam des Gebetshauses gefordert. Die Leiter von Gebetsstunden müssen in Vorgesprächen informiert und immer wieder auch gelehrt und trainiert werden, wie sie mit herausfordernden Situationen umgehen und wie sie generell Leitung ausüben können.

Gebetsstunden leiten oder Vision teilen?

Im Laufe des Wachstums des Gebetshauses in Freiburg wurde immer klarer, dass eine Entscheidung hinsichtlich der Frage getroffen werden musste, wer eigentlich eine Gebetsstunde übernehmen soll und wer nicht. In den ersten Jahren war es so, dass wir Leiter uns über jeden gefreut haben, der eine Stunde des Gebets oder der Anbetung übernehmen wollte. Fast egal welches Thema, fast egal in welcher Frequenz: Herzlich willkommen und los! Mit der Zeit aber hat sich gezeigt, dass dieses Vorgehen nicht unbedingt dazu beiträgt, dass die Vision des kontinuierlichen Gebets auch tatsächlich Schritt um Schritt in Erfüllung geht.

Der Segen der Einheit im Haus des Gebets

Eine Aussage von Silvia Dahlke, der Leiterin des Gebetshauses in Karlsruhe, hat mich einmal aufhorchen lassen. Sie sprach darüber, dass es ein Ziel des Karlsruher Gebetshauses ist, „die

Vision in Einheit umzusetzen". An dieser Stelle machte es bei mir „klick" und mir wurde klar, dass es einen Unterschied gibt zwischen einer losen Gruppe von vielen Einzelnen und einer Gruppe von Menschen, die sich eins sind und eine Einheit bilden. Bis dahin waren wir eher eine lose miteinander verbundene Gruppe von einzelnen Menschen gewesen, die jeweils ihre Gebetsstunden geleitet, aber wenig miteinander zu tun hatten. Auch stand eher die eigene Stunde im Fokus der einzelnen Gebetsleiter, weniger die Gesamtvision. Es sprachen uns sogar zunehmend Menschen an, ob sie eine nicht-öffentliche Stunde im Gebetshaus haben könnten, um dort für spezielle persönliche Anliegen zu beten oder einfach an einem „coolen" Ort eine gute Zeit mit Gott zu verbringen. Aber es ist nicht unsere Vision einen „coolen" Raum zur Verfügung zu stellen, sondern einen Ort zu etablieren, an dem Gott kontinuierlich von Menschen angebetet wird, die in Einheit diesen Ort schaffen wollen. Ich möchte gerne auf zwei Bilder zurückgreifen, die den Unterschied zwischen denen aufzeigen, die nur ihre Stunde sehen, und denjenigen, die die Gesamtvision auf dem Herzen haben:

Ein Mann geht auf seinem täglichen Weg an einem Baustellengelände vorbei und sieht dort zwei Steinmetze, die große Sandsteinquader mit dem Meißel bearbeiten. Tagelang geht das so und schließlich geht der Mann auf die Baustelle und fragt den ersten der Steinmetze neugierig, was er denn da mache. „Ich behaue diesen großen Stein", lautet dessen Antwort. Er macht einen müden Eindruck, kein Wunder bei dem Riesenstein, den er nun schon seit Tagen behauen muss und mit dem er wohl noch viele weitere Tage harter Arbeit vor sich hat. Der Mann geht ein Stück weiter zum zweiten Steinmetz und stellt diesem dieselbe Frage. „Ich baue eine Kathedrale", antwortet dieser mit glänzenden Augen.

Das zweite Bild stammt von Antoine de Saint-Exupéry:[4]

„Wenn du ein Schiff bauen willst, dann trommle nicht Männer zusammen, um Holz zu beschaffen, Aufgaben zu vergeben und die Arbeit einzuteilen, sondern lehre die Männer die Sehnsucht nach dem weiten, endlosen Meer."

Beide Bilder sprechen über den Unterschied zwischen „dröger", ermüdender Arbeit einerseits und einer leidenschaftlichen Hingabe an eine Vision andererseits. So wie die beiden Steinmetze im ersten Bild dieselbe Arbeit tun, sie jedoch völlig unterschiedlich erleben, so ist es auch mit den Mitarbeitern im Gebetshaus: Derjenige, der nur seine Stunde sieht, wird mit der Zeit zum Einzelkämpfer. Er steht in der Gefahr, müde und frustriert zu werden, sein Blick reicht nicht über den eigenen Tellerrand hinaus. Eine ganze Zeit lang leitet er seine Stunde gewissenhaft und verbindlich, aber irgendwann hat er genug davon und hört auf. In der Tat geht es bei der Vision eines Gebetshauses nicht um eine lose und möglichst große Ansammlung von Gebetsstunden. Es geht um eine Gruppe von Menschen, die eine gemeinsame Vision haben. Es geht um Menschen, die sich in eine Einheit mit anderen gerufen wissen, denen der Herr die Vision des Gebetshauses ins Herz gepflanzt hat. Es geht nicht um eine temporäre Leidenschaft, sondern um ein Ankommen und Verbleiben in einem Dienst, der erst dann zu Ende geht, wenn Jesus wiederkommt.

Solche Menschen sehen sich nicht als isolierte Steine, sondern als lebendige Steine, eingefügt in die Beziehung mit anderen lebendigen Steinen. Sie stehen in Kontakt mit den anderen Gebetsleitern, sie unterstützen sie, sie besuchen deren Stunden, sie sind „eines Sinnes" (Phil. 2,2).

Die Trennlinie, die ich hier ziehe, ist keine wertende im Sinne von: hier die geistlichen, die tollen und dort die nicht so geistlichen. Es geht um drei wesentliche Dinge: Berufung, Vision und Einheit. Es gibt Menschen, die Gott in den Dienst in einem Gebetshaus beruft und deren vorrangige Aufgabe es ist, viele Stunden im Gebet und der Anbetung zu verbringen. Diesen Maßstab darf man aber nicht an alle Mitarbeiter anlegen. Für manche wird die Mitarbeit im Gebetshaus eben eine vorübergehende Aufgabe sein, die sie möglicherweise auf den weiteren Weg mit Gott vorbereitet und während der sie wertvolle Dinge lernen und ihr Charakter und ihre

Beziehung zu Gott geformt werden. Aber auch sie müssen lernen, sich als Teil eines Größeren zu verstehen. Wir sollten vorrangig darauf achten, welche der Menschen, die ins Gebetshaus kommen und sich einbringen wollen, eine Berufung dazu haben. Sehen sie über die Grenze ihrer eigenen Stunde(n) hinaus, schlägt ihr Herz für das Ganze? Verstehen sie die Vision?

Ich kenne den Unterschied zwischen solchen Menschen, die die Vision des Gebetshauses in sich tragen, und denen, die dies nicht tun. Die einen machen die Fortführung ihrer Gebetsstunde von sichtbaren Ergebnissen abhängig, den anderen genügt es, ihr Leben Gott im Gebet hinzugeben – ob sie Ergebnisse sehen oder nicht.

Es ist ein großer Unterschied, ob eine Gruppe dadurch definiert wird, dass jeder Einzelne etwas Ähnliches tut, oder ob Menschen dadurch zu einer Gruppe werden, dass sie in ihrem Herzen eins sind und in Einheit auf ihr Ziel zugehen.

„Siehe, wie gut und wie lieblich ist es, wenn Brüder einträchtig beieinander wohnen. Wie das köstliche Öl auf dem Haupt, das herabfließt auf den Bart, auf den Bart Aarons, der herabfließt auf den Halssaum seiner Kleider. Wie der Tau des Hermon, der herabfließt auf die Berge Zions. Denn dorthin hat der Herr den Segen befohlen, Leben bis in Ewigkeit" (Ps. 133).

Gott hat seinen Segen nicht an Quantität oder augenscheinliche Stärken gekoppelt. Sein Segen fließt dort, wo Menschen in Demut Ja sagen, wo sie sich rufen und einbinden lassen in seine Ziele. Sein Segen ist dabei nicht begrenzt auf die ersehnten Gebetserhörungen, sondern wird sichtbar in der Begegnung mit denen, die ihm Tag und Nacht im Gebetshaus dienen. Einheit also ist ein großes Thema. Einheit schafft Verbindlichkeit und das Bewusstsein der verteilten Lasten und Verantwortlichkeiten. Sie erzeugt eine Fokussierung auf das gemeinsame Ziel. Sie bündelt die Kräfte und lenkt sie in dieselbe Richtung. Sie schafft Raum für Gott. Sie verbindet die Herzen.

Als Leiter ist es nicht unsere Aufgabe, so schnell wie möglich für einen vollen Gebetstundenplan zu sorgen. Es ist unsere Aufgabe, den potenziellen und den aktiven Mitarbeitern immer wieder die Vision vor Augen zu malen. Manch einer von denen, die treu „ihre" Stunde leiten, können durch die Auseinandersetzung mit der Vision durchaus zu Menschen werden, die diese Berufung ergreifen, weil sie sie als persönlichen Ruf erleben, als den Ruf zu einer gemeinschaftlichen Vision, die nur in Einheit erreicht werden kann.

Das Zitat von Antoine de Saint-Exupéry ist eine Anfrage an die Leiter von Gebetshäusern: Vermitteln wir die Vision? Zeichnen wir ein klares Bild unseres Zieles? Suchen und entwickeln wir Menschen, die sich die Vision zu eigen machen, sich zu einer Einheit formen und mit Freude in der Umsetzung der Vision leben? Oder suchen wir nur genügend Menschen, die für uns und unsere Ziele arbeiten?

Fasten: echter Zündstoff

Neben den bereits erwähnten Schwerpunkten gibt es einen weiteren, der im Kontext von Gebetshäusern oft zu finden ist: das Fasten. Das Thema Fasten ist eines der Themen, die in unserer heutigen Zeit und Kultur – bis auf wenige Ausnahmen – ziemlich vernachlässigt wird. Es gehört zwar zu unserem christlichen Lebensstil irgendwie dazu, aber wir reduzieren es entweder auf solche Dinge wie „Fasten vom Fernsehen" oder „Fasten von Süßigkeiten". Leise stellt sich die Frage, ob wir uns vor der mit dem Fasten verbundenen und bewussten Entscheidung, vor Gott schwach zu sein, nicht etwas drücken. Fasten kostet etwas und mir kommt es manchmal ein bisschen wie ein Trick vor, wenn Menschen „Schokolade fasten", denn Schokolade ist ja nicht gerade ein Grundnahrungsmittel. Der Verzicht darauf kostet mich nicht allzu viel (ich höre die Schokoladenfans protestieren). Zugegeben, ich bin ein Fan des regelmäßigen Fastens. Doch auch ich weiß sehr gut um den Verzicht, den es bedeutet, und meine Vorfreude auf Essensverzicht hält sich in Grenzen. Ich habe schon erwähnt, dass das Fasten damit zu tun hat, sich bewusst schwach zu machen, um Gottes Stärke mehr Raum zu geben. Diese Erklärung hilft mir beim Fasten sehr. Gott soll größer und stärker in mir werden und mehr Raum in mir gewinnen. Das Fasten ist aber auch ein Geheimnis und ich habe sicher noch nicht alle Aspekte davon verstanden. Fasten fühlt sich nicht immer gut an. Obwohl es mir während des Fastens in der Regel sehr gut geht, ist doch auch eine gewisse Dünnhäutigkeit zu spüren. Bill Johnson hat einmal auf spaßige Weise davon berichtet, dass er bei anderen beobachtet, wie gewinnbringend deren Fastenerlebnisse sind, während er selbst beim Fasten einfach nur schlechte Laune hat.

Oft genug ist das Fasten allerdings auch die Erfüllung einer uns von uns selbst oder anderen auferlegten religiösen Regel und aus diesem Grund so unattraktiv. Fasten ohne Verständnis über das Fasten ist unangenehm und als „Muss" birgt es die Gefahr in sich, dass etwas sehr Gutes seinen Sinn verliert und zum bloßen Ritual wird. Die Gefahr besteht, dass es nur noch zur Beruhigung unseres Gewissens dient. Fasten hat heute in vielen Kirchen und Gemeinden einen negativen Klang bekommen. Wenn gefastet wird, dann oft aus Not oder um existenziell bedrohliche Lebensumstände zu verändern bzw. um „Gottes Arm zu bewegen". Es ist für die meisten von uns etwas Außergewöhnliches geworden zu fasten. Wer fastet schon gern? Warum sollen wir denn fasten? Und was hat es denn mit dem Haus des Gebets zu tun? Im Folgenden möchte ich einige Punkte zum Thema Fasten aufführen, aber vor allem das Wort Gottes selbst sprechen lassen. Wer beim Lesen der unten stehenden Verse auch auf die Kombination von Gebet und Fasten achtet, wird die Bedeutung des Fastens für ein Gebetshaus erkennen.

Warum sollen wir eigentlich fasten?

Jesus hat davon gesprochen, dass das Fasten ein Kennzeichen seiner Kirche sein würde:

> „Und die Jünger des Johannes und die Pharisäer fasteten viel; und es kamen einige, die sprachen zu ihm: Warum fasten die Jünger des Johannes und die Jünger der Pharisäer, und deine Jünger fasten nicht? Und Jesus sprach zu ihnen: Wie können die Hochzeitsgäste fasten, während der Bräutigam bei ihnen ist? Solange der Bräutigam bei ihnen ist, können sie nicht fasten" (Mk. 2,18–19).

> „Es wird aber die Zeit kommen, dass der Bräutigam von ihnen genommen wird; dann werden sie fasten, in jenen Tagen" (Lk. 5,35).

Fasten war offenbar eine gängige Praxis in der frühen Kirche:

> „Und sie setzten in jeder Gemeinde Älteste ein, beteten und fasteten und befahlen sie dem Herrn, an den sie gläubig geworden waren" (Apg. 14,23).

> „… in Mühe und Arbeit, in viel Wachen, in Hunger und Durst, in viel Fasten, in Frost und Blöße …" (2. Kor. 11,27).

Wann sollen wir fasten?

Wenn wir die Ernsthaftigkeit unserer Anliegen vor Gott unterstreichen wollen:

> „Und man kam und sagte zu Joschafat: Es kommt gegen dich eine große Menge von jenseits des Salzmeeres, von Edom, und siehe, sie sind schon in Hazezon-Tamar, das ist En-Gedi. Joschafat aber fürchtete sich und richtete sein Angesicht darauf, den Herrn zu suchen; und er ließ in ganz Juda ein Fasten ausrufen. Und Juda kam zusammen, den Herrn zu suchen; auch aus allen Städten Judas kamen sie, den Herrn zu suchen" (2. Chr. 20,2–4).

> „Und ich kehrte mich zu Gott, dem Herrn, um zu beten und zu flehen unter Fasten und in Sack und Asche" (Dan. 9,3).

„Und ich ließ dort am Fluss bei Ahawa ein Fasten ausrufen, damit wir uns vor unserm Gott demütigten, um von ihm eine Reise ohne Gefahren zu erbitten für uns und unsere Kinder und alle unsere Habe" (Esr. 8,21).

Wenn wir Gottes Hilfe für jemanden erbitten wollen:

„So geh hin und versammle alle Juden, die in Susa sind, und fastet für mich, dass ihr nicht esst und trinkt drei Tage lang, weder Tag noch Nacht. Auch ich und meine Dienerinnen wollen so fasten. Und dann will ich zum König hineingehen entgegen dem Gesetz. Komme ich um, so komme ich um" (Est. 4,16).

Wenn wir unserer Hin- und Umkehr zu Gott Ausdruck verleihen möchten:

„Doch auch jetzt noch, spricht der Herr, bekehrt euch zu mir von ganzem Herzen mit Fasten, mit Weinen, mit Klagen!" (Joel 2,12).

Wenn uns daran gelegen ist, in der Autorität Gottes zu wachsen:

„Da traten die Jünger allein zu Jesus und sprachen: Warum konnten wir ihn nicht austreiben? Jesus aber sprach zu ihnen: Um eures Unglaubens willen! Denn wahrlich, ich sage euch: Wenn ihr Glauben hättet wie ein Senfkorn, so würdet ihr zu diesem Berg sprechen: Hebe dich weg von hier dorthin! und er würde sich hinwegheben; und nichts würde euch unmöglich sein. Aber diese Art fährt nicht aus außer durch Gebet und Fasten" (Mt. 17,18–21, Schlachter 2000 – Vers 21 ist erst in späteren Überlieferungen enthalten).

Wie können wir fasten?

Fasten ist Verzicht. Diesen Verzicht sollten wir aber nicht zur Schau stellen, denn nicht Menschen, sondern Gott wird ihn uns lohnen.

„Wenn ihr aber fastet, so seht nicht düster aus wie die Heuchler! Denn sie verstellen ihre Gesichter, damit sie den Menschen als Fastende erscheinen. Wahrlich, ich sage euch, sie haben ihren Lohn dahin" (Mt. 6,16).

„Ist ein Fasten, an dem ich Gefallen habe, etwa wie dies: Ein Tag, an dem der Mensch sich demütigt? Seinen Kopf zu beugen wie eine Binse und sich in Sacktuch und Asche zu betten? Nennst du das ein Fasten und einen dem Herrn wohlgefälligen Tag?" (Jes. 58,5).

Aber es gibt auch die folgenden Verse zum Fasten:

„Ist nicht vielmehr das ein Fasten, an dem ich Gefallen habe: Ungerechte Fesseln zu lösen, die Knoten des Joches zu öffnen, gewalttätig Behandelte als Freie zu entlassen und dass ihr jedes Joch zerbrecht? Besteht es nicht darin, dein Brot dem Hungrigen zu brechen und dass du heimatlose Elende ins Haus führst? Wenn du einen Nackten siehst, dass du ihn bedeckst und dass du dich deinem Nächsten nicht entziehst?" (Jes. 58,6–7).

In diesen Versen geht es ebenfalls um Verzicht: loslassen statt festhalten. Geben statt behalten. Den eigenen Komfort mit anderen teilen, anstatt sich in Bequemlichkeit zurückzuziehen. Anderen seine Zeit schenken, anstatt nur auf das Eigene zu schauen.

Weg vom Leistungsdenken!

Fasten darf als Dienst an Gott verstanden werden und ein fröhlicher Anlass sein:

„Und es war eine Prophetin Hanna, eine Tochter Phanuëls, aus dem Stamm Asser. Diese war in ihren Tagen weit vorgerückt; sie hatte sieben Jahre mit ihrem Mann gelebt von ihrer Jungfrauschaft an; und sie war eine Witwe von vierundachtzig Jahren, die wich nicht vom Tempel und diente Gott Nacht und Tag mit Fasten und Flehen" (Lk. 2,36–37).

„So spricht der Herr der Heerscharen: Das Fasten des vierten und das Fasten des fünften und das Fasten des siebten und das Fasten des zehnten Monats wird dem Haus Juda zum Jubel und zur Freude und zu fröhlichen Festzeiten werden" (Sach. 8,19).

Jedem Leser dürfte die häufig auftretende Kombination von Gebet und Fasten aufgefallen sein. Aber Fasten ist nicht nur einfach ein „Gebetsverstärker". Für mich war Fasten über viele Jahre ein schwieriges, leistungsbesetztes Thema. Ich hatte es nicht verstanden, stand aber unter dem Druck, dass „man" doch eigentlich fastet. Dann, während eines Besuchs im IHOP in Kansas City, habe ich Menschen erlebt, die regelmäßig und auf eine entspannte Art und Weise fasteten. Ich wurde neugierig und begann mich mit dem Thema zu beschäftigen. Das Ergebnis, zu dem ich durch meine Auseinandersetzung mit dem Fasten gekommen bin, ist in knappen Worten zusammenzufassen: Mein Fasten sehe ich vorrangig als Ausdruck meiner Liebe zu Gott und meiner Sehnsucht nach ihm. Ich wähle Schwachheit, um ihn meine Stärke sein zu lassen. Ich faste regelmäßig und verbinde es immer auch mit einer aktuellen Fürbitte oder einfach dem Wunsch, mehr in Gott gegründet zu sein. Ich will vorsichtig sein, damit ich niemandem eine Last auflege mit dem, was ich über das Fasten sage. Wenn es Druck auf dich ausübt, vergiss es wieder. Das Fasten in unser Alltagsleben mit Gott integrieren, wird in der Regel für uns Christen eine bereichernde Erfahrung sein. Gerade im Kontext von Fürbitte darf das Fasten einen festen Platz finden. Aber es muss immer lebendig und an der Beziehung zu Jesus orientiert sein – Fasten ohne Beziehung kann zu einem „toten Werk" werden.

Lohnt es sich zu fasten?

Ich möchte nicht ins Rezept- oder Formelhafte abdriften, aber ich glaube, dass das Fasten folgende Dinge bewirken oder beschleunigen kann:

1. zunehmende Gegenwart des Heiligen Geistes,
2. zunehmendes Empfinden der Freundschaft mit Jesus,
3. zunehmende Leidenschaft für Jesus,
4. zunehmende Bereitschaft, Sünde zu vermeiden,
5. erstaunliche Gebetserhörungen,
6. schnelleres Vorankommen in der Berufung und Vision.

Jeder reagiert anders auf den Entzug von Nahrung – und darüber spreche ich vor allem, wenn ich vom Fasten rede. Es gibt verschiedene Wege zu fasten und verschiedene Möglichkeiten, sich dem Thema zu nähern. Man muss sich nicht überfordern, wenn man beginnt. Fasten und Gebet bilden eine großartige Kombination, die im Umfeld eines Gebetsdienstes immer zu finden sein sollte – niemals aber aus Druck oder als Programm. Ich hoffe sehr, dass die Gemeinde Jesu das Geheimnis und die Kraft des Fastens wieder neu entdeckt. Es ist Ausdruck unserer Leidenschaft und verleiht uns Stärke in der völligen Abhängigkeit von unserem liebenden Gott.

Was tun in Zeiten von Frustration und Enttäuschung?

Ich will ehrlich sein: Im Kontext eines Gebetshauses begegnen uns natürlich auch Frustration, Ermüdung, Enttäuschung, Missverständnisse und Rückgang statt Wachstum. Deshalb möchte ich einige Punkte rund um diese Themen näher anschauen.

Die richtige Motivation behalten

Die beste Motivation für einen Lebensstil des kontinuierlichen Gebets habe ich bereits angesprochen und möchte sie hier nur noch einmal in kurzen Worten zusammenfassen.

Die wichtigste Frage für jeden Mitarbeiter ist die, wie er dauerhaft eine positive Motivation für das Gebet und die Anbetung im Haus des Gebets aufrechterhalten kann. Der Reiz des Neuen ist auch im Gebetshaus bald vorbei und ein gewisses Alltagsgefühl kehrt spätestens dann ein, wenn man über viele Monate oder gar Jahre immer an den gleichen Wochentagen zur gleichen Zeit „seine" Gebetsstunden leitet.

Ein Fürbitter kann seine Motivation nicht als Erstes aus den Resultaten seiner Gebete beziehen. Sie muss (und darf) aus einer intimen, vertrauten Liebesbeziehung zu Gott heraus immer neu befeuert werden. Die Erfahrung der großen Liebe, mit der Gott jeden

Mitarbeiter ganz persönlich liebt, weckt Begeisterung, Dankbarkeit und Leidenschaft. Sie ist die Quelle für einen kontinuierlichen Dienst, wie den der Fürbitte, die nie versiegt.

Gebet ist „notwendig". Unsere Leidenschaft für das Gebet kommt aus der erfahrenen Liebe Gottes, durch die unsere persönliche Not gewendet wurde, und aus dem Bewusstsein, dass wir uns möglicherweise bereits am Ende der Zeiten und kurz vor Jesu Wiederkunft befinden. Und natürlich ergibt sich aus dem Bewusstsein über das Unerlöstsein und die Seelennot der Mehrheit der Weltbevölkerung eine große Leidenschaft und eine kontinuierliche Motivation für das Gebet. Beide Grundpfeiler (Intimität und das Bewusstsein, in welcher Zeit wir leben) müssen immer wieder vor unseren Augen und in unseren Herzen sein. Vernachlässigen wir einen davon, wird auch unsere Motivation für das Gebet schwächer.

Wenn die Gebetsstunden weniger werden

Für jeden Leiter ist es eine bittere Erfahrung, wenn der Dienst, dem er vorsteht, kleiner wird, sei es in Bezug auf die Mitarbeiterzahl, die Höhe der eingehenden Spenden oder etwas anderes. Wir haben erlebt, dass es Wachstumsphasen, aber auch Zeiten des Rückgangs gibt. Das ist gerade in den ersten Jahren völlig normal – obwohl es auch mir um jede Stunde Gebet leidtut, die wieder wegfällt. Schwierig wird es dann, wenn ein Leiter sein Wertgefühl aus dem messbaren Erfolg seines Dienstes zieht. Das ist eine große Gefahr und leider sehr weit verbreitet: „Läuft der Dienst gut, fühle ich mich wertvoll, werde von anderen geachtet und bin gesegnet. Läuft es schlecht, fühle ich mich als Versager, wertlos und von Gott im Stich gelassen." Für die Leiter eines Gebetshauses gilt das, was ich über Motivation geschrieben habe, genauso wie für jeden Mitarbeiter: Wir lieben Jesus durch Anbetung und Gebet, weil er uns zuerst geliebt hat.

Die Gründung eines Gebetshauses sollte immer von Gott initiiert sein. Dann kann ich mich auch in schwierigen Zeiten entspannen und wissen: Es ist nicht allein meine Verantwortung, dass genügend Beter dazustoßen und wir schnell auf 24 Stunden Gebet und Anbetung pro Tag kommen. Ich habe mir angewöhnt, die Entwicklung des Gebetshauses in Freiburg folgendermaßen zu sehen: Gott will ein Haus des Gebets in Freiburg. Mein Anteil ist es, mich ihm innerhalb der Vision und mit den mir zur Verfügung stehenden Mitteln dienen zu wollen. Aber ich trage nicht die Gesamtverantwortung für das Erreichen der Gesamtvision. Selbst wenn wir nie auf 24/7 kommen, werde ich mir keine negativen Gedanken machen müssen, solange ich meinen Teil mit Hingabe und Authentizität beigetragen habe. Ich werde mich nicht weniger geliebt fühlen, wenn Gebetsleiter ihre Stunden nicht mehr weiter leiten wollen, weil ich weiß, dass Gottes Liebe zu mir nicht von (meiner) Leistung abhängig ist.

Zeiten der Stagnation und des Rückgangs brauchen uns nicht zu verunsichern. Im Gegenteil dürfen wir uns durch sie ermutigen lassen, innezuhalten und gemeinsam mit Gott unsere Motive und Vorgehensweisen genauer anzuschauen.

Wahrhaftig leben und arbeiten

Neben den uns persönlich betreffenden Fragen gibt es noch weitere, die wir uns stellen sollten, wenn der Dienst schrumpft. Ich glaube, es ist wichtig, so offen wie nur irgend möglich mit Fragen umzugehen und Kritik und Rat – auch von außen – anzunehmen. Das kann bedeuten, im Kreis der Leiter Fragen zu stellen wie: Sind wir noch weiter auf der richtigen Spur? Haben wir etwas übersehen, sind wir zu schnell oder zu langsam vorwärts gegangen? Gibt es innerhalb der Leiterschaft oder der Mitarbeiterschaft persönliche Auseinandersetzungen, Unstimmigkeiten, Kämpfe oder Verletzungen, die beachtet und bearbeitet werden müssen? „Business as usual" ist eine schlechte Vorgehensweise, wenn Schwierigkeiten auftreten. Gleichzeitig dürfen wir jedoch gelassen sein, wenn wir uns ehrlich hinterfragt haben und auf keine offensichtlichen Gründe für Stagnation oder Rückgang gestoßen sind.

Das Thema „Heiligkeit" ist zu umfassend, als dass wir es hier ausführlich betrachten könnten, und ich habe es schon früher erwähnt. Aber es steht wohl außer Frage, dass unser persönlicher Lebensstil eine direkte Auswirkung auf unsere geistlichen Dienste hat. Gleichzeitig müssen wir jedoch vorsichtig sein, dass wir nicht den Schluss ziehen, unser geistlicher Einfluss oder Gebetserhörungen würden zunehmen, je stärker wir uns bemühten, „gut" zu sein. Begeben wir uns auf diese Ebene, werden wir emotional unweigerlich scheitern, denn die Lasten einer aus sich selbst produzierten Heiligkeit kann kein Mensch tragen – er wird gesetzlich werden und im schlimmsten Falle an der selbst auferlegten Last zerbrechen. Dennoch: Eine Lebensführung, die der eines Nachfolgers Jesu entspricht, ist unabdingbar. Zwar ist es Gott, der uns heiligt und uns Gnade schenkt – aber wir sind auch aufgerufen, der Heiligung nachzujagen (Hebr. 12,14).

Wir dürfen uns unserer Zerbrochenheit und Schwachheit vor Gott bewusst sein und ihm dennoch – in völliger Abhängigkeit – dienen. Nicht Perfektion ist die Voraussetzung für Mitarbeit oder Leitung im Haus des Gebets, sondern die völlige Abhängigkeit von Gottes Gnade, der Gehorsam seinem Wort gegenüber und der Wille zur Veränderung an den Punkten, die sich nicht mit Gottes Willen decken. Wir haben in den vergangenen Jahren immer wieder Situationen erlebt und Angebote bekommen, die uns scheinbar weitergebracht hätten, die aber eben nicht „sauber" waren. Wir haben die Situationen geklärt und die entsprechenden Angebote nicht angenommen. Dies spiegelt unseren Wunsch wieder, immer aufrichtig und transparent in diesem Werk Gottes mitzuarbeiten. Einerseits nehmen wir den Aspekt der Heiligkeit sehr ernst, ohne allerdings den Aspekt der Gnade zu vernachlässigen – beides muss sich die Waage halten.

Anmerkungen

1 Supervision begleitet z. B. Teams bei der Reflexion und Verbesserung ihres gemeinsamen Handelns.

2 http://mikebickle.org/resources/resource/2892?return_url=http%3A%2F%2Fmikebickle.org%2Fresources%2Fsearch%2F%3Fsearch_terms%3Dapostolic%2Bprayers%26x%3D0%26y%3D0

3 Der Begriff Liturgie (v. griech.: λειτουργία leiturgia ‚öffentlicher Dienst/Dienst der Priester', aus λειτός ‚öffentlich' von λαός/λεώς ‚Volk/Volksmenge' und εργον érgon ‚Werk', ‚Dienst') bezeichnet christliche und auch jüdische Rituale (religiöse Riten) zur Verehrung Gottes und zur Vertiefung des gemeindlichen Glaubens. Die Liturgie umfasst das gesamte gottesdienstliche Geschehen: Gebet, Lesung und Verkündigung, Gesang, Gestik, Bewegung und Gewänder, liturgische Geräte, Symbole und Symbolhandlungen, die Spendung von Sakramenten und Sakramentalien. http://www.apostolische-geschichte.de/wiki

4 Antoine de Saint-Exupéry: *Die Stadt in der Wüste*, Karl Rauch Verlag

Schlussgedanken

All unser Einsatz für das Haus des Gebets nährt sich aus der Leidenschaft Gottes, die er in unser Herz gepflanzt hat, und aus der Freude, die es bedeutet, mit ihm leben und ihn kennen zu dürfen. Unser Einsatz zielt darauf ab, dass diese Erfahrung noch von möglichst vielen Menschen in unserer Stadt gemacht wird. Wir wollen unseren herrlichen Vater-Gott und seinen Sohn anbeten, bis Jesus wiederkommt. Ihm gilt unsere Sehnsucht. Alles was wir wollen, ist seine Gegenwart in unserem Leben und in unserer Stadt.

Von ganzem Herzen wünsche ich dir, dass der Heilige Geist dich vor allem auf deinem Weg in eine noch größere Intimität mit Gott führt und dir immer klarer wird, was er für dich bereitet hat und wer du in ihm und für ihn bist. Ich bete, dass Gott dir deine Fragen in Bezug auf Anbetung und Gebet beantwortet und dich in ein erfülltes, leidenschaftliches Gebetsleben führt. Natürlich hoffe ich auch, dass dieses Buch helfen konnte, deinen Horizont in Bezug auf Gebet zu erweitern, und dass Gott sogar zum einen oder anderen gesprochen und ihn gerufen hat, ein Teil eines Gebetshauses zu werden, wo er oder sie dazu beitragen, dass die „Schalen mit den Gebeten der Heiligen" voll werden und das „Feuer auf dem Altar" niemals ausgeht.

Alles Liebe
Rainer Harter

Danke

Ich möchte mich von Herzen bei denen bedanken, die einen wesentlichen Anteil an diesem Buch haben. Ohne euch wäre es nicht zu dem geworden, was es heute ist; ihr habt maßgeblich dazu beigetragen!

Zuallererst danke ich meiner Frau Johanna, die oft genug von mir zu hören bekam, dass ich jetzt gerade keine Zeit hätte, weil ich nachdenken und Worte formulieren müsse.

Meinem alten Freund George Norwood: Ich liebe es, mit dir einzutauchen in die Tiefen des Wortes Gottes, auch wenn ich dir in die Gefilde des hebräischen und griechischen Textes leider nicht folgen kann. Deine Übersetzungen und Erklärungen sind von unschätzbarem Wert und haben mich mehr als einmal davor bewahrt zu spekulieren. Meinem jungen Freund Steffen Lott: Danke für dein frisches und gleichzeitig ernsthaftes Herangehen an mein Manuskript und für deine Rückmeldungen. Meinem vertrauten Freund Dr. Robin Stockitt: Deine Kommentare und Fragen zum Manuskript haben mich immer positiv gefordert und ich freue mich, dass unsere Freundschaft und unsere Diskussionen weitergehen werden! Ich bin gespannt auf dein Buch!

Meinem geschätzten Freund Manfred Lanz: Ich habe mich so gefreut, dass ich dir die Studie vorlegen durfte! Du hast mir geholfen, manches aus einem besser verständlichen Blickwinkel anzuschauen, so ist der Text deutlich ausgewogener und genauer geworden. Meinem neuen Freund Johannes Steinle: Deine Rückmeldungen habe ich gefürchtet :-). Aber sie haben enorm zu einer Verbesserung des Aufbaus, der Präzision und des Inhaltes insbesondere der Einleitung beigetragen. Ich habe sehr profitiert von deiner hilfreichen Analyse der Studie. Meinen Schweizer Freunden Achim und Alex Katterwe: Obwohl ihr genügend anderes zu tun habt, habt ihr euch durch das Manuskript des Buches gearbeitet und durch euer Hinterfragen geholfen, dass ich bestimmte Aussagen verständlicher machen konnte. Meiner lieben Freundin Silvia Dahlke (Leiterin des IHOP Karlsruhe), mit der mich nicht nur die Berufung als Leiter eines Gebetshauses verbindet. Unsere Telefonate und deine Kommentare zum Manuskript gaben mir immer starke Denkanstöße, von denen das Buch und ich (!) profitiert haben. Meinen Lektoren Odile Deyber und Jakob Fehre: Danke für eure Investition! Ihr habt den Finger oft genau auf die Stellen gelegt, die mich auch nicht befriedigt hatten. Das Buch hat durch eure Arbeit sehr gewonnen. Detlev Simon, Verlagsleiter, und Dorothea Appel, Lektorin beim Asaph-Verlag: Danke, Detlev, dass du mein Manuskript ernst genommen und ihm eine Chance gegeben hast. Danke, Doro, für die professionelle und freundliche Zusammenarbeit – es ist eine Freude, mit euch beiden zu arbeiten.

Meinen Mitleitern bei *open skies*: Danke, dass ihr mir Freiheit zum Schreiben gegeben habt und dass ihr mit mir zusammen an einer Kathedrale baut. Den Mitarbeitern von *open skies*: Danke für alles, was ihr mich lehrt.

Meinem besten Freund: Vater, ich danke dir, dass ich dich kennen darf und dein Angesicht über mir leuchtet vor Freude. Ich liebe dich.

open *skies* e.V./Rainer Harter
Jägerhäusleweg 18
79104 Freiburg
www.open-skies.org
info@open-skies.org

Spendenkonto:
Konto-Nr. 0428 828 200
BLZ: 680 800 30
Commerzbank Freiburg

Bei Interesse an mehr Informationen oder Mitarbeit im Gebetshaus Freiburg einfach Kontakt aufnehmen!

Vom Autor dieses Buches sind folgende CDs erhältlich:

Sehnsucht
CD, Best.-Nr. 9860064

Deine Liebe
CD, Best.-Nr. 9851246

In Ihrer Buchhandlung oder direkt bei www.asaph.net